重建精神家园

Chongjian Jingshen Jiayuan

葛洪泽◎著

安徽师范大学出版社

图书在版编目（CIP）数据

重建精神家园/葛洪泽著．—芜湖：安徽师范大学出版社，2011.6（2025.1 重印）
ISBN 978-7-81141-281-9
Ⅰ．①重… Ⅱ．①葛… Ⅲ．①社会主义精神文明建设—中国 Ⅳ．①D648.3

中国版本图书馆 CIP 数据核字（2011）第 104013 号

重建精神家园
葛洪泽 著

出 版 人：张传开
责任编辑：张传开
装帧设计：丁奕奕

出版发行：安徽师范大学出版社
芜湖市九华南路 189 号安徽师范大学花津校区 邮政编码：241002
发 行 部：0553-3883578 5910327 5910310（传真）E-mail：asdcbsfxb@126.com
经 销：全国新华书店
印 刷：阳谷毕升印务有限公司
版 次：2011 年 7 月第 1 版
印 次：2025年1月第2次印刷
规 格：700×1000 1/16
印 张：16.125
字 数：254 千
书 号：ISBN 978-7-81141-281-9
定 价：65.00 元

写在前面

茫茫宇宙，浩瀚无涯。天地本无际，谁人分南北？人类向何处去？人类的精神家园在哪里？这是文学、哲学乃至宗教永恒探讨的话题。

17世纪，英国诗人弥尔顿（1608—1674）创作的《失乐园》（1667）、《复乐园》（1671）就曾经论述了这个问题。作者在《失乐园》中借上帝之口讲述了亚当和夏娃在伊甸园偷食禁果的故事，从而揭示了人的原罪与堕落，抨击了早期资本主义社会的黑暗和腐朽。在《复乐园》中，作者进一步改编了耶稣经受住种种诱惑的故事，论证了理性选择对于凝聚人类意志和信仰、重建内心乐园的重要性。从《失乐园》到《复乐园》，这种史诗般的宏大叙事，不仅反映了英国早期资产阶级知识分子朝气蓬勃的清教主义和革命精神，而且反映了英国早期资产阶级知识分子博大精深的人文关怀和文化理想。

人是需要精神的。但精神是什么，颇不易说。所谓“丹青难写是精神”（王安石：《读史》）。马克思主义认为，精神与物质是相对的哲学范畴，精神作为物质进化最高的产物，是人类的意识、思维活动和一般的心理状态，包括认识、意志、情感、信仰等等。黑格尔说过，一个有文化的民族竟没有形而上学——就像一座庙，其他各方面都装饰得富丽堂皇，却没有至圣的神那样。① 在这里，如果我们把“形而上学”换成“精神”，这句话同样是精彩的。因此，精神不仅是指人的意识、思维活动和一般的心理状态，而且是指人的理想、信仰、信念和特殊的意志活动。这是人之为人的高贵之处，也是人区别于一般动物的地方。因为人区别于一般的动物就在于精神。“精神折冲于千里，文武为宪于万邦”，正是因为有了这种精神，无数仁人志士才能够为祖国和荣誉而战甚至不惜牺牲一切；正是因为有了这种精神，无数科学精英才能够无私

---

① 参见黑格尔：《逻辑学》上卷，商务印书馆1966年版，第2页。

奉献不断推动社会发展进步；正是因为有了这种精神，无数人文学者才能够殚精竭虑促进人类的相互了解和交往。

精神家园是人的心灵获得安慰和精神寄托之所在。“家园”一词，从字面上说是家中的庭园，也用来泛指家乡。如潘岳在《橘赋》中说：“故成都美其家园，江陵重其千树”。唐代诗人有诗道：“芙蓉秦地沼，卢橘汉家园”。元好问在《九日读书》诗曰：“山腰抱佛刹，十里望家园”。今天把“家园”引申为“精神家园”，则可以看成是人类特有的精神需求和归宿。精神是多种多样的，人类的精神家园具有多样性。在现实生活中，有人把追求真理作为“精神家园”；有人把助人为乐作为“精神家园”；有人把明星超女作为“精神家园”；有人把宗教信仰作为“精神家园”等等，不一而足。不过，这种个人多样性的精神家园离不开各民族共有的精神家园。人生活在社会之中。在民族国家时代，每个人都不可避免地打上不同民族的烙印。民族作为人们在历史上形成的一个有共同语言、共同地域、共同经济生活以及表现于共同文化上的共同心理素质的稳定的共同体，决定了生活在不同国家和民族的成员对于本民族的历史和文化具有共同的认同和归属感。这样，在人类历史发展的长河中，不同民族势必形成具有本民族特点的民族精神。民族精神是一定的民族的意识、文化、习俗、性格、信仰、宗教以及价值观念和价值追求的集中体现。党的十七大报告提出“弘扬中华文化，建设中华民族共有精神家园”的主张，体现了我们党对繁荣发展中华文化的强烈历史责任感，体现了我们党代表中国先进文化前进方向的要求，体现了我们党高举中华文化的旗帜团结和凝聚全国各族人民的宽广胸怀。

中华民族是包括在中国疆域里生活的 56 个民族多元一体的整体。各民族在历史发展中，共同创造了丰富多彩、辉煌灿烂的中华文化。中华文化是中华民族精神家园的集中体现。从物质层面上看，中华文化包括解决人们物质需求的衣、食、住、行等物质文化；从精神层面上看，中华文化主要地包括满足人们精神需求的诗、书、礼、乐等精神文化。无论是物质文化还是精神文化，贯穿其中的核心价值体系占据枢纽地位。可以说，核心价值体系的构建关系到中华民族的复兴，关系到中华文化的传承，关系到中华民族共有精神家园的重建。现在，我们党提出“建设社会主义核心价值体系”，就是要从根本上解决中华民族共有精神家园的重建问题。

重建中华民族共有精神家园包括方方面面。这里择其要者，从四个方面加以陈述。

重建精神家园需要重建中华民族的信仰。马克思主义是社会主义核心价值体系的灵魂，也是中国共产党人的政治信仰。中国共产党选择马克思主义作为指导思想，是因为马克思主义引导近代中国摆脱国家和民族亡国灭种的命运，引导现代中国走上了独立自主和繁荣发展的道路。但是，马克思主义还不能涵盖中华民族和全体中国人民的信仰。我们党历来强调，共产党人与普通民众不同。共产党人信仰马克思主义，但不强迫群众信仰马克思主义。群众有信仰宗教和不信仰宗教的自由，有信仰这种宗教和信仰那种宗教的自由。因此，重建中华民族的信仰需要妥善解决共产党人信仰马克思主义与群众信仰自由之间存在的矛盾。最近，凤凰网策划了《寻找中国人的信仰》活动。其中各种观点迥异，尽管我们不认同这些观点，但不能不研究其讨论的问题和讨论的意义。毕竟，寻找中国人的信仰比不要任何信仰要高明得多。国防大学战略教研部副主任金一南在《中华民族的共同信仰一直在承继》中说得好：信仰是一个民族共同的精神追求，它是一个民族的凝聚点。比如说犹太民族，全世界游离失去家园，1700 年、1800 年最后还能在以色列建国，将近两千年时间，它没有溃散，没有被同化，没有被分割掉，民族信仰起到非常大的作用。中华民族，从总体来看不乏信仰，如果没有信仰的话，我们不可能从 1840 年的灾难中有今天的这种成就，缺乏信仰这个说法是不太对的。当然我们今天有问题，今天物质财富极大地丰富，大家对物质财富的过度追求，形成一个物欲横流的社会，为住房奔波，为工作奔波，为高薪或者说薪酬奔波，在这种情况下，确实对精神层面的东西有所忽略。但是我觉得民族的一些东西还是在承传，当然一个民族不可能每个人都要谈信仰，但是这个民族必须得有它自己的一种氛围。我们讲任何民族都是这样，只有物质的发展没有精神的发展，就像车子的车轮一样，只有物质的轮子，没有精神的轮子，那车子原地打转。

重建精神家园需要重建中华民族的共同理想。中国特色社会主义共同理想是社会主义核心价值体系的主题，也是中华民族和全体中国人民实现民族伟大复兴的共同理想。中华民族的共同理想深深植根于时代、历史和现实发展之中。中国共产党领导中国人民建设中国特色社会主义，就是要把中国建设成为富强、民主、文明、和谐的社会主义现代化国家。这是现阶段我国各族人民不断奋斗的崇高目标和共同理想。这个共同理想，集中代表了我国工人、农民、知识分子和其他劳动者、爱国者的共同利益和愿望，符合社会主义初级阶段的实际和当代中国发展的客观需要，是保证全体人民在政治上、道义上和精神上团结一致，克服任何困难，争取胜利的强大精神武器。

重建精神家园需要重建中华民族的民族精神和时代精神。民族精神和时代精神是社会主义核心价值体系的精髓，也是中华民族和中华文化焕发青春的不竭动力。以爱国主义为核心的团结统一、爱好和平、勤劳勇敢、自强不息的伟大民族精神，已经深深地融入我们的民族意识、民族品格、民族气质之中，成为中华民族的历史印记和中华文化的灵魂。以改革创新为核心的时代精神，反映社会进步的发展方向和时代潮流，体现社会成员普遍认同和接受的思想观念、价值取向和精神风貌，是马克思主义与时俱进的理论品格、中华民族富于进取的思想品格与改革开放和社会主义现代化建设实践相结合的伟大成果，已经深深地融入我国经济、政治、文化、社会建设的各个方面，成为各族人民不断开创中国特色社会主义事业新局面的强大精神力量。

重建精神家园需要重建中华民族的道德基础。社会主义荣辱观是社会主义核心价值体系的基础，是中华民族传统美德、优秀革命道德与时代精神的完美结合。古人云：风俗者，天下之大事也。社会风气反映着人们的思想观念和行为方式，是社会文明程度的重要标志。在社会主义市场经济条件下，如何判断行为得失、确定价值取向、做出道德选择，关系到经济发展、社会和谐、国家稳定。有人认为，可怕的社会危机不是物质的匮乏，而是社会底线伦理的普遍崩溃。社会底线伦理崩溃的一个重要特征，就是一些人内心深处羞耻感和负罪感淡化以至消失：没有了羞耻感、知耻感、耻辱感，一些人对任何羞辱的事情也就无所谓；没有了负罪感、内疚感、忏悔意识，就什么也不怕，什么也敢干。人一旦不知羞耻，必然好坏不分、是非不分，结果整个社会陷入麻木状态，势必好人难做、好事难办，坏人当道、坏事盛行。从这个意义上看，胡锦涛同志提出以“八荣八耻”为主要内容的社会主义荣辱观，无疑是一副医病治心、祛邪扶正的清凉剂。“八荣八耻”涵盖了个人、集体、国家之间的相互关系，涉及人生态度、道德修养和治国方略等方面，为我们提倡什么、反对什么确定了基本的社会价值导向和衡量标准。

总之，“建设社会主义核心价值体系”，是重建中华民族共有精神家园的根本。我们需要结合改革开放和社会生活不断变化的实际加以研究。在这里，我要感谢中共中央宣传部特别是干部局和理论局确立的“社会生活多样化与社会主义核心价值体系”研究课题。由于水平所限，难以担此重任，立论挂一漏万，权且抛砖引玉。文中参考和引用了许多学者的论述，一并表示感谢；书中难免有这样那样的错误，也欢迎读者批评指正；感谢安徽师范大学出版社的张传开教授为本书付出的辛劳。

目 录

引言：建设社会主义核心价值体系是历史的选择

“横看成岭侧成峰，远近高低各不同。不识庐山真面目，只缘身在此山中。”大诗人苏轼的诗作深刻揭示了一个哲理：人们的观察与所处的位置有关，从这个意义上说，存在与感知互动。苏轼写的是自然界，对于社会来说也是如此。马克思主义认为，社会存在决定社会意识。人们的立场不同，观点也就不同。

一

社会生活多样化和价值观念多样化是研究社会主义核心价值体系不可缺少的视角。社会生活多样化和价值观念多样化，反映着社会与人的统一。社会是人的社会，价值是人的价值。唯物史观深刻揭示了社会与人的发展统一于人类的实践之中。人在改造自然和社会的同时，改造着人的自身，包括人的观念。正如马克思恩格斯所指出的那样，一方面，人改造自然，另一方面，人改造人。在这种改造的过程中，人类社会“在历史发展的每一个阶段都是与同一时期的生产力的发展相适应的，所以它们的历史同时也是发展着的、由每一个新的一代承受下来的生产力的历史，从而也是个人本身力量发展的历史”。① 因此，社会生活的多样化决定社会意识的多样化；社会存在的多样化决定社会价值观念的多样化。这种历史唯物主义的方法，正是我们把握社会多样化和价值观念多样化的科学方法。

没有永恒不变的存在，也没有永恒不变的观念。“变是永恒的。不存在不变的事物”。② 这是美国著名学者伊曼纽尔·沃勒斯坦《现代世界体系》开篇的话。问题是为什么变，变的原因究竟是什么？

---

① 《马克思恩格斯选集》第 1 卷，人民出版社 1995 年版，第 124 页。

② 《现代世界体系》第 1 卷，高等教育出版社 1998 年版，第 1 页。

改革开放是我们党在新的时代条件下带领人民进行的新的伟大革命，具有革故鼎新、复兴中华的伟大历史意义。它不仅带来整个社会面貌的大变化，而且导致人的精神面貌的大变化。我们必须自觉地运用唯物辩证法观察这一历史创举。随着社会主义市场经济的发展，社会经济成分、组织形式、就业岗位、利益关系和分配方式的多样化，必将促进人们的思想观念发生变化，使得人们思想意识、道德观念、价值观念的独立性、选择性、多变性和差异性明显增加。马克思创立的唯物史观深刻揭示了社会存在与社会意识变化的根本原因，反复强调"物质生活的生产方式制约着整个社会生活、政治生活和精神生活的过程"。[①]"唯物史观是以一定历史时期的物质经济生活条件来说明一切历史事件和观念、一切政治、哲学和宗教的"。[②]"人们的观念、观点和概念，一句话，人们的意识，随着人们的生活条件、人们的社会关系、人们的社会存在的改变而改变"。[③]"任何一个时代的统治思想始终都不过是统治阶级的思想。当人们谈到使整个社会革命化的思想时，他们只是表明了一个事实：在旧社会内部已经形成了新社会的因素，旧思想的瓦解是同旧生活条件的瓦解步调一致的"。[④]马克思曾引用歌德的话说："总之，无论一个古老世界崩溃的情景对我们个人的感情来说是怎样难过，但是从历史观点来看，我们有权同歌德一起高唱：'我们何必因这痛苦而伤心，既然它带给我们更多欢乐？'"[⑤]我们必须顺应历史的发展趋势，遵循历史的进步规律，作出符合历史的理性选择。

二

建设社会主义核心价值体系，就是应对这种发展趋势和进步规律的历史选择。社会主义核心价值体系，是社会主义核心价值观的系统体现，是社会主义本质和发展要求的客观反映，是构建社会主义和谐社会的思想保证，是实现经济社会和人的全面发展的价值取向，是实现中华民族伟大复兴的精神支撑。建设社会主义核心价值体系，反映了进一步

---

① 《马克思恩格斯选集》第2卷，人民出版社1995年版，第32页。
② 《马克思恩格斯选集》第3卷，人民出版社1995年版，第209页。
③ 《马克思恩格斯选集》第1卷，人民出版社1995年版，第291页。
④ 《马克思恩格斯选集》第1卷，人民出版社1995年版，第292页。
⑤ 《马克思恩格斯选集》第1卷，人民出版社1995年版，第766页。

深化改革和加强社会主义现代化建设的必然要求，反映了全面建设小康社会和实现社会和谐的必然要求，反映了巩固中华民族大团结和应对全球化挑战的必然要求。建设社会主义核心价值体系，既是一个重大的现实课题，也是一项长期的历史任务。我们要从理论与实践的结合上加强对这一课题的研究，不断深化对社会主义核心价值体系的认识。从党的十六届六中全会通过的《中共中央关于构建社会主义和谐社会若干重大问题的决定》提出“建设社会主义核心价值体系”，到党的十七大进一步强调“建设社会主义核心价值体系，增强社会主义意识形态的吸引力和凝聚力”，经过学习宣传使广大干部群众对建设社会主义核心价值体系的重要性、迫切性有了广泛共识，同时也提出了一些值得进一步研究的问题。比如，怎样看待全球化视野中的社会价值多样化，怎样看待改革开放带来的社会生活多样化，怎样看待社会转型导致社会思潮的多样化，怎样看待社会生活多样化导致社会价值多样化，怎样看待价值取向和选择的多样化，怎样看待价值实现形式的多样化，怎样看待价值评价标准的多样化，怎样看待人类共同价值和社会主义价值的关系，怎样认识社会主义价值观与社会主义核心价值体系，怎样用社会主义核心价值体系引领多样化的社会思潮，等等。进一步从理论和实践的结合上对这些问题加以研究，用马克思主义立场、观点和方法来着力回答如何牢牢把握社会多样化的发展趋势，科学认识价值观念的多样化，正确对待人类共同价值和社会主义价值的辩证关系，建设以社会主义核心价值体系为根本的和谐文化，用社会主义核心价值体系引领多样化的社会思潮，发挥社会主义核心价值体系引领前进方向、树立共同理想、凝聚民意人心、净化社会风气的作用，为贯彻落实科学发展观和构建社会主义和谐社会服务。

建设社会主义核心价值体系的内容十分丰富。党的十六届六中全会指出，马克思主义指导思想，中国特色社会主义共同理想，以爱国主义为核心的民族精神和以改革创新为核心的时代精神，社会主义荣辱观，构成社会主义核心价值体系的基本内容。应当说，社会主义核心价值体系的这四个方面是一个相互联系、相互贯通、层层递进、有机统一的整体。坚持马克思主义指导地位是灵魂，树立中国特色社会主义共同理想是主题，培育民族精神和时代精神是精髓，践行社会主义荣辱观是基础。它鲜明地回答了在社会思想日益多元、多样、多变的情况下，我们党用什么样的精神旗帜来团结和引领全国各族人民统一思想、开拓前进的重大问题。我们必须按照这个要求，进一步加强马克思主义指导思想的教育，中国特色社会主义共同理想的教育，培育民族精神和时代精神的教育，践行社会主义荣辱观的教育，使社会主义核心价值体系融入到国民教育和精神文明建设全过程，贯穿现代化建设的各方面。

建设社会主义核心价值体系是巩固全社会共同理想的迫切要求，对于维护国家的安定和社会的进步具有重要意义。德国著名政治家施密特在《全球化与道德重建》一书中说过，道德和价值沦丧的危险是在全球化背景下出现的。这是一个全球性的现象，在许多国家都存在，只不过产生的原因、危机的程度以及表现的形式有所不同。世界历史证明，一个国家和社会有没有自己的核心价值体系，关系到一个国家和社会的兴衰成败。我们面对的是一个经济全球化的国际环境，人们的价值观念正在发生深刻的变革。经济全球化加快了中国的发展，也带来了经济、政治、文化和社会各方面剧烈的价值冲突，带来了价值多元化和价值主体的多元化。同时，西方某些敌对势力企图把自身的意识形态强加给别人，对社会主义国家实施分化和西化图谋。这种客观现实需要我们思考应对之策。美国著名政治学家约瑟夫·奈于20世纪90年代提出，一个国家的综合国力不仅包括由经济、科技、军事等表现出来的“硬实力”，而且也包括文化、教育、意识形态、政治价值观、国民素养的影响力所体现出来的“软实力”。党的十七大报告提出要“提高国家文化软实力”，建设社会主义核心价值体系，就是重塑国家形象，促进社会发展，提高国家文化软实力的重大举措。社会主义核心价值体系作为全党全社会的共同的思想基础，作为中华民族的共同的价值目标和强大精神支柱，对于维系和凝聚各种社会力量，实现中国的现代化，实现中华民族的伟大复兴，团结全党全国人民沿着中国特色社会主义道路继续前进具有极其重大的意义。

三

建设社会主义核心价值体系不是空中楼阁，而是建立在社会主义经济基础之上的。马克思主义认为，生产力决定生产关系，经济基础决定上层建筑。社会主义建设的根本任务，是进一步解放和发展生产力，逐步实现社会主义现代化，并且为此而改革生产关系和上层建筑中不适应生产力发展的方面和环节。建设社会主义核心价值体系反映了上层建筑和意识形态必须适应生产力、生产关系和经济基础的发展要求。我国正处于并将长期处于社会主义初级阶段。中国共产党领导中国人民走中国特色社会主义道路，是从我国经济文化落后的国情出发，从历史的发展比较中作出的科学选择。社会主义初级阶段是需要上百年时间发展的历史阶段。在这个历史阶段，我们党的奋斗目标就是把我国建设成富强、民主、文明、和谐的社会主义现代化国家。从价值观方面看，把富强、民主、文明、和谐作为建设社会主义现代化国家的基本规定性，涵盖了我国经济、政治、文化、社会建设的四大领域，体现了社会主义核心价值体系的现实目标和我国社会主义现代化建设的总体布局。从一定意义上说，富强、民主、文明、和谐是一百多年来无数仁人志士的不懈追求，是中华民族梦寐以求的共同理想和价值目标。社会主义社会之所以要比资本主义体现出优越性，是由社会主义本质决定的。社会主义核心价值体系的现实目标，反映了解放生产力，发展生产力，消灭剥削，消除两极分化，最终达到共同富裕的社会主义本质。现在，我们党提出构建社会主义和谐社会，就是为了进一步使广大人民的权益得到切实的尊重和保障，城乡区域发展差距扩大的趋势逐步扭转，合理有序的收入分配格局基本形成，家庭财产普遍增长，人民过上更加富足的生活，社会就业充分，覆盖城乡居民的社会保障体系基本建立，基本公共服务体系更加完备，做到发展为了人民，发展依靠人民，发展成果为人民共享，促进人的全面发展。而建设社会主义核心价值体系的提出，有助于我们从思想观念上认识如何保障经济的协调发展和社会的公平正义，如何保障人民在政治、经济、文化、社会等方面的权利和利益，如何形成国家、集体、个人相统一的利益导向和解决一系列新问题、新课题，从而使社会主义核心价值体系成为广大人民群众的内在需要和自觉选择。

四

建设社会主义核心价值体系，必须同坚持和发展马克思主义的劳动价值论统一起来。劳动是创造价值的来源，也是价值观念产生的基础。马克思主义创始人提出劳动价值论是对以斯密、李嘉图为代表的古典劳动价值论的继承和发展。古典劳动价值论具有科学的合理因素，在当时是代表经济理论发展的进步潮流的。马克思的劳动价值论与古典劳动价值论既有联系，又有区别。由于古典劳动价值论没有把“具体劳动”与“抽象劳动”区别开来，没有把“使用价值”与“交换价值”区别开来，因而不能科学地说明价值的来源和秘密，更不能科学地说明剩余价值的来源和秘密。马克思创立的劳动价值论，辩证地分析了“具体劳动”与“抽象劳动”、“使用价值”与“交换价值”的联系和区别，论述了商品的二重性、使用价值与交换价值的二重性，从而揭示了工人阶级创造剩余价值的来源和秘密。这就为无产阶级的解放奠定了坚实的理论基础。应当说，马克思创立劳动价值论的目的是为了划清资本和劳动的界限，是为了批判资产阶级对工人阶级的剥削本质，是为了指导无产阶级革命，最终建立没有剥削的共产主义社会。但是，现实的社会主义是在经济不发达的国家建立的。我们不仅没有废除商品经济，而且要大力发展社会主义市场经济，这就与马克思原来设想的条件有所不同。既然条件不同，我们也就要用发展的眼光来看待马克思的劳动价值论，就要结合新的条件来研究马克思的劳动价值论。江泽民同志曾指出：“马克思主义经典作家关于资本主义社会的劳动和劳动价值的理论，揭示了当时资本主义生产方式的运行特点和基本矛盾。现在，我们发展社会主义市场经济，与马克思主义创始人当时所面对和研究的情况有很大不同。我们应该结合新的实际，深化对社会主义社会劳动和劳动价值理论的研究和认识”。① 应该说，劳动作为具体的形态，是千差万别的。劳动价值论所说的劳动，是对这些不同劳动的抽象。传统上，往往把劳动分为体力劳动和脑力劳动两类。其实，由于分类的标准不同，劳动可分为简单劳动和复杂劳动、生产劳动和非生产劳动、工业劳动和农业劳动、经营管理劳动和非经营管理劳动，等等。从系统论的观点看，人类的生产活动是由许多要素组成的，因而不同的劳动在创造价值中的地位有所不同。马克思在《资本论》中曾提出“总体劳动”的概念，来说明不同的劳动都参与价值的创造。马克思说，在总体劳动中，有的人多用手工作，有的人多用脑工作，有的人当经理、工程师、工艺师等等……于是劳动能力的越来越多的职能被列在生产劳动的直接概念下。马克思对“总体劳动”的分析，对我们研究社会主义社会新的劳动形态也是有指导意义的。在知识经济比重越来越大的情况下，知识分子、科

---

① 《江泽民文选》第 3 卷，人民出版社 2006 年版，第 286-287 页。

技人员、经营管理工作者等等，在提高劳动生产率、创造社会财富方面发挥着越来越重要的作用。我们不能再固守一些落后的观念，否定这些人的劳动所创造的价值。因此，我们要在坚持马克思劳动价值论基本原理的前提下，深入研究我国社会主义社会财富和价值的来源问题，深入研究我国社会各阶级以及新的阶层的劳动在“劳动价值论”中的地位，深入研究“劳动价值论”与“生产要素价值论”、“知识价值论”的关系，深入研究经济全球化和科学技术日新月异条件下“劳动价值论”的新的理论表现形式。这样，才能使社会主义核心价值体系建立在马克思主义理论的坚实基础之上。

五

建设社会主义核心价值体系还必须研究社会主义核心价值体系的内在结构。爱因斯坦指出：“科学只能断言‘是什么’，而不能断言‘应当是什么’，可是在它的范围之外，一切种类的价值判断仍是必要的。”① 建设社会主义核心价值体系，尽管不属于一般意义上的自然科学，但是它既不能回避回答“世界是什么”的科学问题，更不能回避回答“世界应当如何”的价值问题。换言之，建设社会主义核心价值体系需要把回答“世界是什么”的科学问题与回答“世界应当如何”的价值问题有机统一起来。如果说，科学问题主要是围绕解决“是什么”和“为什么”问题而展开的，那么，价值问题则主要是围绕解决“做什么”和“怎么做”问题而展开的。人类认识世界和改造世界是一个从实践到认识再到实践的辩证的历史过程。在这个过程中，认识世界的“是什么”、“为什么”和改造世界的“做什么”、“怎么做”是统一的整体。一方面，只有解决“是什么”、“为什么”的认识问题，才能更好地解决“做什么”和“怎么做”的实践问题；同样，也只有解决“做什么”和“怎么做”的实践问题，才能进一步检验“是什么”和“为什么”的认识是否正确的问题。从理论上说，价值、价值观、核心价值观、社会主义核心价值观、社会主义核心价值体系，这些概念是有不同的内涵的。“价值”从字面上看有两层含义：一是指使用价值，即物的效用或意义；二是指交换价值，即凝结在商品中的一般的、无差别

① 《爱因斯坦文集》第3卷，商务印书馆1979年版，第182页。

的人类劳动。马克思在《资本论》中对使用价值、交换价值作了系统研究，创立了马克思主义劳动价值论。我们研究哲学上的价值不能回避政治经济学上的价值，而要把这两者有机地统一起来。同时，还要看到哲学上所说的价值含义更为丰富，可以从存在、认识和实践三个方面来研究价值存在、价值认识和价值实践问题。也就是说，价值既是存在问题，又是认识问题，还是实践问题。价值存在，是关于价值的本体论问题；价值认识，是关于价值的认识论问题；价值实践，是关于价值的实践问题。① "价值观"，是关于事物的价值立场、价值观点、价值判断乃至一定的理想信念的总和，是指人们对价值取向和价值选择的总的根本的态度。价值观是与我们通常所说的好坏、善恶、利害等问题紧密联系在一起的。一个人的价值观形成受其所处的社会历史条件、社会地位、教育水平等诸多因素的影响。在现实生活中，没有抽象的、中立的价值观。核心价值观，是指在一个社会中起主导作用的价值观。它回答了什么是好，什么是坏；什么是善，什么是恶；什么是利，什么是害；什么是应该提倡的，什么是应该禁止的等基本问题，是指导人们行动的指南。建设社会主义核心价值体系是社会主义核心价值与核心价值观的统一。社会主义核心价值与社会主义核心价值观既有联系又有区别。如果说，社会主义核心价值是社会主义制度在价值层面的本质规定，那么，社会主义核心价值观就是对社会主义核心价值总的看法和最根本的观点。在学习党的十六届六中全会《决定》的辅导中，有的专家明确提出："建设社会主义核心价值体系即社会主义核心价值观体系。价值观包括基本价值观、特殊价值观、具体价值观，在不同时代和不同历史环境下，往往有不同的要求和具体内容。贯穿于不同层级价值之中的，是核心价值。核心价值是相对稳定不变的价值。核心价值体现着社会的本质，指导社会的奋斗目标和前进方向。抓住核心价值，就抓住了价值需求、价值创造、价值体系、价值实现的前提和关键。建设社会主义核心价值体系的基本内涵是，坚持马克思主义在意识形态领域的指导地位，牢牢把握社会主义先进文化的前进方向，倡导和谐理念，培育和谐精神，进一步形成全社会共同的理想信念和道德规范。其中，'以人为

---

① 参见李德顺：《价值论》（第 2 版），中国人民大学出版社 2007 年版，第 33、173、313 页。

本’是价值基点，‘共同富裕’是价值目标，‘公平正义’是核心。建设社会主义核心价值体系，应当具备以下几个要素：1. 要坚持马克思主义在社会主义核心价值观培育中的指导地位。用马克思主义的立场、观点、方法来正确认识经济社会发展形势，正确认识社会思想意识中的主流与支流。2. 要体现社会主义性质。中国特色社会主义与西方资本主义的本质区别在于是否达到‘共同富裕’。判定社会主义的成败得失，要看人民群众的‘共同富裕’程度和水平。‘共同富裕’既是人性的体现，也是社会主义制度的体现，更是一种最高层面和谐关系的体现。3. 要传承、借鉴民族精神和外来价值观的合理因素。社会主义核心价值观，要积极发掘中华民族几千年传承下来的精神遗产。当然，我们必须以科学的态度，寻找民族文化中优秀的成分，予以发掘、归纳和整理，力求使其焕发出更加灿烂的光辉。同时，积极借鉴外来价值观的积极因素，特别是它们强化核心价值的传播方式。4. 要获得广大人民群众的普遍认同。建设社会主义核心价值体系既是一个从上至下，由执政党和政府来提倡和创建的过程，又是一个人民群众共同参与、不断完善和深化的过程。培育社会主义核心价值观，最为关键的是要获得最广大人民群众的普遍认同”。① 这对于我们深化对建设社会主义核心价值体系的认识是很有意义和帮助的。

六

建设社会主义核心价值体系，归根到底是要解决好一元主导与多元共存的关系。一元主导，并不排斥多元共存。而是在坚持统一的、主导的文化的同时，承认和发展多元文化。在社会生活多样化的条件下，人们的价值观念必然出现多样化。从哲学意义上说，价值标志着不同的主体对不同的客体所作的选择关系。客体是多种多样的，主体的需要也是多层次的。特别是随着社会主义市场经济体制的建立和完善，这种选择的“自由度”和多样化必然加大，人们的生活方式更加丰富多彩。这样，传统的单一的价值观念受到市场经济的冲击，形成相对的逐渐多样性的价值观念。因此，需要建立一套立足于当代而又继承传统、立足于本土而又面向世界、坚持社会主导的同时又包容多样的价值观念。这也

① 《十六届六中全会〈决定〉关键词解答》，《解放日报》2006 年 10 月 30 日。

是建设社会主义核心价值体系的意义之所在。我们要坚持以社会主义核心价值体系引领社会思潮，尊重差异，包容多样，最大限度地形成社会思想共识。也就是说，既要坚持社会主义核心价值体系的主导地位，又要坚持在尊重差异中扩大社会认同，在包容多样中增进思想共识。历史经验表明，建立一个规范的强有力的与一定的经济、政治和社会制度相适应的核心价值体系，对于团结凝聚一个国家和民族的意志与力量具有重要的作用。我国是有 13 亿多人口和 56 个民族的大国，统一思想、凝聚力量，更离不开同社会主义经济、政治和社会制度相适应的社会主义核心价值体系。但是，坚持社会主义核心价值体系的主导地位并不是要消除异己，而是要用社会主义核心价值体系引导多样化的思想观念和社会思潮。而引导多样化就必须求同存异。在这方面，邓小平同志为我们指明了方向。据金庸回忆 1981 年邓小平首次接见他时说，你办的《明报》社评我大部分同意，小部分不同意。你不是共产党员，我是共产党员，我们的世界观不同嘛。但大家爱国，希望中国强大，这一基本原则我们是完全一致的，我们有共同语言。① 应当说，我们在这方面是有正反两方面经验教训的。我们必须牢记历史的经验教训，不犯或少犯这方面的错误。

七

建设社会主义核心价值体系，必须吸收和借鉴国外有关方面的经验。20 世纪下半叶，一些发展中国家（地区）在实现现代化的过程中，大力加强经济建设和文化建设，不仅有效地解决了城乡对立的“二元经济”矛盾，而且有效地解决了“西方化”与“本土化”对立的“二元文化”矛盾，为我们提供了宝贵的经验。李光耀 1978 年在国庆献辞中曾自豪地说：也许我英语比华语好，因为我早年学会英语；但是即使再过一千个世代，我也不会变成英国人。我心中所信守的不是西方的价值体系，而是东方的价值体系。在新加坡，从 20 世纪 80 年代推行“文化再生”运动，号召人民保持和发扬中华民族儒家的传统道德，并把“忠孝仁爱礼义廉耻”作为政府必须坚决贯彻执行的“治国之道”，把

---

① 参见《二十年后一定会更美好——金庸谈香港回归十年》，《参考消息》2007 年 6 月 26 日第 9 版。

儒家东方价值观提升为国家意识，并使之成为每个公民的行动指南。1990 年 2 月，新加坡政府发表了充满儒家伦理精神的《共同价值白皮书》。该书提出了五大共同价值观：国家至上，社会为先；家庭为根，社会为本；关怀扶持，同舟共济；求同存异，协商共识；种族和谐，宗教宽容。在韩国，他们提倡把儒家道德和企业经济发展结合起来。《儒教文化圈的秩序和经济》的作者、韩国釜山大学教授全日坤 1988 年曾说："儒教国家经济发展的成功，是由于儒教伦理具有与其经济发展的适应性。""在两国（指日本和韩国）中，儒教是最具有优势的传统文化，至今仍作为重要的秩序原理而生存。"韩国国立大学哲学科尹丝淳教授说："特别是儒教的人尊、人道思想，才是纠正现代文明弊害的珍贵的智慧。"在英国，著名历史学家汤因比在《展望二十一世纪》一书中，对中国传统文化大加赞扬，认为"在漫长的中国历史长河中，中华民族逐步培育起来的世界精神"，可以"成为世界统一的地理和文化上的主轴"。"中国人无论在国家衰落的时候，还是实际上处于混乱的时候，都能坚持继续发扬这种美德"。他预言，中国人和东亚各民族的合作，将在未来"人类统一过程中，可能要发挥主导作用"。① 我们要认真吸取世界上其他国家核心价值体系建设的成功经验，深入挖掘中国传统文化的优秀成果，为建设社会主义核心价值体系服务。

---

① 许启贤：《中国传统文化在国外》，《支部生活》1996 年第 1 期。

第一章　社会生活多样化和价值观念多样化

当今世界和当代中国都在发生广泛而深刻的变化和变革。随着国与国相互依存日益紧密，各种思想文化在更大范围、更深层次相互激荡、彼此碰撞，世界范围内各种思想文化交流、交融、交锋日益频繁。在这种新的历史条件下，如何牢牢把握社会生活多样化和价值观念多样化的发展趋势，探索用社会主义核心价值体系引领社会思潮的有效途径，是思想理论界必须关注的重大课题。

一、牢牢把握社会多样化的发展趋势

马克思主义认为，社会存在决定社会意识，价值观念根源于物质基础。从本质上说，价值观反映了人们对不同利益的追求，社会存在的多样化决定社会意识的多样化。改革开放以来，随着社会经济成分、组织形式、就业方式、利益关系和分配方式的多样化，人们的社会思想也日益多样化。这毫不奇怪。问题的实质是如何看待这种社会思潮的多样化。

1. 全球化视野中的社会价值多样化

人类进入一个经济全球化的时代。经济全球化最初是随着西方资本主义的发展而不断向世界扩展的。马克思恩格斯早在《德意志意识形态》中就指出：人类历史发展越来越具有世界史的特征。“各个相互影响的活动范围在这个发展进程中越是扩大，各民族的原始封闭状态由于日益完善的生产方式、交往以及因交往而自然形成的不同民族之间的分工消灭得越是彻底，历史也就越是成为世界历史”。①

这种根源于生产力发展的经济全球化现象具有二重性，一方面，促进着资本主义在全球各地开拓市场、寻找资源，使世界的生产、消费连

---

① 《马克思恩格斯选集》第1卷，人民出版社1995年版，第88页。

成一体；另一方面，在这种开拓的过程中打破了国家和民族之间的隔绝状态，使国家和民族之间的矛盾和斗争加剧。由于经济文化相对落后的国家和民族很难自给自足、闭关自守，这就不可避免地要进入全球化的大潮之中。而发达的资本主义大国总要千方百计地凭借自己的经济、政治、军事、文化等方面优势，既要推销自己的商品，还要确定对自己有利的世界经济和政治秩序。应当看到，“冷战”结束后，就世界范围而言，资本主义处于扩张态势和相对强势。日裔美籍学者弗朗西斯·福山在《历史的终结》、《历史的终结与最后的人》等书中妄言：苏联东欧剧变意味着共产主义的终结、世界共产主义运动的终结、马克思主义的终结，西方国家实行的自由民主制度也许是“人类意识形态发展的终点”和“人类最后一种统治形式”，“自由与民主的理念已无可匹敌，历史的演进过程已走向完成”。其目的无非是要用资本主义世界观、价值观一统天下。一时间，这种观点在国内外产生很大影响。有的人甚至重新提出“红旗还能打多久”的问题。

在世界共产主义运动面临新形势、出现新考验之时，20 世纪 70 年代末我国开始的改革开放使中国特色社会主义焕发出蓬勃生机。我国社会主义现代化建设事业伴随着经济全球化的大潮而深入发展。因此，从总体上看，经济全球化为我们带来了前所未有的发展机遇，也带来了前所未有的巨大挑战。一方面，和平、发展、合作成为时代潮流，世界多极化和经济全球化趋势深入发展，科技进步日新月异；另一方面，国际环境复杂多变，综合国力竞争日趋激烈，影响和平与发展的不稳定不确定因素增多，我们仍将长期面对发达国家在经济科技等方面占优势的压力。在这种背景下，随着新思想、新知识、新观念的传播，不同经济、政治、文化在交流增多的同时，也带来了社会价值观念的多样化，出现了不同的文化和价值观念之间的碰撞乃至冲突。由此自然会产生如何应对经济全球化带来的社会价值观念的多样化问题。

我国著名社会活动家费孝通先生在《我为什么主张“文化自觉”》一文中提出：“文化自觉”这四个字正表达了当前思想界对经济全球化的反应，是世界各地多种文化接触中引起人类心态变化的迫切要求。人类发展到现在已开始要知道我们各民族的文化是哪里来的？怎样形成的？它的实质是什么？它将把人类带到哪里去？还有的学者指出，在全球化和现代化的条件下，人们的价值观念发生了深刻变革。在世界上，东西方之间、传统与现代化之间、发达国家与新兴发展中国家和民族之间等不同文化和价值观体系的比较与冲突，在国际生活和社会生活中表现得越来越明显，其影响也日益突出，正成为新世纪的一个具有全球性、时代性的问题。一般而言，是社会存在多样化导致了社会价值观念的多样化，使人们产生了多元的文化需求和价值追求，文化和价值的更新转型日益加快，新的文化和价值观念层出不穷。文明的多样性，是人类社会的基本特征，也是人类文明进步的动力。我们既要认识社会存在多样化和社会价值观念的多样化是社会进步的体现，同时也要坚持指导思想的一元化，确立全社会共同的思想基础，使社会价值观念多样化与国家提倡的主导价值观有机统一起来。

应当说，对于价值观念的多样化以及经济全球化带来的新问题，人们的认识是不尽相同的，如前些年美国哈佛大学教授亨廷顿提出的"文明冲突论"在国际上引起了轩然大波。国内外有许多人对此论点进行了批评。比如，西班牙王室的玛丽娅·蒂丽莎·帕尔玛公主在其论文《亨廷顿观点剖析》中，就对亨廷顿的"文明冲突论"逐一进行了分析、批判。帕尔玛公主认为，当今世界正向政治多极化、经济多样化、文化多样化的方向发展，各国家、各民族都根据各自的特点和状况发展，速度有快有慢，向现代化迈进并不意味着西化，或融于西方文化中。语言的多样化和信仰的多样化（无神论、有神论、一神论、多神论等），形成了多样化的文化和历史背景，也构成了当今世界文化和意识形态的多样化，从而造成了道德、伦理、价值观念的多样化。这是当前世界文化发展的显著特点。所以，各种文化应加强交流、对话和了解，互相促进、共同发展，使各种文化在世界文化的发展史中都占据应有的地位，成为人类共有的财富。而决不应该像亨廷顿主张的那样，人为地树立"新的敌手"，人为地扩大各种文化的矛盾，导致敌意和冲突，这是政治霸权主义在思想文化领域中的反映。① 无独有偶。我国著名学者汤一介先生对亨廷顿的错误观点也进行了批评。他认为，"文明冲突论"并不能正确说明当前世界形势，更不是人类社会发展的前景，而"文明的共存"才应是人类社会的出路，是人类社会必须争取的目标。人类社会如果希望走出当前混乱纷争的局面，特别要批判文化霸权主义和文化部

① 参见李振中：《一次思想文化交流的国际盛会》，《阿拉伯世界》1998 年第 2 期。

落主义，不断推动在不同文化传统的国家与民族之间的对话。在不同民族和国家之间，由于宗教信仰的不同、价值观念的不同，思维方式的不同可能引起冲突，甚至可能由冲突导致战争。但是，是否必然要引起冲突，能不能化解冲突，使之不因文化的不同而导致战争，这就需要我们从各个不同民族的文化中找出文明共存的资源。中国文化中的儒道两家可以为化解“文明的冲突”、实现“文明的共存”提供有意义的资源。①

社会主义核心价值体系的提出有着深刻的经济全球化的历史背景。一方面，我们要承认世界上价值观念的多样性。世界是丰富多彩的。由于各国的历史背景、社会制度、发展水平、文化传统和价值观念不同，人类不可能只有一种文明、一种社会制度、一种发展模式、一种价值观念。因此，我们尊重世界的多样性，并积极吸收和借鉴各国的优秀文明成果。只有充分尊重不同民族、不同宗教和不同文明的多样性，在尊重、平等的前提下多元共存，相互交流，相互借鉴，世界才能充满发展的活力，人类才能不断融合、共同进步；另一方面，我们又要在多元多样中确立一元主导。要防止由于价值多元化导致价值观念的冲突，警惕西方国家企图把自身的意识形态强加给别人，对社会主义国家实施分化和西化图谋，反对霸权主义和强权政治。胡锦涛同志在党的十七大报告中指出，当今世界正处在大变革大调整之中，和平与发展仍然是时代主题，求和平、谋发展、促合作已经成为不可阻挡的时代潮流。世界多极化不可逆转，经济全球化深入发展，科技革命加速推进，全球和区域合作方兴未艾，国与国相互依存日益紧密，国际力量对比朝着有利于维护世界和平方向发展，国际形势总体稳定。同时，世界仍然很不安宁。霸权主义和强权政治依然存在，局部冲突和热点问题此起彼伏，全球经济失衡加剧，南北差距拉大，传统安全威胁和非传统安全威胁相互交织，世界和平与发展面临诸多难题和挑战。共同分享发展机遇，共同应对各种挑战，推进人类和平与发展的崇高事业，事关各国人民的根本利益，也是各国人民的共同心愿。我们主张，各国人民携手努力，推动建设持久和平、共同繁荣的和谐世界。为此，应该遵循联合国宪章宗旨和原则，恪守国际法和公认的国际关系准则，在国际关系中弘扬民主、和睦、协作、共赢精神。政治上相互尊重、平等协商，共同推进国际关系

① 参见汤一介：《“文明的冲突”与“文明的共存”》，《文汇报》2004年10月24日。

民主化；经济上相互合作、优势互补，共同推动经济全球化朝着均衡、普惠、共赢方向发展；文化上相互借鉴、求同存异，尊重世界多样性，共同促进人类文明繁荣进步；安全上相互信任、加强合作，坚持用和平方式而不是战争手段解决国际争端，共同维护世界和平稳定；环保上相互帮助、协力推进，共同呵护人类赖以生存的地球家园。因此，通过建设社会主义核心价值体系来巩固人民的理想信念、国家的思想基础、民族的精神支柱是十分必要和迫切的。必须看到，由经济全球化带来经济、政治、文化和社会方面的价值冲突以及价值观念的多样化和价值主体的多元化将会长期存在。这种文化和价值的多元共存意味着各种文化既是独立的，又是相互依存的；多元文化之间既存在碰撞和竞争，又存在着交流和促进。由于就全球范围而言，社会主义国家还处于相对弱势，如何在经济全球化和现代化的条件下保持自己的特色和优势，是必须加以研究和解决的问题。回避没有出路，只有主动做好各种准备，主动迎接这种新的挑战，才能在激烈的竞争中获得最终的胜利。

2. 改革开放带来的社会多样化

改革开放以来，我国出现了社会多样化的发展态势，即已成为共识的社会经济成分、组织形式、就业岗位、利益关系和分配方式的多样化。对于我国改革开放以来出现的社会多样化，学术界有学者进行了深入的分析。

有的学者认为，我国社会变化突出表现在三大关系结构的转变上，即所有制结构、阶级阶层结构与利益关系结构。所有制结构的变化是我国社会关系结构转型的突破口。我国经济体制改革的一个重要结果是所有制结构变革。在不考虑土地以及各种自然资源的产权属性的情况下，目前我国已大体形成公有制经济与非公有制经济各占半壁江山的所有制结构。这种结构性变化首先在非公有制经济领域形成了新的劳动关系，即雇佣劳动关系。在公有制经济领域，企业用工制度改革也逐步使以国家劳动人事制度安排为基础的计划性劳动关系向着以劳动合同为基础的市场化劳动关系转型，并且这种新型劳动关系一直在向其他劳动就业领域扩展。在上述各种重大结构性变化的推动下，我国社会阶级阶层结构也发生显著变化。相对于改革开放之前，社会阶级阶层结构的变化是与我国社会流动和社会分化的加速密切相关的。经济非农化和人口城镇化不断扩大非农就业领域，提升职业结构的层级，形成更大的非农就业空间和职业升迁空间，从而为社会流动创造了客观条件和需要。市场化的推进，所有制结构的重组，劳动关系结构的变革，以及以按劳分配为主多种分配方式并存的利益关系格局的形成，使得不同职业角色占有不同的社会资源，包括经济资源、文化资源和组织资源，享有不同的综合收益，从而拥有差别化的经济社会综合地位，形成社会经济地位的分化，也就是社会学所说的社会分化，而社会阶级阶层结构就在这种社会分化过程中发生改变。改革开放之前，我国社会阶级阶层结构的构成主要是工人阶级、农民阶级和知识分子这样两个阶级一个阶层。改革开放以后，这两个阶级一个阶层都在改革开放大潮中发生了分化。从农民中分化出了农民工，他们成为工人阶级中的新成员；个体工商户、私营企业主、各种非公有制企业中的经营管理人员，也不断从原来的两个阶级一个阶层中分化出来；原来的知识分子作为专业技术人员，国家机关、社会团体和各种企业事业单位中的办事人员（俗称“白领”），则在新的劳动关系下获得相对独立的新社会角色和社会经济地位。如果结合以资源占有为基础的阶级分析和以职业地位为基础的阶层分析这样两个社会学分析维度，考察我国当前的社会阶级阶层结构，大致可以发现十个轮廓较为清晰的社会阶层：国家与社会管理者，经理人员，私营企业主，专业技术人员，办事人员，个体工商户，商业服务业员工，产业工人，农业劳动者，以及无业失业半失业人员。所有制结构和阶级阶层结构的变化，内在地具有利益关系结构变化的社会学含义。正是在这个意义上，这里把所有制结构和阶级阶层结构都视为本质上是关系性的社会结构。与此同时，我国社会利益关系结构变化还有其自身的特征。任何社会改革都意味着社会利益关系的重组。改革的广度和深度越大，利益关系重组产生的社会影响就越广泛深远。这种重组表现在多个方面。首先，社会成员的利益实现路径的变化。改革开放以来，我国逐步形成了以按劳分配为主多种分配方式并存的利益分配体系，除了劳动之外，其他主要生产要素，包括资本、技术以及部分情况下的土地，都可参与分配。其中，资本要素参与分配对整个分配格局的影响最为重大深远。其次，利益实现机制的变化，亦即整个分配制度从计划调节转变为市场调节。而在市场的调节下，利益分配的主要决定机制，便不仅仅是参与分配的主体的努力程度，更有不同要素在市场配置中的稀缺程度，市场上的机会结构，以及制衡不同要素的力量对比关系和调节机会结构的制度安排。改革开放以来，关于利益分配的相关制度安排，在相当长时期里是围绕提高效率这个重心来确定的，其基本理论表述就是“效率优先兼顾公平”。在劳动力供给近乎无限的情况下，资本和技术成为最有力或最有利的利益分配决定因素。这种利益分配决定机制，无疑大大激发了我国经济活力，推动了我国经济发展，其成效和功绩不容否定。第三，利益差别化格局的形成。在改革开放过程中，不同社会成员的资源占有不同，起点条件和机会际遇各异，而市场机制在决定利益分配时并不考虑这些差异，相反更倾向于通过强化差异来获得效率。同时，由于某些关键领域的改革尚未完成，一些非市场因素，如城乡分割的二元社会制度安排、行业垄断、腐败以及再分配制度的不完善不合理等，对利益分配格局都产生了较大影响。正是在这种情况下，我国出现了较为明显的利益分化，不同社会阶层和群体之间的收入分配差距不断扩大。党的十七大报告对这一问题给予了前所未有的重视，将其置于六个亟须解决的民生问题之首，并且在论述收入分配关系时首次提出，初次分配要处理好效率与公平的关系问题，再次分配要更加突出公平。这一论述对一个时期以来关于初次分配是否需要考虑公平问题的争论做了政治上的总结，无疑是正确的、及时的。①

还有的学者认为，从新中国成立以后到改革开放以前，从社会存在到意识形态，中国社会基本上是一种“一元主导”性社会，即经济成分、利益主体、分配方式、就业形式和价值取向基本上是一元主导。在经济成分上主要强调公有制，对非公有制经济有所排斥；在利益主体上，主要强调国家和集体利益主体，对个人主体重视不够；在分配方式上，主要强调按劳分配，不大注重按生产要素分配；在就业形式上，国家安排就业，缺乏其他就业渠道；在价值取向上，倡导集体主义，对集体主义以外的价值观大多排斥。改革开放以后，我国社会逐渐呈现为多样化的发展状态，即经济成分、利益主体、分配方式、就业形式、组织形式、社会阶层、社会力量和价值取向日趋多样化，社会日趋成为多样化社会。② 这种多样化的态势还将随着社会主义市场经济的发展而继续

---

① 参见陈光金：《当前我国若干重大社会结构变化与结构性矛盾》（下），《学习时报》2007年12月25日。

② 参见韩庆祥：《当代中国发展新理念》，《思想理论教育导刊》2006年第5期。

扩大。对此，有学者提出可以从以下几个方面来概括：一是社会分化与分层明显，社会成员身份更加多样性。二是多样化的社会团体开始出现，它们既是社会多样化的体现，又在促进社会多样化的发展。三是政府管理行为的变化，传统的管理型政府变为服务型政府。这些变化表明了一种新型的政府与公民的互动关系开始出现，公民社会在中国开始得到发展。这种社会多样化的问题引起了执政党的思考，是顺势引导还是逆流而堵，必须作出历史的抉择。而提出建设社会主义核心价值体系，就是一个有利于整合社会多样化的重大决策。只有顺应社会的发展趋势，使经济成分、利益主体、分配方式、就业形式、组织形式、社会阶层、社会力量和价值取向多样化，整合为发展有序的社会主义和谐社会，才能使中国特色社会主义得到巩固和发展。①

3. 社会转型导致社会思潮的多样化

我国社会正处在一个特定的转型时期。所谓社会转型是一种整体性的社会结构变迁。它可以从广义和狭义两方面来理解，广义社会转型是指社会形态发展类型的变化（如从封建社会到资本主义社会），狭义社会转型是指一定社会形态范围内的社会具体类型的变化（如从社会主义计划经济到社会主义市场经济）。有学者还提出，第一，“社会转型”是一个有特定含义的社会学术语，意指社会从传统型向现代型的转变，或者说由传统型社会向现代型社会转型的过程，具体而言，就是从农业的、乡村的、封闭半封闭的传统型社会向工业的、城镇的、开放的现代型社会的转型。当我们说“社会转型”时，着重强调的是社会结构的转型。在这个意义上，“社会转型”和“社会现代化”是重合的，几乎是同义的。第二，中国的社会转型是中国的社会生活和组织模式从传统走向现代、迈向更加现代和更新现代的过程。是社会实践结构不断从传统走向现代、走向更加现代和更新现代的变迁过程。这样的社会转型论可称为“广义转型论”。②

历史地看，中国从明代后期特别是清代后期社会就处在一个巨大的转型过程之中。只不过，这种转型是在外来侵略下被迫进行的。有学者认为，“旧体制的日渐没落与复杂难解的社会问题的不断出现，是社会

① 参见张骐：《走向和谐——当代中国的公民社会探析》《北京大学学报》2005年第4期。
② 参见郑杭生：《60年，中国社会是怎样转型和发展过来的》《北京日报》2009年8月24日。

转型时代的特征之一。就此而言，晚明时代是中国历史上由传统向近代发展的社会转型时期。”“就晚明时代而论，它一方面表现出了政治上的腐朽，另一方面却表现出了中国历史上空前的经济活跃。而这恰恰也正是社会转型的特征。这个问题在今天更加引起学界重视。”① 而晚清自鸦片战争之后，面对“数千年未有之变局”与“数千年未有之强敌”，中国在西方列强的打击下被迫接受帝国主义的不平等条约，中国社会在屈辱的方式中被迫转型，一步步沦为半殖民地半封建社会。在这个被动的转变中，中华文明与西方文明之间必然要产生巨大的碰撞，中国传统价值体系与西方价值体系必然要发生激烈的交锋。汤因比在《历史研究》中指出：“一个文明的衰落，不是从它解体那天算起，事实上是在文明的创造者失去创造力的时候，即使它还有着社会结构的完整性，但是在没有进取只会模仿的情况下，文明实际已经衰落。这时旧的价值体系已经失去吸引的力量，而新的价值体系还没有诞生。社会暂时还不得不按照旧的价值体系运转。即使人的自觉、人道的觉醒已经到来，旧秩序更要一种人为的价值体系来维系。因此，文化专制与思想压抑也就不可避免。旧的价值体系比任何时候都变得更加神圣而不可侵犯。”② 所以，我们看到作为旧的王朝的统治者封建地主阶级不仅拿不出办法来与外来的帝国主义列强作有效的对抗，而且变本加厉地用“三纲五常”等旧的价值观念来对广大被压迫的人民群众进行思想控制。

为了挽救中华民族的危亡，无数志士仁人前仆后继，上下求索，寻找救国救民的真理。在马克思主义传入中国直至取得主导地位之前，改良主义、社会达尔文主义、唯意志论、无政府主义、实用主义、民粹主义、工团主义、民主社会主义等各种思潮，都先后在我国流行过、尝试过，但它们都失败了，成了历史上来去匆匆的过客。1921 年，中国共产党的诞生是中华民族历史上开天辟地的大事变。我们党选择马克思主义作为指导思想，并不断促进马克思主义与中国实际相结合，使马克思主义在中国深深扎下根，从而引领中华民族走上了光明之路。总的来看，我们党领导的新民主主义革命和社会主义革命，推翻了帝国主义、封建主义、官僚资本主义在中国的统治，一举结束了被帝国主义压迫和

---

① 商传：《〈万历十五年〉与晚明时代》，《光明日报》2000 年 11 月 10 日。

② 转引自郭万金：《关于明诗》，《文学评论》2005 年第 4 期。

奴役的地位。新中国的建立，开启了中华民族发展的新纪元。社会主义基本制度的建立，为当代中国一切发展进步奠定了根本政治前提和制度基础。改革开放以来，我们党领导人民成功地探索出一条中国特色社会主义道路，进一步促进了社会主义制度的巩固和发展，使古老的中华民族焕发出勃勃生机与活力。但也要看到，在近现代中国100多年历史大变革进程中，旧的矛盾和问题解决了，新的矛盾和问题又产生了。从计划经济向市场经济、从封闭向开放、从人治向法治的这种社会转型还没有完成；特别是中国作为农业大国，从乡村到城市化、从农业到工业化的任务非常艰巨和繁重。在发展过程中，必然要出现由于社会利益分化而导致的利益结构重构问题、多元价值观念和文化认同问题。有人提出，社会利益分化和利益结构重构成为社会转型时期最重要、最深刻的变化。在社会转型时期，从利益认同到制度认同到价值认同再到政治认同，他们之间是相互联系、相互影响的。其中，利益认同是政治认同的逻辑起点，制度认同是政治认同的关键，价值认同是政治认同的核心。由此可见，只有解决了价值认同、文化认同的问题，利益集团政治认同的问题才能迎刃而解。① 这样，社会转型导致社会思潮多样化就不是偶然的现象，而适应时代发展的新的社会体制机制和价值体系仍然在建设之中。

还有的学者提出，自1978年改革开放以来，中国社会结构转型出现了三个方面的变化：（1）身份体系弱化，结构弹性增强；（2）资源配置方式转变，体制外力量增强；（3）国家与社会分离，价值观念多样化。当代中国社会流动的特征是以经济地位为主的多样化的上向流动，一方面促进了社会结构的合理化，另一方面也加剧了社会结构的失衡，导致一些负面的社会影响。② “乱花渐欲迷人眼”。所以我们要看到，随着改革开放带来我国社会生活的急剧变化，人们的思想观念具有更多的独立性、选择性、多变性和差异性，社会思想的多样化日趋明显，进步的社会思潮与落后的社会思潮交织。据有的学者概括，有以下

---

① 参见刘恩东：《社会转型期利益集团对地方政府善治的双重意义》，《学习时报》2007年6月11日。

② 参见郑杭生、洪大用：《当代中国社会结构转型的主要内涵》，《社会学研究》1996年第1期。

10 种社会思潮特别需要注意和研究：愚昧迷信、伪科学思潮，经济私有化思潮，新自由主义思潮，保守主义思潮，历史虚无主义思潮，民主社会主义思潮，殖民文化思潮，民族分裂主义思潮，拜金主义思潮，利己主义思潮。这些社会思潮门派不同，来源各异，影响很大，不可忽视。① 而在这些社会思潮中，那种否定公有制能与市场经济结合的新自由主义思潮；否定中国特色社会主义、鼓吹走资本主义改良道路的民主社会主义思潮；否定中国近代史特别是共产党领导革命斗争的历史虚无主义思潮；宣扬西方“多党竞争”与“三权分立”的政治制度、把西方的自由、民主、人权等标榜为“普世价值”思潮；否定改革开放 30 年的巨大成就，否定中国特色社会主义道路及其理论体系的“左”的思潮，其危害和消极影响不能低估。

这里应当指出，尽管我们在国际社会不搞以意识形态划线，但我们不能忘记国际社会还存在意识形态的斗争。西方敌对势力一直把他们的意识形态作为瓦解社会主义的工具。国际上的这种斗争必然要反映和影响到我国的思想战线和意识形态领域。所以意识形态领域并不平静，思想理论领域还有一些噪音、杂音。比如，有的诋毁“四项基本原则”，诬蔑社会主义“扼杀‘自由’、扼杀‘民主’”；有的鼓吹私有化，认为公有制是“万恶之源”；有的歪曲党的历史、贬损党的方针政策，煽动人们对党和政府的不满。一些别有用心的人企图通过渲染党的历史上的某些失误，夸大历史阴暗面，达到他们否定党和社会主义制度的目的。尽管这些噪音和杂音主要是敌对势力通过西方媒体和境外网站进行传播，但我们对其不能掉以轻心。既要加强管理，不给错误思想提供传播渠道，又要加强正面宣传，进一步增强马克思主义的针对性和战斗力，用社会主义核心价值体系引领多样化的社会思潮。

二、科学认识价值观念的多样化

按照历史唯物主义的观点，价值观念是价值存在的反映，价值观念的多样化反映了不同价值主体的多样化要求。我们既要承认价值观念多样化的客观事实，尊重差异、包容多样，又要有力抵制各种错误和腐朽思想的影响，力求在多元多样中确立主导、在交流交融中谋共识，牢固

---

① 赵曜：《当代中国社会思潮透视》，《中国教育报》2002 年 4 月 24 日。

树立社会主义的核心价值观念。

1. 价值含义与价值观念的不同理解

从字面上说，价值就是事物的“效用”或“意义”。马克思曾考证过“价值”（value、valeur、wert）的词源，“最初无非是表示物对于人的使用价值，表示物的对人有用或使人愉快等等的属性”。[①] 现代西方学者对价值的理解有价值客观论、价值主观论等不同派别。价值客观论认为，自然界的存在物皆有自然属性，如质量、硬度、体积、形状等等。价值也是如此，它是事物的客观属性。价值主观论认为，价值不是事物的客观属性，它是人类构造的观念或理念。比如，我们说善，并不是说世界上有一种东西叫善，或某一种东西的自然属性是善。善只是一个概念，只能用其他概念来解释，或用我们对它的心理反应之描述来解释。因此，价值作为评价性的概念，反映了主体对客体的评价性态度。评价，是自然界没有的，而是人类理性基于认识所作的判断。西方有哲学家提出过，即使没有人类存在，一个清洁、有序的世界，也比一个肮脏、混乱的世界更美。然而如果没有人类存在，谁来判断和陈述前者比后者更美呢？[②]

一般来说，哲学意义上的价值是指主体对客体的选择关系。客体是多种多样的，主体的需要也是多层次的，形成相对的逐渐多样性的价值观念。因此，从这个意义上说，“‘价值’这个普遍的概念是从人们对待满足他们需要的外界物的关系中产生的”。[③] 价值观念，简称价值观，是指对人与物、人与人之间价值关系的总看法。它反映人们的不同信仰、追求和理想等价值取向，涵盖经济、政治、道德、艺术、生活等各个领域，包括价值的形成与本质，价值的判断与选择，自然、社会与人的价值等基本问题。人们的价值观念不同，其分析、衡量和判断事物的标准也就不同。

尽管人们对价值观的理解还有一些争论和分歧，但是学术界对价值观基本内涵的理解已趋于一致。大家普遍认为，价值观是有别于事实判断和科学知识的另一类认识形式，是判断是非曲直、真善美与假丑恶的

---

① 《马克思恩格斯全集》第26卷Ⅲ，人民出版社1974年版，第326页。

② 参见唐逸：《什么是普世价值》，《南方周末》2007年8月30日。

③ 《马克思恩格斯全集》第19卷，人民出版社1963年版，第406页。

价值准则。价值观是判断好坏的标准，也是指导人们行动的指南。什么是好的，什么是坏的，什么是应该提倡的，什么是应该禁止的，对此做出判断就要借助于一定的价值观。价值观不同则对同一事物或同一行为的价值评价也不同。价值观就是价值评价的标准，价值评价的差异根源于价值观的差异。人们的行动受到价值观的指导，在方向各异的行动背后可以看到价值观的差异。所以，价值观在思想文化建设中往往占有核心和基础的地位。不同文化间的差异最主要的是价值观的差异，不同文化间的冲突最主要的是价值观的冲突。而一种价值观是否科学、合理、先进，归根到底要看它如何反映和反映了什么样的主体利益、条件和需要，是否同事物发展的规律和人类历史进步的趋势相一致。当一种价值观同社会历史发展的趋势相一致，并能够反映最大多数人的长远利益时，这样的价值观就是合理的、正确的。否则，违背社会历史发展趋势，违背大多数人的长远利益的价值观就是不合理、不正确的。但是，无论从个人还是从社会来看，价值观又可以区分为不同层次。有的学者提出从以下三个方面来划分：

第一，要区别主导价值观和非主导价值观。每一个社会都有一个或几个价值观成为主导价值观，它们引导着社会价值取向和人们的理想、信念和信仰。主导价值观应该有最广泛的接受者和最深刻的解释力，成为社会群体在观念上普遍认可并在行动中实际践行的价值标准，为人们的价值评价、价值选择提供最有说服力的依据。主导价值观还应该与社会生活的基本状况和基本要求相一致，只有这样才能够深入人心，发挥更强大的引导作用。当一个社会主导价值观阙失时，会出现价值危机、信仰危机、价值失范等现象，此时必须尽快确立主导价值观。非主导价值观分为两类：一类是与主导价值观基本一致的价值观，对这些价值观应该给予积极的引导；另一类是与主导价值观背道而驰的价值观，应注意这些价值观对社会和个人造成的消极影响。

第二，要区别理想价值观和一般价值观。理想价值观符合社会历史发展的必然规律和最大多数人的长远利益，其合理性是不容置疑的。但是，理想价值观在目前社会历史阶段还不能成为社会大众普遍践行的价值观。如果无视社会历史条件的局限，把理想价值观作为唯一正确的价值观进行宣传，是不符合实际的，也不会取得好的效果。为此，在提倡理想价值观的同时，还要宣传人们应该践行而且能够认同的一般价值观。如爱国主义、公民观念、社会公德等。一般价值观不能违背理想价值观，一般价值观也应该发挥提升人们思想境界的作用。

第三，要区别公共领域的价值观和私人领域的价值观。不同价值观所涉及的领域并不相同，有些价值观涉及的是社会公共领域，如政治观念、公德观念等；有些价值观涉及的仅仅是私人生活领域，如审美观、职业观等。前一种可以称为公共价值观，后一种可以称为私人价值观。虽然纯粹的私人价值观并不存在，它们或多或少都与公共价值观有所联系，但是区别公共价值观和私人价值观也是非常有意义的。从一个国家或一个社会的角度进行价值观宣传与教育，应该主要针对公共价值观领域。公共价值观应该统一，如此才能保证社会的和谐有序，而私人价值观应该是多样的，如此才能使社会生活更加丰富多彩。①

上述划分有一定的道理。所谓主导价值观也就是我们通常所说的核心价值观。核心价值观是一定的阶级一定的社会居于统治地位的价值观。它在一个国家、一个民族价值观念体系中居于基础和支配地位，不仅引导着社会成员的主要价值取向和价值判断，而且制约着社会成员的其他价值观念和价值选择。

社会与个人是辩证的统一。任何个人都生活在一定的社会之中，人的本质是一切社会关系的总和。“人的本质是人的真正的共同体”。② 任何个人价值观的形成，都要受社会的核心价值观制约。社会的核心价值观居于社会的主导地位，引导着不同社会主体和社会成员的价值取向和价值判断。但是，社会的核心价值观究竟是什么，学术界对此意见分歧较大。一种意见认为，核心价值观指在价值体系中理想、信念、信仰的最深层次的价值观念。“理想、信念、信仰是居于支配地位的、核心的价值观念，是价值观的集中体现，这就决定了理想、信念教育是思想建设的核心。”一种意见认为，核心价值观是与世界观、历史观和人生观相连而形成的对最高价值的看法或原则。它构成价值观念的内核，表层结构则是由之推出和派生的对具体事物、行为的利害、好坏的观点，执行评价标准的功能。一种意见认为，关于劳动的价值观和关于人我关系

---

① 参见北京市邓小平理论研究中心/北京师范大学价值与文化研究中心：《关于价值观研究现状的调研报告》，《中国特色社会主义研究》2002 年第 1 期。

② 《马克思恩格斯全集》第 3 卷，人民出版社 2002 年版，第 394 页。

的价值观是价值体系的两个核心价值观。劳动价值观用以解释劳动的价值，合理的劳动观可以激发劳动的热情和创造的渴望。人我价值观用以解释人在社会中的价值，正确的人我价值观有利于人的全面发展和社会的全面进步。一种意见认为，本位观念是价值观的核心。把什么看做是最重要的价值，以什么作为衡量其他价值的标准，对此作不同理解就形成不同的本位观念，如群体本位、个人本位、权力本位、金钱本位、能力本位等。一种意见认为，利益观是整个价值观的基础，也是其核心。① 对这些不同意见需要进一步加以研究，深化我们对核心价值观的认识和规范。当然，社会生活是丰富多彩的。在社会的核心价值观之外，还有许许多多的非核心的非主导的价值观念。对这些非核心的非主导的价值观念，我们也需要加以研究和把握。

2. 价值取向和选择的多样化

改革开放和发展社会主义市场经济，推动了我国经济建设的蓬勃发展和社会多样化，人们认识问题、分析问题的思维方式也相应地发生了很大变化。在思想观念特别是价值观方面有了更新的认识和追求。最明显的是“君子喻于义，小人喻于利”的传统观念发生变化，人们不再耻于言利，不再“正其谊不计其功，计其义不计其利”，而是强调“正其谊又计其功，计其义又计其利”。这种思想观念的转变究竟是进步还是退步，将由历史作出回答。无可否认的是，对于大多数中国人来说，急于摆脱那种“穷怕了”的历史命运，要求发家致富，受到正常的教育，享受起码的现代文明，这种要求不是奢望，是人类心理的正常追求，是有其历史的合理性的。因而，在这个意义上说，国人那种优先考虑“言利”的价值观是有群众基础的。在市场经济中，讲究效益，追求利润是正当的。但是，那种见利忘义、搞权钱交易等行为是不可取的，也是应该坚决抵制和反对的。

众所周知，美国著名心理学家马斯洛曾经把人的需要分为生理需要、安全需要、归属与爱的需要、尊重需要和自我实现需要五个层次。不管这种分类是否科学，承认人的需要是一个由低级向高级演进的思想是有一定道理的。追求利，以维持生存、享受和发展，这是最基本的；

① 参见北京市邓小平理论研究中心/北京师范大学价值与文化研究中心：《关于价值观研究现状的调研报告》，《中国特色社会主义研究》2002 年第 1 期。

追求义，以维护名誉、尊严或他人利益，这是更高尚的。尽管在不同时代、不同社会义和利都有不同的内容。“生命诚可贵，爱情价更高；若为自由故，二者皆可抛。”显然，这种价值观是高于“见利忘义”的价值观的。

一般说来，在发展市场经济的现实生活中，只要实行严格法治、公平交易，合法取酬，利与义能够统一起来。但对于共产党人来说，仅仅做到把利与义统一起来，还远远不够。共产党人在市场经济中，不仅不能“见利忘义”，而且必要时还要“舍利取义”。因为共产党人的价值观，不能等同于普通群众的价值观，它必须植根于人民大众的价值观的基础之上，又高于人民大众的价值观。建立社会主义市场经济体制，这是一场意义深远的革命，它不仅对人民大众的价值观念带来震撼，而且对于共产党人的价值观念也产生很大影响。在社会主义初级阶段，在发展市场经济的历史条件下，重构中国特色社会主义的价值观念具有十分重要的意义。

——共同富裕的理想价值观。社会主义最大的优越性就是共同富裕。这是邓小平同志的社会主义本质论的最后归宿。共产党员投身于改革开放和现代化建设事业中，是以实现人民群众的共同富裕作为自己的价值目标。当然，共产党员可以率先致富，但更重要的是带领群众共同致富，这既是共产党人的现实任务，也是我们的理想目标。

——以市场经济为基础、适应市场经济发展的价值观念将逐渐占据主体地位。对合理、合法的利益追求，对公平与效率的兼顾，对竞争与自强的确立，对自由与平等的向往等等，这些价值观念越来越具有广泛的社会基础，为大多数人所逐步认同。

——以全心全意为人民服务为宗旨、毫不利己、专门利人的共产主义价值观念是最高的道德境界。如果说，在新民主主义革命时期，共产党人就能够把全心全意为人民服务作为宗旨，就能够做到毫不利己，专门利人，那么，在社会主义革命建设和改革时期，共产党人更要做到全心全意为人民服务。共产党员特别是领导干部要深入群众，深入基层，要多花工夫，多下气力，多出实招，坚决反对和克服一部分党员干部中存在的高高在上，不问下情，官气十足等官僚主义倾向。时刻关注广大人民群众的利益和愿望，自觉把“人民拥护不拥护”、“人民答应不答应”作为一切工作、一切决策的出发点和归宿。只有这样，共产党人才能显示其感召力。

——必须坚决反对形形色色的剥削阶级的腐朽的价值观念。共产党人要坚持党性原则，一切从党的利益出发，反对损人利己、损公肥私、金钱至上、以权谋私、欺诈勒索等思想和行为，尤其要防止和警惕权力商品化。对贪赃枉法、吃喝嫖赌、斗富摆阔、出卖良心等腐朽的价值观念必须旗帜鲜明地加以抵制和禁止。

价值观念作为社会意识形态，具有相对的独立性。从理论上说，当前意识形态和现实生活中价值观念的多样化表现为：一是占主导地位的马克思主义价值观念在社会生活中发生着决定性的影响；二是非主导地位的反马克思主义的价值观在极少数人中间还有一定的市场；三是大量的各种非马克思主义的价值观也日益影响着人们的价值取向。在马克思主义、反马克思主义和非马克思主义这三种价值观念中，它们不是平起平坐的。其中，马克思主义的价值观念占据主导地位；马克思主义的价值观念与反马克思主义的价值观念存在着尖锐的斗争；马克思主义的价值观念与非马克思主义的价值观念也存在着复杂的矛盾。也就是说，我们一方面要看到马克思主义的价值观和那些符合时代发展要求的、代表社会未来的、与社会主义市场经济体制相适应的积极进取的价值观念，日益为广大人民群众所接受；我国社会也涌现了一大批为人民开拓进取、艰苦奋斗、无私奉献的优秀共产党人和先进分子，成为社会发展的主流。另一方面，要看到在全社会的价值观念发生深刻而积极变化的同时，那些反马克思主义、非马克思主义的价值观念不断冲击着马克思主义的价值观。

对于反马克思主义和非马克思主义的价值观念，我们既要对其进行理论上的剖析，坚决予以批判，又要对广大群众加强教育和引导，以澄清那些模糊的认识。关于肃清封建主义和资产阶级思想影响的问题，邓小平同志早在 1980 年就深刻指出，我们进行了 28 年的新民主主义革命，推翻封建主义的反动统治和封建土地所有制，是成功的，彻底的。但是，肃清思想政治方面的封建主义残余影响这个任务，因为我们对它的重要性估计不足，以后很快转入社会主义革命，所以没有能够完成。现在应该明确提出继续肃清思想政治方面的封建主义残余影响的任务，并在制度上做一系列切实的改革，否则国家和人民还要遭受损失。对待这一任务，要有实事求是的科学态度。要运用马克思列宁主义、毛泽东思想，对于封建主义遗毒的表现，进行具体的准确的如实的分析。首先，要划清社会主义同封建主义的界限，决不允许借反封建主义之名来反社会主义，也决不允许用“四人帮”所宣扬的那套假社会主义来搞封建主义。其次，也要划清文化遗产中民主性精华同封建性糟粕的界限。还要划清封建主义遗毒同我们工作中由于缺乏经验而产生的某些不科学的办法、不健全的制度的界限。不要又是一阵风，不加分析地把什么都说成是封建主义。他还说，在思想政治方面肃清封建主义残余影响的同时，决不能丝毫放松和忽视对资产阶级和小资产阶级思想的批判，对极端个人主义和无政府主义的批判。是封建主义残余比较严重，还是资产阶级影响比较严重，在不同的地区和部门，在不同问题上，在不同年龄、经历和教养的人身上，情况可以很不同，千万不可一概而论。此外，我国经历百余年的半封建、半殖民地社会，封建主义思想有时也同资本主义思想、殖民地奴化思想互相渗透结合在一起。由于近年国际交往增多，受到外国资产阶级腐朽思想作风、生活方式影响而产生的崇洋媚外的现象，现在已经出现，今后还会增多。这是必须认真解决的一个重大问题。邓小平同志精辟地论述了封建主义残余思想和资产阶级腐朽思想的危害性，科学地区分了社会主义与封建主义、社会主义与假社会主义、社会主义与资本主义等是非界限，为我们批判反马克思主义的价值观指明了方向，也为我们实事求是地分析我国社会价值观念的变化提供了正确的方法论。

3. 价值实现形式的多样化

价值实现不仅是一个理论问题，更是一个实践问题。从价值主体方面来说，价值主体和价值观念的多样化，决定了人们价值选择和价值实现必然是多样化的。

我国有学者对中国社会当前价值观现状曾作了调查和分析，认为社会价值观出现了多样化的态势。大体来说，目前我国有三种价值观形态同时并存：一是与计划经济体制相适应的以集体为本位的价值观；二是随着市场经济体制的逐步建立所形成的重功利、重才能的价值观；三是在西方文化影响下形成的极端利己主义、绝对功利主义的价值观。还有研究者从价值观的内容、目标及衡量体系三个方面对价值观多元化表现作了描述，认为价值多样化一方面是对原有价值观内容的拓展、深化和丰富，使价值评价标准更为全面，可以对人和事物进行多层次、多角度的评价；另一方面，价值观的多样化，造成了多种不同性质价值观并存的局面。如集体主义价值观和极端个人主义价值观的并存；为人民服务的价值观和拜金主义价值观的并存等等。不同价值目标的并存也造成了对社会主义主导价值观的冲击，在一部分人中间形成了“价值虚无、无所适从”的状况，造成了价值失范的现象。还有的学者认为，价值多样化引发了价值观之间的冲突。主要表现为：一元价值观与多元价值观的冲突；个人本位与社会本位价值取向的冲突；个体价值观内在的矛盾与冲突；市场经济条件下道德和利益的冲突。价值观的多样化还引发了信仰的危机。信仰的危机给一些歪理邪说提供了可乘之机，使一些人产生了理想和信念的混乱，误入歧途，给社会造成了极大的危害，这方面的教训是十分深刻的。①

对于这些新情况新问题，我们要用科学的态度进行深入研究。既不能简单地把现在出现的问题和矛盾归因于改革开放，认为是实行市场经济造成的，又不能回避改革开放以来出现的新情况新问题。要通过建设社会主义核心价值体系，不断引领多样化的社会思潮，整合多样化价值观念，重新确立当代中国的主导价值观来引领和规范人们的行为，使人们在共享社会发展进步的基础上实现价值形式的多样化。

4. 价值评价标准的多样化

在改革开放和发展社会主义市场经济的条件下，我国的社会环境发生了深刻而复杂的变化，人们的价值观念不可避免地要出现多样化。总的来说，这种价值观念的多样化是与发展公有制为主体、多种经济成分并存的社会主义市场经济体制相适应的。我们必须清醒地看到，价值观念的这种多样化是时代在前进、社会在变革的深刻反映。随着改革开放以来我国社会生活的急剧变化，人们的思想观念的深刻变化，多种价值观念的相互影响便成为无法回避的事实。

有人说，经济基础决定上层建筑，如果现实经济中非公有制经济占据主要地位，势必会反映到政治上层建筑上来，这样下去，马克思主义的指导地位还保得住吗？

我们认为，这种担心是可以理解的。我国社会思潮的多样化有着深

① 参见北京市邓小平理论研究中心/北京师范大学价值与文化研究中心：《关于价值观研究现状的调研报告》，《中国特色社会主义研究》2002 年第 1 期。

刻的社会原因。一定时代的社会思想总是根源于一定历史发展阶段的经济基础，是人们的社会经济生活在思想上的反映。的确，一方面，随着我国经济体制改革不断深化，非公有制经济在市场经济中的比重逐渐加大；另一方面，随着经济全球化和我国加入 WTO，跨国公司到中国投资越来越多，我国不可避免地出现多样化社会思潮。比如，在思想理论领域，既有占指导地位的马克思主义，也有各种非马克思主义，甚至反马克思主义，即使在马克思主义内部，也有各种不同的声音。在文化和道德方面，既有大量的先进文化和健康有益文化，也有一定的落后文化和腐朽文化；既有先进的社会主义思想道德和其他进步道德规范，也有旧的不适应社会主义社会的道德规范。在社会生活中，人们的思想空前活跃。既有自主意识、竞争意识、效率意识、平等意识和民主法治等进步观念，也有拜金主义、享乐主义、极端个人主义、自由主义，等等。对于我国社会生活中出现的社会思潮多样化，要辩证地分析。社会思潮多样化是一把双刃剑。我们既要看到社会思潮多样化的积极作用，也要防止社会思潮多样化的消极作用；既要用马克思主义引领多样化的社会思潮，又要防止多样化的社会思潮对巩固马克思主义指导地位的挑战。

必须明确，我国的非公有制经济是社会主义市场经济的重要组成部分。发展个体、私营等各种形式的非公有制经济，对充分调动社会各方面的积极性、加快生产力发展具有重要作用。马克思指出："在一切社会形式中都有一种一定的生产决定其他一切生产的地位和影响，因而它的关系也决定其他一切关系的地位和影响。这是一种普照的光，它掩盖了一切其他色彩，改变着它们的特点"。① 以公有制为主体、多种所有制经济共同发展的基本经济制度，就是我国社会生活中的普照之光，它不会改变我国社会主义制度的性质。只要我们毫不动摇地巩固和发展公有制经济，毫不动摇地鼓励、支持和引导非公有制经济发展，把公有制为主体、多种所有制经济发展统一于社会主义现代化建设的进程中，而不是把这两者对立起来，经济成分发展多样化所导致的社会思潮多样化，就不会损害马克思主义在我国的指导地位。

这里还要指出，有一种观点认为，社会思潮多样化是不对的、不好的，因而不承认我们的社会思潮存在着多样化，也不允许我们的社会思

① 《马克思恩格斯选集》第 2 卷，人民出版社 1995 年版，第 24 页。

潮多样化。这种貌似捍卫社会主义意识形态“纯洁性”的“鸵鸟”式做法是毫无效果的。我们党作为中国工人阶级的先锋队，中华民族和中国人民的先锋队，绝不是历史上那种已经灭亡的狭隘的目光短浅的统治阶级。马克思当年在批判普鲁士封建专制主义时早就指出：“你们赞美大自然悦人心目的千变万化和无穷无尽的丰富宝藏，你们并不要求玫瑰花和紫罗兰散发出同样的芳香，但你们为什么却要求世界上最丰富的东西——精神只能有一种存在形式呢?”① 因此，作为执政的中国共产党必须有勇气、有胸怀敢于承认和允许社会思想的多样化，并善于用一元化的指导思想去引领、整合多样化的社会思潮，不断增强党的思想理论工作的创造力、说服力、感召力，努力构建社会主义和谐社会，包括社会主义意识形态方面的和谐。

三、利益主体多样化与价值观念多样化

价值观念与利益是密切联系的。不同的利益主体有不同的价值观念。如果说，文化的核心是价值观，那么，价值观的核心就是利益。

1. 利益主体与价值观念

列宁说得好：“有一句著名的格言说：几何公理要是触犯了人们的利益，那也一定会遭到反驳的”。② 马克思主义的一个基本原则，就是让人们认识自己的利益，并且团结起来为之奋斗。改革开放以来，人们的价值观念发生了深刻变革，出现了从单一到多样、封闭到开放、传统到现代的转变。从根本上说，价值观念的变化根源于社会存在的变化，特别是出现了不同的利益主体。这种由社会转变导致的价值观的转变，一方面成为社会变革的先导，推动了改革开放的历史进程，另一方面引发了人们对社会变革中出现的新情况新问题进行争论，使思想领域在价值观念上不同程度出现了混乱。

有学者提出，我国社会规范结构的变迁给我国社会的价值整合带来了新的难题。其理由是：一个社会的价值观念，既是对各种客观存在的经济社会政治结构和发展状况的反映或论证，也是对人们理想中的个人发展目标和社会关系状况的期盼。因而，社会结构特征的变化及其多样

① 《马克思恩格斯全集》第1卷，人民出版社1956年版，第7页。

② 《列宁选集》第2卷，人民出版社1995年版，第1页。

化，将在很大程度上表现为社会价值观念的结构性变化和多样化，表现为新的价值观念的不断出现。不难看到，在前述重大结构性变化的基础上，我国社会的价值观念也发生了结构性转变，这种转变的基本特征或表现形式，就是价值观念的多样化、复杂化。具体说来，与改革开放前相比，改革开放以来我国社会价值观念的变化和新的价值观念结构的形成，具有几个重要的社会学特征：一是个人发展机会和路径多样化。在现代化亦即市场化、工业化和城市化的推动下，我国居民的发展机会不断增加，也日益多样化，这使得社会成员实现个人成功的机会增多，空间空前扩大，可供选择的路径显著增加，人们不再共同瞄着某一个方向谋求自身发展。不同的发展路径，不同的发展机会，必然导致不同的价值观念，亦即形成不同的价值取向。二是社会评价机制多样化。社会评价机制的多样化，意味着个人成功标准的分化和多样化。如果说，在计划经济时代，成为劳动模范、技术标兵、先进典型或者参军、入团入党、提干是成功的标志，那么，在当今社会，个人发家致富，做青春偶像、影视明星、文化体育明星，加入甚至引导时尚消费潮流，成为知识和技术精英，当然还有仕途发达，等等，也都已经成为个人成功的标志。特别值得注意的是，个人价值的实现有一种从过去注重组织评价转向现在重视自我评价、“粉丝”评价、媒体评价（如报纸电视炒作等）的趋势，其背后的实质则是从以往注重精神内涵转向更加注重物质效果。三是不同社会发展阶段的价值在同一时空中并存。从社会学的角度看，我国社会目前正处于从农业社会走向工业社会、从农村社会走向城市社会、从封闭社会走向开放社会的现代化过程之中，并且由于不断向世界开放而受到全球化的深刻影响，在这样复杂的情况下，传统社会价值、现代社会价值乃至后现代社会价值，都在我国社会生活中广泛存在，相互激荡。四是我国社会的价值观念结构开始表现出某种程度的阶层化特征。随着社会阶级阶层的分化和新的社会阶层结构的形成，以及社会利益关系结构的变迁和多样化，不同阶层之间的利益关切的差异愈益显著，从而不可避免地导致相关价值取向的分歧。价值观念的这种结构性变化，对我国社会价值整合提出了严峻挑战。所谓价值整合，并不是要消灭价值观念的多样性和丰富性，而是要在承认这种多样性和丰富性的条件下，重塑全社会认可的核心价值体系。这种核心价值体系的建构，既要注意吸收全人类价值观念发展的合理因素，更要反映中国特色社会主义建设事业的需要。总的来说，当前我国社会发展的重大阶段性特征中，最突出的就是各种社会结构变化。正因为这些变化是结构性的，所以它们是深刻的和影响深远的，触及我国社会和谐稳定发展的社会结构基础。正因为它们触及我国未来社会和谐稳定发展的社会结构基础，对于其中所蕴涵的一些结构性矛盾、张力，只有采取能够进一步调整各种社会结构，使其变得更加合理、更有弹性、更有协调性、更具整合能力的制度改革和政策创新，才能从结构上予以调节和消解。从根本上说，坚决贯彻落实科学发展观，坚持改革开放不动摇，加快社会建设步伐，努力构建社会主义和谐社会，是进一步调整各种社会结构的根本保证。①

2. 个人本位与社会本位

人的价值取向、价值目标和实现价值手段的选择，是以个人为本位，还是以社会为本位，是不同价值观的重要分水岭。

历史地看，从以个人为本位到以社会为本位价值观念的确立，经历了一个否定之否定的发展过程。所谓个人本位论，即强调个人利益至上，以个人为中心。其核心是以自我价值来判断一切事物和行为的价值。如“拔一毛以利天下而不为”、“合理利己主义”、“主观为自己，客观为别人”等。所谓社会本位论，即强调的是社会的利益和集体的利益至上，以民族、国家、人类的共同利益为最高价值取向。需要说明的是，个人本位和社会本位是任何社会都存在的矛盾，所不同的是由于社会性质的不同所倡导的价值取向有所不同。例如，我国古代儒学所推崇的“修身、齐家、治国、平天下”，所设想的“大同世界”，所建立的“仁爱”理论，所进行的“义利”、“公私”、“群己”之辩，明确地指明了以社会为本位的价值取向，激励了一代又一代有识之士“为天地立命，为生民立命”，“先天下之忧而忧，后天下之乐而乐”，培养了那些为民族而献身的英雄人物的“浩然正气”与“精忠报国”的优良品质。这就是说，即使是在封建社会，人们的思想观念上也存在着以个体为本位和以社会为本位的两种不同的价值取向。一般来说，以个体为本位的价值观往往是把个人利益放在第一位；以社会为本位的价值观往往是把

① 参见陈光金：《当前我国若干重大社会结构变化与结构性矛盾》（下），《学习时报》2007 年 12 月 25 日。

社会利益放在第一位。每当社会发生一些重大的变故，这两种不同的价值取向会表现得淋漓尽致。“匈奴未灭，无以家为也。”（《史记·卫将军骠骑列传》）当国家有难之时，以社会为本位的价值取向，就会急国家之所急，舍“小家”为“大家”，为国家、为民族而英勇献身、慷慨赴死。

同样，资本主义的价值观念也存在着以个人为本位和以社会为本位的不同取向。这是因为“人是社会关系的总和”，即使在资本主义社会，也存在着个人与社会的矛盾，存在着个人利益和社会公共利益的区别。在资本主义发展的初期，西方资产阶级启蒙思想家卢梭等人，也强调社会公共利益、全人类利益高于一切。例如，卢梭认为，为共和国献身的人，堪称道德典范。这种以进步利益高于一切的人生观，影响了法国大革命中几乎所有的革命者。到了 17 世纪至 18 世纪，英国的边沁、穆勒等人在创建功利主义学说的过程中，也探讨了利己与利他、个人利益与社会利益等重大伦理问题，明确提出了“为最大多数人的最大幸福”的理论，这在利己主义盛行的资本主义时代，给人们指出了一条需要道德感的高尚的价值取向。爱因斯坦说过，个人的生命只有当它用来使一切有生命的东西都生活得更高尚、更优美时才有意义。这些论述都从不同的角度强调了以社会利益为导向的价值观念的优先性和重要性。当然，资本主义发展到了后来，随着自由主义和市场机制的确立，资本主义的个人主义价值观最终占了主导地位。

因此，在封建社会和资本主义社会统治阶级的内部，其成员之间在关于以个人为本位还是以社会为本位的价值观问题上，也会表现出推崇不同的价值观念的斗争。对此，我们不能脱离一定的历史条件去认识，而要作历史的、辩证的分析。在剥削阶级社会，那种以社会和人类利益为导向的价值观念尽管在一定的历史发展阶段、在民族心理的塑造方面起到了积极的作用，但不能否认在这些理论和主张中，存在着政治的和历史的局限性，存在着社会共同利益的虚假性。因为在封建社会和资本主义社会，封建统治阶级和资产阶级往往要以社会整体的名义来掩盖其封建的特权和资本的特权。

从理论上说，社会主义社会作为代替资本主义而出现的更高一级的社会形态，必须摒弃资本主义社会存在的弊端，使个人与社会在新的生产力和生产关系的基础上达到新的统一。马克思恩格斯在《共产党宣言》中指出："代替那存在着阶级和阶级对立的资产阶级旧社会的，将是这样一个联合体，在那里，每个人的自由发展是一切人的自由发展的条件"。[①] 这里所说的"联合体"，马克思恩格斯有时也概括为"共同体"，也就是我们通常所说的"集体"。马克思恩格斯认为，个人与社会是辩证的统一。"人的本质不是单个人所固有的抽象物，在其现实性上，它是一切社会关系的总和"。[②] "只有在共同体中，个人才能获得全面发展其才能的手段，也就是说，只有在共同体中才可能有个人自由"。[③] 马克思恩格斯的这些论述体现了社会主义与集体主义相统一的价值原则。就是说，在社会主义社会，个人发展与集体发展是统一的，个人利益与集体利益也是统一的。个人和他人之间、个人利益和他人利益之间，以及个人和集体之间、个人利益和集体利益之间，都是辩证统一的关系。个人既要服从集体，在为集体服务中体现个人价值；集体也要关心个人，帮助个人实现自身价值。

当然，为了与历史上那些"虚假的共同体"或"集体"划清界限，马克思恩格斯还特别强调"真正的共同体"或"集体"。马克思恩格斯说："在过去的种种冒充的共同体中，如在国家等等中，个人自由只是对那些在统治阶级范围内发展的个人来说是存在的，他们之所以有个人自由，只是因为他们是这一阶级的个人。从前各个人联合而成的虚假的共同体，总是相对于各个人而独立的；由于这种共同体是一个阶级反对另一个阶级的联合，因此对于被统治的阶级来说，它不仅是完全虚幻的共同体，而且是新的桎梏"。[④] 这就是说，虚幻的共同体是片面地强调国家而忽视个人的共同体，他们往往以国家的整体利益高于个人利益为名来掩盖统治阶级的特权，要求广大人民群众牺牲自己的利益去满足统治阶级的利益。而社会主义的共同体作为真正的共同体，不仅要讲个人的发展离不开社会和集体，同时社会和集体的发展也离不开个人的聪明才智和创造，只有把这两者相互统一起来，才能使社会主义集体主义与个人的自由而全面发展相辅相成、相得益彰。

---

① 《马克思恩格斯选集》第1卷，人民出版社1995年版，第294页。
② 《马克思恩格斯选集》第1卷，人民出版社1995年版，第56页。
③ 《马克思恩格斯选集》第1卷，人民出版社1995年版，第119页。
④ 《马克思恩格斯选集》第1卷，人民出版社1995年版，第119页。

3. 价值评价标准要符合最广大人民的根本利益

随着我国经济成分、组织形式、就业方式、利益关系和分配方式日益多样化，不可避免会出现价值评价标准的多样化。但是，价值评价标准的多样化不能违背最广大人民的根本利益。相反，最广大人民的根本利益是社会主义价值和价值观存在的内在依据。我们党历来坚持把人民满意不满意、答应不答应、高兴不高兴作为检验一切工作的价值导向和判断标准。邓小平同志明确指出："对实现四个现代化是有利还是有害，应当成为衡量一切工作的最根本的是非标准。"① "各项工作都要有助于建设有中国特色的社会主义，都要以是否有助于人民的富裕幸福，是否有助于国家的兴旺发达，作为衡量做得对或不对的标准。"② 在 1992 年的南方谈话中，邓小平同志斩钉截铁地回答了对改革开放的疑问和诘难，说："判断的标准，应该主要看是否有利于发展社会主义社会的生产力，是否有利于增强社会主义国家的综合实力，是否有利于提高人民的生活水平。"③ 这就是著名的判断改革开放成败得失的"三个有利于"标准。从价值观上说，"三个有利于"标准是新时期我们党领导改革开放和社会主义现代化建设最根本的价值判断标准。这个标准，把生产力与生产关系、经济基础与上层建筑有机地统一起来，把检验认识是否正确与政策是否有效的真理标准与价值标准有机地统一起来，成为指导改革开放和社会主义现代化建设实践的锐利思想武器。

价值评价标准要符合最广大人民的根本利益，是社会主义价值和价值观的应有之义。马克思恩格斯指出："过去的一切运动都是少数人的或者为少数人谋利益的运动。无产阶级的运动是绝大多数人的、为绝大多数人谋利益的独立的运动"。④ 人民群众是我们党的力量源泉和胜利之本。我们党的性质、宗旨和指导思想，决定了党必须把为人民谋利益作为自己全部活动的出发点和归宿。历史经验反复证明，只有代表中国最广大人民的根本利益，发扬党的密切联系群众、全心全意为人民服务的优良传统，制定正确的路线方针政策，使我们党领导的改革开放和社

① 《邓小平文选》第 2 卷，人民出版社 1994 年版，第 209 页。
② 《邓小平文选》第 3 卷，人民出版社 1993 年版，第 23 页。
③ 《邓小平文选》第 3 卷，人民出版社 1993 年版，第 372 页。
④ 《马克思恩格斯选集》第 1 卷，人民出版社 1995 年版，第 283 页。

会主义现代化建设蓬勃发展，创造出更多的物质财富和精神财富，满足人民群众日益增长的物质和文化需要，改善人民群众的物质生活和精神生活，人民群众才能从生活实践中感受到我们党是全心全意为人民服务的党，是密切联系群众的党，是代表中国最广大人民根本利益的党，从而在党的领导下紧密地团结起来，焕发出无坚不摧的力量。

第二章　社会主义核心价值体系与社会主义核心价值观

社会主义核心价值体系是社会主义意识形态的本质体现，也是和谐文化建设的根本。从党的十六届六中全会第一次明确提出“建设社会主义核心价值体系”的命题，到党的十七大进一步强调“建设社会主义核心价值体系，增强社会主义意识形态的吸引力和凝聚力”的重大任务，标志着我们党在思想文化建设上的重大理论创新。

一、建设社会主义核心价值体系提出的时代背景

社会主义核心价值体系，是社会主义制度的内在精神之魂，是社会主义意识形态大厦的基石，是社会主义文化建设的根本。建设社会主义核心价值体系，是坚持和发展中国特色社会主义的迫切需要，是不断巩固全党全国人民团结奋斗共同思想基础的迫切需要，是应对经济全球化的挑战和实现中华民族伟大复兴的迫切需要。我们党提出建设社会主义核心价值体系的战略任务，目的就是在全社会形成统一的指导思想，共同的理想信念，强大的精神支柱和基本的道德规范，确保中国特色社会主义的各项建设事业不会迷失方向。

1. 不同社会有不同的核心价值体系

任何一个国家和社会都有其核心价值体系。所谓核心价值体系，就是在一个国家和社会中居核心地位、起主导作用的社会价值规范，是人们在一定历史条件下改造世界、创造和实现价值过程中形成的相对稳定的价值观念体系。一定的核心价值体系，既是为适应一个国家和社会的需要而建立的，也是为一个国家和社会的需要而服务的。一定的核心价值体系不仅作用于经济、政治、文化和社会生活的各个方面，而且对每个社会成员的世界观、人生观、价值观都施加着深刻的影响。因此，一定的核心价值体系，都是在一个国家和社会的统治阶级的主导下形成的，无不具有鲜明的阶级性，无不打上统治阶级的烙印。一定的核心价

值体系的建立，有利于一个国家和社会的稳定和发展；核心价值体系的破坏，就会造成一个国家和社会的混乱和更迭。

历史上，旧社会的解体往往以核心价值体系的崩溃为先声，新社会的诞生往往以核心价值体系的形成为先导，社会的稳定和发展也往往以核心价值体系的确立和完善为支撑。比如，以农业文明为基础的中国封建社会，所形成的以“三纲五常”即君为臣纲、父为子纲、夫为妻纲和仁、义、礼、智、信为主要内容的核心价值体系，对于形成独具中国特色的中华文明，从精神和观念层面维护两千多年的封建统治秩序，发挥了不可替代的历史作用。同时，这种核心价值体系也严重地禁锢了人们的思想和创新能力，阻碍了历史和社会的发展进步。同样，在西方，从古希腊开始形成的古老文明，经过漫长的中世纪到近代资产阶级反封建斗争，在文艺复兴运动、英国工业革命、法国大革命所形成的理性主义、功利主义、个人主义的价值观和以高扬人的价值“自由、平等、博爱”为主要内容的西方资本主义的核心价值体系，对于冲破形形色色的封建羁绊，创造迅猛发展的社会生产力和开辟世界市场，发挥了不可替代的历史作用。当然，这里所说的西方资本主义的核心价值体系是指其一般性、普遍性，至于西方各个不同的国家，其核心价值体系也有其具体的不同表现形式。比如，英国以“自由、宽容、开放、公正、团结”的核心价值观统领其经济社会发展，使其在多元文化共存的基础上得以保持社会稳定和国家统一。二战后的德国之所以能够迅速崛起，很重要的原因就在于德意志民族具有一种崇尚理性、勇于反思、尊重知识、严谨认真、自强不息的民族精神。韩国在20世纪下半叶打造了一个“汉江神话”，支撑这样一个神话诞生的正是以儒家文化为底蕴并吸收现代西方优秀文化的民族精神。①

西方资本主义的核心价值体系不是孤立悬空存在的，而是植根于资本主义经济基础之上。在近代，随着西方资本主义向世界的扩张，其核心价值体系也迅速向世界传播。在追求利润的资本主义的核心价值观驱动下，资本家撕下了温情脉脉的面纱，一方面无情地斩断了形形色色的封建羁绊，另一方面也给世界带来了严重的灾难，特别是帝国主义列强

① 参见张传开：《社会主义核心价值体系是当代中国人民的主心骨》，《求是》2009年第15期。

的殖民扩张，导致了许多少数民族和人类文明的灭亡，更是对人类犯下了不可饶恕的罪行。在这方面，中国人民深有体会。近代中国不仅遭受西方列强的武力侵略，而且受到西方列强的精神奴役。中国人民饱受了沉重的苦难，也经历了顽强的斗争。从某种意义上说，近代中国与西方列强斗争的历史，包含着中西方的思想观念和核心价值体系冲突的历史，也是中国的仁人志士寻找救国救民的出路、批判和反思传统文化和创立新的核心价值体系的历史。鸦片战争以来，先进的中国人为了挽救民族危亡、改变国家命运，一直在探索救国救民的真理，找寻救亡图存的道路。但是，由于没有先进的理论指导，太平天国革命、洋务运动、戊戌变法乃至孙中山领导的辛亥革命，最后都以失败而告终。十月革命一声炮响，给我们送来了马克思列宁主义。中国共产党人把马克思列宁主义作为观察国家命运、推进民族解放的思想武器，把社会主义作为救国图强、实现民族伟大复兴的奋斗目标，经过新民主主义革命的英勇奋斗，终于完成了民族独立和人民解放的历史任务，使中国走上了社会主义革命和建设的发展道路。

2. 社会主义核心价值体系的提出和确立

胡锦涛同志在十七大报告中指出：我们要永远铭记，改革开放伟大事业，是在以毛泽东同志为核心的党的第一代中央领导集体创立毛泽东思想，带领全党全国各族人民建立新中国、取得社会主义革命和建设伟大成就以及艰辛探索社会主义建设规律取得宝贵经验的基础上进行的。新民主主义革命的胜利，社会主义基本制度的建立，为当代中国一切发展进步奠定了根本政治前提和制度基础。近代中国之所以能够走上社会主义道路，是中国共产党人所作出的历史性贡献。在中国共产党的领导下，中国人民推翻了压在头上的三座大山，建立了中华人民共和国，开辟了中国历史的新纪元，走上了一条实现民族独立、人民解放和民族振兴、人民幸福的伟大道路。在这场改天换地的革命斗争中，以毛泽东为核心的第一代中央领导集体，把马克思列宁主义的基本原理同中国的实际紧密结合，在理论上把马克思列宁主义中国化，创造性地形成了具有中国自己民族特点的科学理论体系——毛泽东思想，为建设社会主义核心价值体系打下了坚实的思想基础。

新中国成立特别是社会主义改造基本完成以后，社会主义的基本制度在中国这块古老的大地上开始扎根、结果。中国的社会主义作为新生的社会制度，从根本上改变了无产阶级和劳动人民的历史命运，在消灭剥削、消除两极分化、实现社会平等和人民当家做主等方面取得巨大成功。我们在建设新型思想道德文化方面也取得了显著进步，特别是马克思列宁主义的指导地位得到不断巩固，党领导人民在长期奋斗中形成的革命精神和优良传统得到不断发扬，爱国主义、集体主义、社会主义思想观念深入人心，继承和发扬全国各民族的优秀文化，吸收和借鉴世界各国文明先进成果，尽管我们也走了一些弯路，但从总体上说，新中国所取得的发展进步是不容抹杀的。

建设社会主义核心价值体系的明确提出，是我们党在思想上理论上高举中国特色社会主义旗帜的具体体现。中国特色社会主义，是中国特色社会主义旗帜、道路和理论体系的统一。改革开放以来，中国共产党科学地总结历史的经验教训，在新民主主义革命、社会主义革命和社会主义建设的基础上，高举中国特色社会主义旗帜，开辟了中国特色社会主义道路，形成了中国特色社会主义理论体系，使人们的思想和民族精神获得新的解放，使历史悠久的中华民族焕发出勃勃生机与活力。

建设社会主义核心价值体系与中国特色社会主义理论体系是一个有机的整体。中国特色社会主义理论体系，是以邓小平、江泽民同志为核心的党的第二代、第三代中央领导集体和以胡锦涛同志为总书记的党中央，在领导改革开放、推进科学发展的伟大事业中逐渐形成的科学理论体系。正如胡锦涛同志在党的十七大报告中指出：中国特色社会主义理论体系，就是包括邓小平理论、“三个代表”重要思想以及科学发展观等重大战略思想在内的科学理论体系。这个理论体系，坚持和发展了马克思列宁主义、毛泽东思想，凝结了几代中国共产党人带领人民不懈探索实践的智慧和心血，是马克思主义中国化最新成果，是党最可宝贵的政治和精神财富，是全国各族人民团结奋斗的共同思想基础。中国特色社会主义理论体系是不断发展的开放的理论体系。《共产党宣言》发表以来近一百六十年的实践证明，马克思主义只有与本国国情相结合、与时代发展同进步、与人民群众共命运，才能焕发出强大的生命力、创造力、感召力。在当代中国，坚持中国特色社会主义理论体系，就是真正坚持马克思主义。中国特色社会主义理论体系，为建设社会主义核心价值体系提供了新的内容，建设社会主义核心价值体系，也体现了中国特色社会主义的本质要求，二者统一于改革开放和社会主义现代化建设的伟大实践之中。中国特色社会主义事业是为中国最广大人民群众谋利益、由亿万人民群众共同参与创造自己美好生活的事业。中国特色社会主义理论体系和建设社会主义核心价值体系是一致的。它们规定着中国特色社会主义建设的前进方向，是我们今天选择社会主义制度合理性的理论依据，是党团结带领全国各族人民开拓前进的精神旗帜，是统一社会各阶层、各个利益群体思想的共同思想基础，是引导人民群众认识自己的利益并且团结起来为之奋斗的科学理论。

历史已经证明并将继续证明，马克思主义之所以能够成为我们立党立国的指导思想，成为社会主义意识形态的主心骨，就是因为马克思主义是科学的世界观和方法论，指导中国革命、建设、改革不断取得了胜利。只有坚持和巩固马克思主义的指导地位，我们才能解决中华民族一百多年来追求民族独立和人民解放、实现国家繁荣富强和人民共同富裕的两大历史任务，才能代表中国先进生产力的发展要求，代表中国先进文化的前进方向，代表中国最广大人民的根本利益。社会主义核心价值体系作为我们党在意识形态领域的一面旗帜，标志着在社会思想观念和人们价值取向多样多变的情况下，我国社会主义意识形态的主体和核心部分的不可动摇性。建设社会主义核心价值体系，有利于坚持社会主义意识形态的本质，坚持社会主义先进文化的前进方向，巩固全党全国人民团结奋斗的共同思想基础，引导全社会在思想道德上共同进步。

3. 社会主义核心价值体系提出的重大意义

党中央明确提出建设社会主义核心价值体系，具有强烈的现实针对性和重要的理论与实践意义。从国内的情况看，改革开放是一场深刻的社会变革，是我们党在新的时代条件下带领人民进行的新的伟大革命。在这个伟大的社会变革进程中，随着我国社会经济成分、组织形式、就业方式、分配方式和利益关系日趋多样化，人们思想活动的独立性、选择性、多变性和差异性不断增强，社会思想空前活跃，人们的价值观也呈现出多样化趋势。从总体上说，在社会意识形态领域积极、健康、进步的思想观念占主流的地位，但一些非马克思主义的意识形态也有所滋长。我们党明确提出建设社会主义核心价值体系，就是为了形成全民族奋发向上的精神力量和团结和睦的精神纽带，增强社会主义意识形态的吸引力和凝聚力，巩固马克思主义指导地位，坚持不懈地用马克思主义中国化最新成果武装全党、教育人民，用中国特色社会主义共同理想凝聚力量，用以爱国主义为核心的民族精神和以改革创新为核心的时代精神鼓舞斗志，用社会主义荣辱观引领风尚，巩固全党全国各族人民团结奋斗的共同思想基础，进一步兴起社会主义文化建设新高潮，激发全民族文化创造活力，提高国家文化软实力，更加自觉、更加主动地推动文化大发展大繁荣。

从国际的情况看，当今世界正处在大发展大变革大调整之中，和平与发展是时代主题，但世界仍然很不安宁。特别是在经济全球化的条件下，各种思想文化相互交融、相互激荡，社会主义核心价值体系和资本主义核心价值体系在世界上的斗争和较量还将长期存在。我国作为世界上最大的社会主义国家，不仅要面对激烈的国际经济、政治、军事、科技等方面的竞争，而且要面对西方资本主义国家传播其意识形态、进行文化扩张和思想渗透的压力。因此，我们党强调建设社会主义核心价值体系，就是要鲜明地展现出社会主义中国的精神旗帜，昭示我国社会主义意识形态的核心是不能动摇的。只有明确揭示确立社会主义核心价值体系在我国社会主义意识形态中的基石和支柱地位，才能更好地应对经济全球化的发展和挑战，巩固马克思主义在意识形态领域的指导地位，巩固全党全国人民团结奋斗的共同思想基础，引领多样化的社会思潮，引导全体社会成员在思想道德上共同进步。

总的来说，建设社会主义核心价值体系的明确提出，适应了社会主义市场经济发展的要求，适应了社会主义先进文化建设的要求，适应了现阶段社会主义思想道德建设的要求。思想道德是经济基础的反映，而不是脱离历史发展的抽象观念。同我国还处在社会主义初级阶段相适应，同我国多种所有制经济并存相适应，同我国多种分配方式并存相适应，同对外开放的环境相适应，人们的思想观念、道德意识、价值取向越来越呈现出层次性。这种层次性要求我们，在思想道德建设上一定要从实际出发，既要鼓励先进，又要照顾多数，把先进性要求同广泛性要求结合起来，对不同层次的人们提出不同的要求。我们不能因为存在着多层次的思想道德而降低甚至否定先进性的要求。对于共产党员来说，要坚定不移地身体力行共产主义道德。我们也不能不顾人们思想道德的客观差异，用一个标准要求所有的社会成员，而是要倡导积极的，支持有益的，允许无害的，改造落后的，抵制腐朽的。我们还要针对人们思想道德上的层次性，坚持用先进的思想道德来引领全体社会成员在思想道德上不断提升、共同进步。社会主义核心价值体系的提出，集中回答了用什么样的核心价值观来引领人们在思想道德上不断提升和进步的时代课题。社会主义核心价值体系，既体现了思想道德建设上的先进性要求，又体现了思想道德建设上的广泛性要求；既坚持了先进文化的前进方向，又符合不同层次群众的思想状况；既体现了一致的愿望和追求，又涵盖了不同的群体和阶层。社会主义核心价值体系具有广泛的适用性和包容性，具有强大的整合力和引领力，是联结各民族、各阶层的精神纽带。①

二、建设社会主义核心价值体系的基本内容

社会主义核心价值体系，是社会主义意识形态的本质体现，是我们党在新的历史条件下团结带领全国各族人民开拓前进的精神旗帜。其基本内容主要有四个方面，这就是党的十六届六中全会《决定》所指出的：马克思主义指导思想，中国特色社会主义共同理想，以爱国主义为核心的民族精神和以改革创新为核心的时代精神，社会主义荣辱观。

1. 思想指南：马克思主义指导思想

马克思主义指导思想是社会主义核心价值体系的灵魂。建设社会主义核心价值体系，必须坚持马克思主义指导思想，这是我们立党立国的根本指针，是社会主义意识形态的本质体现。

马克思主义是关于工人阶级、劳动人民和全人类解放的科学，是关于建设社会主义和实现共产主义的科学。马克思主义是我们立党立国的根本指导思想，是社会主义意识形态的旗帜和灵魂。在社会主义核心价值体系中，马克思主义为我们提供了正确的世界观和方法论，提供了正确认识世界和改造世界的强大思想武器。只有用马克思主义的立场、观点、方法来正确认识经济社会发展大势，正确认识社会思想意识中的主流与支流，才能在错综复杂的社会现象中看清本质、明确方向。因此，建设社会主义核心价值体系，必须把马克思主义指导思想摆在第一位。马克思主义指导思想决不能动摇，如果动摇了马克思主义这个精神支柱，就会导致思想混乱、社会动乱，那将是党、国家和民族的灾难。只有坚持马克思主义指导思想，才能有效引领和整合社会思潮，在尊重差

① 参见雒树刚：《建设社会主义核心价值体系》，《人民日报》2006 年 11 月 13 日。

异中扩大社会认同，在包容多样中形成思想共识，团结不同社会阶层、不同认识水平的人们共同进步。

当然，坚持马克思主义指导地位并不是照抄、照搬马克思主义。马克思主义是以客观事实为根据，是随着时代、实践和科学的发展而不断发展的科学理论体系。马克思主义不是教条，而是行动的指南。坚持马克思主义，是坚持发展着的马克思主义。只有坚持用发展着的马克思主义武装全党、教育人民，才能真正发挥马克思主义认识世界和改造世界的强大思想武器的作用，马克思主义才能真正成为我们的行动指南。江泽民同志曾说过，坚持和发展马克思主义是一个统一的整体。马克思主义要在坚持中发展，在发展中坚持。在建设中国特色社会主义的实践中，必须自觉做到两个“坚定不移”、两个“不能含糊”，即坚持马克思主义的立场、观点、方法，坚持马克思主义的基本原理，这一点要坚定不移，不能含糊；贯彻解放思想、实事求是的思想路线，坚持勇于追求真理和探索真理的革命精神，这一点也要坚定不移，不能含糊。

在当代中国，坚持马克思主义指导地位，首先要把马克思主义中国化。我们党成立 90 年来，坚持把马克思主义基本原理同中国具体实际紧密结合，在实践中不断坚持和发展马克思主义，形成了毛泽东思想、邓小平理论、“三个代表”重要思想和科学发展观等重大战略思想，使马克思主义在中国保持强大的生命力。毛泽东思想是马克思列宁主义在中国的运用和发展，是被实践证明了的关于中国革命和建设的正确的理论原则和经验总结，是中国共产党集体智慧的结晶。由邓小平理论、“三个代表”重要思想和科学发展观等重大战略思想构成的中国特色社会主义理论体系，是对马克思列宁主义、毛泽东思想的坚持和发展，是马克思主义中国化最新成果，是党最可宝贵的政治和精神财富，是全国各族人民团结奋斗的共同思想基础。在当代中国，坚持马克思主义的指导地位，就是要把马克思列宁主义、毛泽东思想、邓小平理论和“三个代表”重要思想作为党和国家长期坚持的指导思想，坚持以科学发展观统领经济社会发展全局，坚持用发展着的马克思主义指导改革开放和现代化建设实践。

坚持马克思主义指导地位，必须处理好马克思主义与其他社会思潮的关系，既不能把马克思主义僵化，也不能搞所谓资产阶级自由化。坚持马克思主义指导地位，并不排斥社会思想观念的多样化，马克思主义从来就是在同各种思想观念的相互激荡和斗争中发展的，尊重差异、包容多样是坚持和发展马克思主义的题中应有之义。同时又要看到，社会思想观念越是多样化，就越是需要坚持和巩固马克思主义在意识形态领域的指导地位。如果动摇了马克思主义指导地位，就会动摇中国特色社会主义的理论根基，动摇全党全国人民团结统一的思想基础，导致思想混乱乃至社会动荡。因此，紧紧把握住马克思主义指导思想这一点，就把握了建设社会主义核心价值体系的灵魂，就能够在马克思主义的指导引领下，整合各种社会思潮和思想观念，带领全国人民团结奋斗、共同发展。

2. 理想追求：中国特色社会主义共同理想

中国特色社会主义共同理想是社会主义核心价值体系的主题。建设社会主义核心价值体系，必须坚持中国特色社会主义共同理想，这是实现中华民族伟大复兴的必由之路，是全国各族人民团结奋斗的强大动力。

胡锦涛同志曾指出，理想信念，是一个政党治国理政的旗帜，是一个民族奋力前行的向导。理想是一个国家和民族的希望所在，是一个国家和民族发展进步的精神动力。理想作为人类的希望和愿景，既基于现实又超越现实，既是具体个别的又是社会共同的。社会的共同理想深深植根于时代、历史和现实之中，寄托着全体人民对美好未来的向往和追求。马克思主义科学地阐述了人类社会最终走向共产主义的伟大理想，在人类历史上第一次把理想问题与社会发展规律内在地联系起来，使人们对理想问题有了更为科学的把握和自觉的认识。马克思主义揭示的人类社会历史发展的规律，其基本原理是正确的，具有强大的生命力。我们党把共产主义作为追求的最高理想，坚信共产主义这一崇高理想经过社会主义社会充分发展，在生产力的高度发达和社会全面进步的基础上一定能够实现。

在中国共产党领导下，走中国特色社会主义道路，实现中华民族的伟大复兴，这是现阶段我国各族人民的共同理想。中国特色社会主义作为我国各族人民的共同理想，体现了我国各族人民为之奋斗的社会主义核心价值，反映了中华民族自强不息、顽强奋进，实现国家富强、民族复兴是全民族最强烈的愿望。以马克思主义为指导的中国共产党人，始终坚持共产主义的崇高理想，坚持理想主义与现实主义相结合，使崇高理想成为我们党、我们民族精神生活中不可或缺的一部分。我们党成立以来，在毛泽东、邓小平、江泽民同志为核心的三代中央领导集体和以胡锦涛同志为总书记的党中央领导下，坚持把马克思主义的基本原理同中国国情相结合，取得了新民主主义革命、社会主义革命和建设的胜利，开辟了中国特色社会主义道路，开创了改革开放和社会主义现代化建设事业的新局面。中国特色社会主义是中国人民的历史选择和伟大创造。社会主义基本制度在中国的确立，对于保证中国最广大人民根本利益的一致，从而为全社会树立共同理想创造了制度保证和历史条件，也为中华民族的伟大复兴赋予了新的强大生机。

中国特色社会主义作为共同理想，包含了我国各族人民的共同价值追求。中国特色社会主义，是解放生产力、发展生产力、消灭剥削、消除两极分化、最终达到共同富裕的社会主义，是民主法治、公平正义、诚信友爱、充满活力、安定有序、人与自然和谐相处的社会主义。从价值追求方面看，中国特色社会主义集中了我国工人、农民、知识分子和其他劳动者、建设者、爱国者的共同利益和愿望，是保证全体人民在政治上、道义上、精神上团结一致，凝聚各党派、各团体、各民族、各阶层、各界人士的智慧和力量，克服任何困难、创造美好未来的强大精神纽带和动力。这个共同理想，具有很强的广泛性和包容性。它既体现了党的现阶段奋斗目标，又体现了党的最终奋斗目标，要求共产党员把为最高理想而奋斗同为现阶段共同理想而奋斗统一于建设中国特色社会主义的实践；它既体现了国家发展、民族振兴的要求，又体现了个人发展、人民幸福的要求，努力把国家、民族与个人紧紧地联系在一起，调动全体人民为实现共同理想而奋斗。中国特色社会主义共同理想的提出，对于把我国建成富强民主文明和谐的社会主义国家具有重要意义。为了实现这个共同理想，一切有利于国家富强、社会进步、人民幸福的思想和精神，一切有利于民族团结、祖国统一、人心凝聚的思想和精神，一切用诚实劳动争取美好生活的思想和精神，都应当得到尊重、保护和发扬。这样，紧紧把握住中国特色社会主义共同理想这一点，就把握了建设社会主义核心价值体系的主题，就能够坚定全国各族人民对实现共同理想的信念，就能够激励我们为了中国特色社会主义的光明前途和中华民族的伟大复兴而继续团结奋斗。

3. 精神支撑：民族精神和时代精神

精神是信念和动力。环顾世界，许多国家无不重视精神的作用。民族精神和时代精神是一个民族赖以生存和发展的精神支撑，是衡量一个国家综合国力强弱的一个重要尺度，是凝聚亿万人民、鼓舞人们奋发进取的旗帜，是中国人民精神风貌的集中写照，是激发社会活力的强大力量。一个民族，有了振奋的民族精神和时代精神，就能够战胜一切艰难险阻，自立于世界先进的民族之林。以爱国主义为核心的民族精神和以改革创新为核心的时代精神，是社会主义核心价值体系的精髓。建设社会主义核心价值体系，必须大力弘扬以爱国主义为核心的民族精神和以改革创新为核心的时代精神，这是中华民族生生不息、薪火相传的精神家园，是当代中国人民不断创造崭新业绩的力量源泉。

民族精神是一个民族在长期共同社会实践中形成的民族意识、民族心理、民族品格、民族气质的总和，是一个民族生生不息、薪火相传的精神血脉，是一个民族的文化最本质、最集中的体现，是一个民族的生命力、凝聚力和创造力的不竭源泉。在五千多年的发展中，中华民族形成了团结统一、爱好和平、勤劳勇敢、自强不息的伟大民族精神，我们党领导人民在长期奋斗中不断丰富着这个民族精神。爱国主义是民族精神的核心。爱国主义是一个国家的人民在千百年的历史发展中形成的对自己祖国的山河风物、人情文化的深厚感情，是对自己生活的社会组织和国家政权的历史认同。正如祖国和国家是历史发展的产物一样，爱国主义在不同时期具有不同的内涵。从时空上说，有古代的爱国主义，有近代的爱国主义，有现代的爱国主义，随着历史条件的变化，爱国主义在不同的历史时期，内容会有所变化。在当代中国，爱国主义同社会主义是紧密结合的。高扬爱国主义、社会主义旗帜，就能最大限度地凝聚和动员全民族的力量，为振兴中华而奋斗。弘扬和培育民族精神，既要继承优良传统，从祖国源远流长、博大精深的灿烂文化中汲取营养，又要紧跟时代前进的步伐，体现时代和社会发展进步的要求；既要以开放的心态面向世界，虚心学习世界其他民族的长处，又要自觉维护国家、民族的利益和尊严，决不妄自菲薄。

改革是社会发展的动力，创新是民族进步的灵魂。在改革开放新时期，中华民族形成了以改革创新为核心的时代精神。新时期最鲜明的特点是改革开放。改革开放谱写了中华民族自强不息、顽强奋进新的壮丽史诗，使我国各族人民焕发出巨大的创造活力，人民的面貌、国家的面貌和党的面貌发生了历史性变化。改革开放不仅解放和发展了社会生产力，而且解放和发展了精神生产力，形成了解放思想、求真务实、锐意改革、开拓创新的鲜明时代特点，激发了全民族的积极性、主动性和创新能力，是实现中华民族伟大复兴的不竭动力。

建设社会主义核心价值体系把民族精神和时代精神作为重要内容，体现了民族性与时代性、继承性与创造性、历史性与现实性的统一。以爱国主义为核心的民族精神和以改革创新为核心的时代精神，是对中华民族五千多年发展中形成的伟大民族精神的坚持和发展，是对我们党领导人民在长期革命、建设和改革中形成的伟大优良传统的坚持和发展。社会主义核心价值体系所包含的民族精神和时代精神，包括了天下兴亡、匹夫有责，富贵不淫、贫贱不移、威武不屈，先天下之忧而忧、后天下之乐而乐等民族优良传统；包括了我们党领导人民在长期革命斗争中形成的井冈山精神、长征精神、延安精神、西柏坡精神等优良传统；包括了在社会主义建设时期形成的大庆精神、雷锋精神、“两弹一星”精神等优良传统；包括了在改革开放新时期形成的“64 字创业精神”、九八抗洪精神、抗击非典精神、伟大抗震精神、北京奥运精神、载人航天精神等优良传统。这些民族精神和时代精神所汇成的中国精神，是中华民族五千多年来生生不息、发展壮大的强大精神动力，也是中国人民在未来的岁月里薪火相传、继往开来的强大精神动力。

民族精神和时代精神是相互交融的，深深熔铸在民族的生命力、创造力和凝聚力之中，深深熔铸在社会主义核心价值体系之中。改革开放的伟大事业需要并产生新的民族精神和时代精神，民族精神和时代精神也支撑和推动着改革开放的伟大事业。在全面建设小康社会、加快推进社会主义现代化的进程中，民族精神和时代精神对于中华民族的凝聚、激励作用越来越突出，成为社会主义核心价值体系中不可或缺的一部分。在当代中国，与时俱进的改革和创新，已经成为中国特色社会主义最重要的品格。只有坚持改革创新，才能冲破一切不合时宜的观念、做法和体制的束缚，破除教条主义、主观主义和形而上学的桎梏，让一切创造新生活的活力和源泉竞相迸发、充分涌流。我们要大力倡导一切有利于发扬爱国主义、集体主义、社会主义的思想和精神，大力倡导一切有利于改革开放和现代化建设的思想和精神，大力倡导一切有利于民族团结、社会进步、人民幸福的思想和精神，大力倡导一切用诚实劳动争取美好生活的思想和精神，使全体人民始终保持昂扬向上的精神状态。这样，紧紧把握住民族精神和时代精神这一点，就把握了建设社会主义核心价值体系的精髓，就能够使中华民族能够以昂扬向上的精神状态自立于世界先进的民族之林。

4. 道德尺度：社会主义荣辱观

社会主义荣辱观是社会主义核心价值体系的基础。建设社会主义核心价值体系，必须牢固树立社会主义荣辱观，这是中华民族传统美德、优秀革命道德与时代精神的完美结合，是市场经济条件下判断行为得失、确定价值取向、做出道德选择的基本准则。

顾炎武在《日知录·廉耻》中曾说过，风俗之美，在养民知耻。荣辱观是人们对荣誉和耻辱的根本看法和态度，属于道德的范畴。道德是人们行为规范的总和，是一种通过社会舆论、教育感化、自身修养、传统习惯等起作用，用以调整社会关系、维护公共秩序、保证社会生活安定有序的精神力量。道德是经济基础的反映，而不是脱离历史发展的抽象观念。社会主义荣辱观的提出不是偶然的，它反映了改革开放和社会主义现代化建设的客观要求，体现了广大人民群众的共同愿望，适应了时代发展和社会进步的迫切需要。

新中国成立以来，我们党大力提倡爱祖国、爱人民、爱劳动、爱科学、爱社会主义的社会主义基本道德，大力进行爱国主义、集体主义、社会主义思想教育，在思想道德建设方面取得了有目共睹的巨大进步。但是，我国还处于并将长期处于社会主义初级阶段，旧社会残留的封建主义思想道德的影响依然广泛存在，同时又面临资本主义腐朽思想道德的侵蚀。改革开放、发展社会主义市场经济在推动经济社会全面进步的同时，也给思想道德领域和社会风气带来复杂深刻的变化。从总体上说，我国的社会风气是健康向上的。但也要看到社会上确实存在着一些不明是非、不知荣辱、不辨善恶、不分美丑，把腐朽当神奇、把低俗当时尚、把谬误当真理，理想动摇、道德滑坡、诚信缺失、法纪松弛、行为失范等现象。荣辱观、人生观、价值观方面的这种扭曲，损害了改革开放的声誉，败坏了党和政府的形象，影响了社会的和谐，也引起人们的深深忧虑。邓小平同志曾经一再指出，物质文明和精神文明都搞好，才是有中国特色的社会主义；我们要在建设高度物质文明的同时，提高全民族的科学文化水平和健康水平，树立崇高的革命理想和革命道德风尚，发展高尚的丰富多彩的精神文化生活，建设高度的社会主义精神文明，培养有理想、有道德、有文化、有纪律的社会主义新人；要一手抓物质文明，一手抓精神文明，坚持两手抓，两手都要硬，这是我国社会主义现代化建设的一个根本方针。江泽民同志也反复强调，我们党要代表先进文化的前进方向，坚持依法治国和以德治国相结合；越是改革开放和发展市场经济，就越要加强思想政治教育、加强精神文明建设；必须立足中国现实，继承民族优秀文化传统，吸取外国文化有益成果，建设社会主义精神文明，不断提高全民族思想道德素质和科学文化素质；要树立正确的世界观、人生观、价值观，讲学习、讲政治、讲正气，讲修养、讲道德、讲廉耻，坚持自重、自省、自警、自励。胡锦涛同志提出树立社会主义荣辱观的重要思想，指出："社会风气是社会文明程度的重要标志，是社会价值导向的集中体现。树立良好的社会风气是广大人民群众的强烈愿望，也是经济社会顺利发展的必然要求。在我们的社会主义社会里，是非、善恶、美丑的界限绝对不能混淆，坚持什么、反对什么，倡导什么、抵制什么，都必须旗帜鲜明。要在全社会大力弘扬爱国主义、集体主义、社会主义思想，倡导社会主义基本道德规范，扶正祛邪，扬善惩恶，促进良好社会风气的形成和发展。"可以说，以"八荣八耻"为主要内容的社会主义荣辱观，把中华民族的传统美德、党领导人民在长期奋斗中形成的革命道德同社会主义新时代的道德要求紧密结合起来，提炼和概括出八个方面最基本的道德规范，为在当今社会生活中确定价值取向、做出道德判断提供了基本准则。

社会主义荣辱观既鼓励先进，又照顾多数，把先进性和广泛性结合起来，树立了鲜明的社会价值导向。事实证明，只有分清荣辱，明辨善恶美丑，一个人才能形成正确的价值判断，一个社会才能形成良好的道德风尚。在全社会牢固树立和认真实践社会主义荣辱观，就能够扶正祛邪，扬善惩恶，促进良好社会风气的形成和发展。"知耻而后勇"。一个人有了廉耻感和自尊心，就会产生改造旧我、追求新我的巨大勇气和力量。一个党员干部带头树立社会主义荣辱观，才能切实培养勤奋好学、学以致用，心系群众、服务人民，真抓实干、务求实效，艰苦奋斗、勤俭节约，顾全大局、令行禁止，发扬民主、团结共事，秉公用权、廉洁从政，生活正派、情趣健康等八个方面的良好风气。党风正则社会风气正。社会主义荣辱观只要在我们党内深深扎根，就必定会长成覆盖全社会的枝繁叶茂的大树。九层楼台起于累土，合抱之树生于毫末。我们要进一步实施公民道德建设工程，发扬中华民族传统美德，培养公民良好的道德品质，切实抓好青少年的思想品德和心理素质教育，把社会主义思想道德生动具体地纳入青少年成长的各个环节，努力培育有理想、有道德、有文化、有纪律的社会主义公民。这样，紧紧把握住社会主义荣辱观这一点，就把握了建设社会主义核心价值体系的基础，就能够形成维系社会和谐的人际关系和引领社会道德风尚的一面旗帜。

三、建设社会主义核心价值体系的现实目标和实践要求

社会主义核心价值体系重在建设。社会主义核心价值体系，是随着社会主义的发展、时代的发展和人们社会实践的发展而不断发展的科学价值体系。这个核心价值体系，既是相对稳定的又是开放发展的，既是相互联系的又是相互贯通的，既是理论概括又可实践操作。我们要从思想上、行动上和体制上把它作为一个重大的现实课题和长期的历史任务抓紧贯彻落实。

1. 坚持社会主义核心价值体系先进性要求与广泛性要求的统一

思想道德是经济基础的反映，而不是脱离历史发展的抽象观念。在改革开放和发展社会主义市场经济条件下，人们的思想观念、道德意识、价值取向越来越呈现出层次性，这是同我国还处在社会主义初级阶段相适应，同我国多种所有制经济并存相适应，同我国多种分配方式并存相适应，同对外开放的环境相适应的正常现象。在这种情况下，怎样来引领人们价值观念的变化，怎样不断提升公民的思想道德素质，怎样促进全体社会成员和谐相处等等，是需要认真研究和解决的新情况、新课题。

社会主义核心价值体系，具有广泛的适用性和包容性，具有强大的整合力和引领力，是联结各民族、各阶层的精神纽带。我们党提出社会主义核心价值体系，既体现了思想道德建设上的先进性要求，又体现了思想道德建设上的广泛性要求；既坚持了先进文化的前进方向，又符合不同层次群众的思想状况；既体现了一致的愿望和追求，又涵盖了不同的群体和阶层。因此，建设社会主义核心价值体系，一定要把价值观念

先进性的要求同广泛性的要求结合起来，一定要从思想道德建设的实际出发，既要鼓励先进，又要照顾多数，对不同层次的人们提出不同的要求。对于共产党员来说，要进行共产主义远大理想教育，坚定不移地身体力行共产主义道德，不能因为存在着多层次的思想道德而降低甚至否定先进性的要求。对于广大的社会成员来说，不能不顾人们思想道德的客观差异，用一个标准要求所有的社会成员，而是要倡导积极的价值观念，支持有益的价值观念，允许无害的价值观念，改造落后的价值观念，抵制腐朽的价值观念。应当看到，在改革开放、发展社会主义市场经济的条件下，随着经济成分和经济利益的多样化，社会生活方式多样化，社会组织形式多样化，就业岗位和就业方式多样化日趋明显，人们的思想观念和价值观念也呈现多样化的趋势。这种经济体制的深刻变革、社会结构的深刻变动、利益格局的深刻调整，所带来思想观念深刻变化和多样化发展的局面，其中必然蕴含着许多新的矛盾和问题。面对这些矛盾和问题，一些人思想迷惘，对个人的命运、社会的前途感到难以把握。也有一些人则由于经济地位和经济利益的变化，在政治上必然反映出各种各样的要求。这就需要妥善处理这些问题和矛盾。特别是生产力和生产关系、经济基础和上层建筑的矛盾运动呈现出一系列新的特点：一方面，社会思想意识日益活跃，人们思想活动的独立性、选择性、多变性、差异性明显增强；另一方面，在主流思想舆论进一步巩固壮大的同时，各种非马克思主义的思想观念有所滋长，影响社会和谐稳定的舆论时有出现，引领整合多样化社会思潮的任务更加繁重。

这里特别要指出，把社会主义核心价值体系的先进性要求同广泛性要求结合起来，需要适应社会主义基本经济制度的发展要求，辩证对待价值观念出现的新情况和新变化。一方面，我们的经济基础正在发生深刻的变化，公有制为主体、多种所有制经济共同发展，是我国社会主义初级阶段的一项基本经济制度。与这种基本的经济制度相适应，价值观念也要有所变化。我们要按照建立社会主义市场经济体制的要求，确立马克思主义的价值观念和一切有益进步的价值观念的主导地位。另一方面，要允许与非公有制经济相适应的价值观念的合理存在。必须承认，随着经济体制改革的深化，人们的利益将进一步分化。在公有制与非公有制经济并存的情况下，在非公有制经济中就业的社会成员的价值观念与在公有制就业的社会成员的价值观念有所不同。在一定意义上说，非公有制经济必然要求优先考虑个人利益的价值观念。这就是说，传统的个人主义的价值观念还有市场，而且随着非公有制经济的合法存在将有所发展。对于个人主义的价值观念，我们必须进行“一分为二”地辩证分析。我们反对那种损人利己的极端个人主义，但不笼统地反对个人利益及其合理的价值观念。这里需要说明的是，有人把个人主义区分为极端的个人主义和合理的个人主义，主张反对极端个人主义，提倡合理的个人主义。所谓合理个人主义，也叫合理的利己主义。它主张，人在追求个人利益时，不要损害他人利益，而要把利己与利他结合起来，在利己中达到利他的“互利”。对于这种所谓的不损人但利己的“合理利己主义”，我们既不能简单地反对，也不宜轻易地加以提倡。因为这样做，是不利于社会主义集体主义价值观念确立的。我们要按照党员、干部和群众几个不同的层次，有区别地提出不同的价值标准和要求，既要坚持马克思主义正确的价值导向，又要正视价值观念的多样化，从而有效地把价值观念的先进性与广泛性统一起来。

2. 牢固树立马克思主义的价值观

马克思主义的价值观不是凭空产生的。在资本主义社会，围绕价值观念的斗争表现为两个方面：一是上述所说的资产阶级内部的不同价值取向的斗争，最终以个人主义的价值观念占主导地位；二是无产阶级与资产阶级之间不同的价值观念的斗争，从而孕育了以无产阶级为社会本位的价值观念。马克思主义关于以无产阶级社会本位的价值观是最科学、最进步的价值观，这种价值观是集体主义价值观发展的最高形式。其一，马克思恩格斯批判继承了资产阶级和空想社会主义的价值观念，使价值观立足于推动社会发展的物质基础之上。其二，马克思恩格斯在剖析资本主义生产力和生产关系的矛盾运动、揭示人类社会发展规律的基础上，创立了科学社会主义理论。他们认为，随着资本主义大工业的发展，无产阶级也随之成长起来，成为最具革命性、先进性的力量。无产阶级一旦认识到自己所承担的消灭私有制和阶级、实现共产主义的伟大历史使命，也就确立了自己的价值观。他们强调，过去的一切运动都是少数人的或者为少数人谋利益的运动。无产阶级的运动是绝大多数人的、为绝大多数人谋利益的独立的运动。无产阶级要为绝大多数人谋利益，解放全人类。这既是无产阶级革命运动的宗旨，也是对社会主义和共产主义价值观念的高度概括。对于共产党人来说，树立正确的价值观首先要树立马克思主义的价值观。如上所说，马克思主义的价值观，是为无产阶级的集体利益和全人类利益而奋斗的价值观，是为实现社会主义和共产主义而奋斗的价值观，是为人民、为社会、为党的事业而无私奉献的价值观。

第一，马克思主义的价值观是科学的。这是因为这个价值观以辩证唯物主义和历史唯物主义世界观为理论基础。马克思主义的世界观是当代最科学的世界观和方法论，是指导无产阶级和革命人民正确认识世界、正确认识社会、正确认识人生的指南。列宁指出："马克思学说具有无限力量，就是因为它正确。它完备而严密，它给人们提供了决不同任何迷信、任何反动势力、任何为资产阶级压迫所作的辩护相妥协的完整的世界观"。① 正是因为有了这样的认识工具，无产阶级才能正确认识人类社会历史发展的客观规律，才能坚定社会主义、共产主义的信念，使自己的价值观建立在真正科学的基础之上。也正由于如此，无数革命先烈，才能在极端艰难困苦的条件下仍然对共产主义充满必胜的信心，才能像邓小平同志所说的"在非常困难的情况下奋斗出来"。

第二，马克思主义的价值观是与广大人民群众的根本利益一致的。人活着究竟怎样才有价值？是为个人私利，还是为无产阶级和广大人民群众的根本利益，这是价值观的核心问题。"如果我们选择了最能为人类而工作的职业，那么，重担就不能把我们压倒，因为这是为大家作出的牺牲"。② 这是马克思中学时代的一篇作文中提出的价值观。后来在《共产党宣言》中，他和恩格斯代表无产阶级庄严宣告，他们的人生价值目标是推翻资本主义制度，实现无产阶级的彻底解放。中国共产党人在长期革命实践过程中，始终以中国最广大人民的根本利益为出发点。毛泽东指出："我们是站在无产阶级的和人民大众的立场。对于共产党员来说，也就是站在党的立场，站在党性和党的政策的立场"。③ 他强调："要奋斗就会有牺牲，死人的事是经常发生的。但是我们想到人民

① 《列宁选集》第 2 卷，人民出版社 1995 年版，第 309 页。
② 《马克思恩格斯全集》第 1 卷，人民出版社 1995 年版，第 459 页。
③ 《毛泽东选集》第 3 卷，人民出版社 1991 年版，第 848 页。

的利益，想到大多数人民的痛苦，我们为人民而死，就是死得其所”。[①]刘少奇在《论共产党员的修养》中说：“为党、为阶级、为民族解放，为人类解放和社会的发展，为最大多数人的最大利益而牺牲，那就是最值得、最应该的”。[②] 由此可以看到，马克思主义的价值观就是完全彻底地为无产阶级和广大人民的根本利益服务，为解放全人类、在全世界实现社会主义、共产主义而奋斗。在当代中国，共产党员要实现自身的价值，首先就要带领广大人民群众为社会主义现代化建设多做贡献，这是最符合全国各民族人民根本利益的。

第三，马克思主义的价值观体现了个人与集体的辩证统一。正确处理个人和集体的关系，是解决人生价值问题的关键之一。马克思主义以前的人生哲学，多是抽象地、孤立地谈论“人的价值”。资产阶级思想家们总是把个人同集体、社会割裂开来、对立起来，宣扬个人主义价值观。马克思主义认为，一个人的价值，不能离开个人同社会、阶级、集体和他人的关系，这是由人的社会性所决定的。“只有在集体中，个人才能获得全面发展其才能的手段，也就是说，只有在集体中才可能有个人自由”。[③] 当然，集体是由多个个体组成的，没有个体，集体就成了抽象空洞的神秘之物；没有个人力量的发挥，集体的力量就无从谈起。但是，没有集体和社会，也就没有个人存在的意义和价值。集体利益使个人利益得到满足，使个人的聪明、才智和个性得以发展，使个人的力量得以增强。所以，马克思主义的价值观与个人主义的价值观是对立的。它强调以社会主义的集体主义为原则，认为集体的价值和人民的价值高于个人的价值。

第四，马克思主义价值观充满了革命乐观主义的进取精神。人是不能没有理想和追求的。理想信念集中反映了人的奋斗目标，是人的精神生活中不可缺少的一个方面，是促使人们执著追求的巨大、持久的精神力量。一部人类发展史也是一部人类为实现理想和追求不懈奋斗的历史。很难想象，如果没有远大的理想和执著的追求，人类社会能够从远古时期演化进步到今天。正是为了达到理想目标，人民群众团结奋斗和

---

① 《毛泽东选集》第3卷，人民出版社1991年版，第1005页。

② 《刘少奇选集》上卷，人民出版社1981年版，第134页。

③ 《马克思恩格斯全集》第3卷，人民出版社1960年版，第84页。

积极进取，人类才不断地进步，社会才不断地发展。共产党人更不能放弃自己的远大理想和追求。共产主义是人类历史上最壮丽、最美好的理想，也是人类最进步的理想。因为它反映了生产力发展的方向，符合广大人民群众的根本利益，对人类社会的进步起着巨大的促进作用。无论过去、现在和将来，这个理想都是共产党人最主要的精神支柱和力量源泉。作为共产党员，树立马克思主义的价值观，就要不论在任何条件下，都要坚定共产主义的理想信念。邓小平同志指出："我们多年奋斗就是为了共产主义，我们的信念理想就是要搞共产主义。在我们最困难的时期，共产主义的理想是我们的精神支柱，多少人牺牲就是为了实现这个理想。"① 共产主义作为远大的理想是具体的。我们党通过领导新民主主义革命、社会主义革命、建设和改革开放，找到了一条建设中国特色社会主义的正确道路，正在一步步向既定的理想目标执著地前进。不管我们前面遇到多少困难，只要我们坚定共产主义的理想信念，保持革命乐观主义的进取精神，就能够号召并带领人民群众不断夺取改革开放和现代化建设的伟大胜利，就能够使我国在新的世纪赶上和超过中等发达国家的水平，实现中华民族的伟大复兴。

3. 坚持把社会主义核心价值体系贯彻到思想文化建设的各个方面

胡锦涛同志在十七大报告中提出，切实把社会主义核心价值体系融入国民教育和精神文明建设全过程，转化为人民的自觉追求。建设社会主义核心价值体系是认识与实践相统一、理论与实际相结合、理想与现实相促进的过程，必须贯穿到思想文化建设的各个方面，使之成为全体社会成员普遍理解接受、自觉遵守奉行的价值理念。

建设社会主义核心价值体系必须开展广泛深入的宣传教育。社会主义核心价值体系的宣传教育，要融入国民教育和精神文明建设的全过程，贯彻到新闻出版、广播影视、文学艺术、社会科学等各方面工作之中。要坚持不懈地进行邓小平理论、"三个代表"重要思想和科学发展观等重大战略思想教育，用马克思主义中国化最新成果武装全党、教育人民，深入开展中国特色社会主义理论体系宣传普及活动，推动当代中国马克思主义大众化，着力回答人们关心的重大理论和实际问题，不断提高党的思想工作的创造力、说服力和感召力。要大力推进理论创新，

① 《邓小平文选》第3卷，人民出版社1993年版，第137页。

不断赋予当代中国马克思主义鲜明的实践特色、民族特色、时代特色。要大力推进加强马克思主义理论研究和建设工程，不断繁荣和发展哲学社会科学，推进学科体系、学术观点、科研方法创新，鼓励哲学社会科学界为党和人民事业发挥思想库作用，推动我国哲学社会科学优秀成果和优秀人才走向世界。要按照建设中国特色社会主义的总体布局，大力发展先进文化，支持健康有益文化，努力改造落后文化，坚决抵制腐朽文化，不断推进社会主义文化的繁荣和发展。要坚持以文化人，善于运用各种文化形式和精神文化产品来表现社会主义核心价值体系的深刻内涵和精神实质，组织生产更多倡导社会主义核心价值体系的优秀文艺作品，让人们在美的享受中受到鼓舞，得到启迪。

建设社会主义核心价值体系必须不断增强民族自豪感和社会主义认同感。社会主义核心价值体系对于培育有理想、有道德、有文化、有纪律的公民具有重要意义。要把社会主义核心价值体系渗透到大中小学的思想政治理论课和思想品德课教学之中，体现在学校教育教学和日常管理的各个环节，真正做到进教材、进课堂、进学生头脑。要持之以恒地用民族精神和时代精神凝聚力量、激发活力，倡导爱国主义、集体主义、社会主义思想，深入进行理想信念教育、国情教育和形势政策教育，引导人们正确认识国情和国家发展形势，不断增强人们对中国共产党领导、社会主义制度、改革开放事业、全面建设小康社会目标的信念和信心。要紧密联系改革开放和社会主义现代化建设的实际，引导人们深刻理解我们民族的历史和传统，理解近代以来我们民族的深重灾难和我们党领导人民进行的英勇斗争，理解社会主义中国的历史性进步和光明前途，不断增强民族自尊心、自信心和自豪感。要引导人们用宽广的眼界观察世界，紧跟时代前进的步伐，正确认识人类社会的发展规律。

建设社会主义核心价值体系必须打牢群众基础。要牢牢把握正确舆论导向，坚持团结稳定鼓劲、正面宣传为主，努力把社会主义核心价值体系的要求贯穿到日常宣传报道之中，形成有利于社会主义核心价值体系建设的舆论强势。社会主义核心价值体系要得到广泛认同并转化为人们的自觉行动，就必须融入日常工作和生产生活。要贯彻以人为本的方针，尊重人、理解人、关心人，有针对性地解决不同社会群体的思想问题，既要鼓励先进又要照顾多数，既要统一思想又要尊重差异，既要解决思想问题又要解决实际问题。要积极发展健康向上、各具特色的群众文化和开展各种形式的群众性创建活动，这是把和谐社会建设与精神文明建设结合起来的有效载体。要以社会主义核心价值体系为指导，健全各行各业的规章制度，完善市民公约、乡规民约、学生守则等行为准则，并在各类精神文明创建活动中大力倡导，使社会主义核心价值体系的要求为人们日常生活所努力遵循，努力形成男女平等、尊老爱幼、扶贫济困、礼让宽容的人际关系，塑造自尊自信、理性平和、积极向上的社会心态，打牢社会主义核心价值体系的群众基础，形成建设社会主义核心价值体系群众有责、群众共享的生动局面。

四、进一步深化社会主义核心价值体系的研究

党的十六届六中全会《决定》对建设社会主义核心价值体系作了明确的界定。马克思主义指导思想，中国特色社会主义共同理想，以爱国主义为核心的民族精神和以改革创新为核心的时代精神，社会主义荣辱观，构成社会主义核心价值体系的基本内容。这四个方面的内容相互联系、相互贯通、有机统一，共同构成一个完整的价值体系。

1. 问题的提出

在建设社会主义核心价值体系的学习宣传中，理论界提出了一些值得进一步思考和研究的问题。比如，有人提出：社会主义核心价值体系是否就是社会主义核心价值观？社会主义核心价值究竟是什么？还有人认为，社会主义核心价值体系的内容很多，不好记，能不能用简洁的词语来加以概括，等等。对这些问题需要从理论和实践的结合上进一步加以研究。有一种意见认为，社会主义核心价值体系是社会主义核心价值观体系。理由是：《决定》中提出的社会主义核心价值体系，是指主体观念的层面，即社会主义的核心价值观（体系）。因为社会主义核心价值体系的基本内容，是精神形态和观念形态的东西，也就是社会主义的核心价值观念。这种核心价值体系作为社会主义的核心价值观，应当是社会主义精神文明建设的核心内容。建设社会主义核心价值体系的任务，也就是要在全社会普遍地建构、培育具有中国特色的社会主义核心价值观（体系）。还有一种意见认为，社会主义核心价值体系与社会主义核心价值观既有联系又有区别。社会主义核心价值体系是一个包含丰富内容的多层次体系，既有其核心价值，又有其基本价值、具体价值。其中，核心价值以基本价值、具体价值为基础，是对基本价值和具体价

值的高度概括和抽象，对基本价值、具体价值起着统领和支配作用，并蕴涵在基本价值、具体价值之中，通过基本价值、具体价值表现出来；而基本价值、具体价值又体现着核心价值，以核心价值为指导和灵魂。社会主义核心价值观，是指那些在社会主义价值体系中居于统治地位、起指导作用、从最深层次回答“什么是社会主义”这一根本问题、在马克思主义理论体系中占核心地位的价值理念。社会主义核心价值观，以“富强、民主、文明、和谐”与“人的自由全面发展”为基本内容，体现着社会主义的价值本质，指导着社会主义的奋斗目标和前进方向，贯穿并渗透于以马克思主义理论为指导的社会主义伟大实践之中，是社会主义核心价值体系的内核，是社会主义制度的灵魂。抓住了这个核心价值观，就抓住了社会主义的价值需求、价值创造、价值体系、价值实现的前提和关键。

这些不同的观点，对于我们深化社会主义核心价值体系的认识大有帮助。我们要进一步结合马克思主义的价值理论、科学社会主义的发展历程、中国特色社会主义的创新成果深化对社会主义核心价值体系的理解和认识。

2. 社会主义核心价值

关于什么是社会主义核心价值，有的同志强调，社会主义核心价值是一个新的概括。从诸多社会主义价值中明确核心价值，这是党的思想理论建设必须回答的重大课题。鲜明地提出以马克思主义指导思想、中国特色社会主义共同理想、以爱国主义为核心的民族精神和以改革创新为核心的时代精神、社会主义荣辱观作为社会主义核心价值体系的基本内容，是我们党对这一重大课题作出的科学回答。这个概括，深入分析了我国社会主义初级阶段条件下广大人民群众价值创造和价值实现的实际，把社会主义核心价值建立在现实基础上；体现了社会主义的本质要求和我国各族人民的核心利益，使社会主义核心价值围绕中国特色社会主义的奋斗目标和历史任务来展开；反映了我国社会主义先进文化的前进方向，突出了我国意识形态的核心内容；表明了社会主义核心价值是最高层次的价值准则，统摄和支配社会主义其他价值目标。社会主义核心价值是一个科学体系。从内容上看，这个体系既全面完整又紧密联系、相互贯通。其中，马克思主义指导思想是最根本的，决定社会主义核心价值体系的性质和方向；中国特色社会主义共同理想，是社会主义核心价值体系的主题和目标；以爱国主义为核心的民族精神和以改革创新为核心的时代精神，是社会主义核心价值体系的动力；社会主义荣辱观，是社会主义核心价值体系的基础。从特征上看，这个体系充分体现了先进性与广泛性的统一：既坚持马克思主义的世界观和方法论，反映时代进步潮流，继承中华民族优秀传统文化，吸收人类有益文明成果，体现人民群众共同愿望，又适应社会主义初级阶段条件下不同群体和阶层的多方面需求。从作用上看，这个体系把我们党倡导并着力推进的主导价值理念提升到一个完整的科学体系层面，既深刻反映了社会主义的制度性质、目标任务和发展道路，又将更好地作用于经济、政治、文化、社会等各个方面。社会主义核心价值体系结构严谨、定位明确、层次清晰、系统完整，既有鲜明的导向作用，又尊重差异、包容多样，可以最大限度地促进和形成全社会的共识。①

当然，对于社会主义核心价值的具体内涵，理论界有不同的认识和概括。一种观点认为，中国特色社会主义的核心价值，应该包括发展、富裕、民主、文明等范畴。发展是硬道理，发展是执政兴国的第一要务。不发展，什么问题都不能解决，什么需求都不能满足。在这种意义上，发展是中国特色社会主义的价值，甚至是核心价值之一。富裕，包括个体的富裕和整体的富裕。中国特色社会主义的最重要价值，应该是创造条件，达到不仅富裕而且共同富裕的状态，使人民日益增长的物质文化需求得到更好的满足。没有民主，就没有社会主义。所以，民主自然也应该是中国特色社会主义的核心价值之一。文明是一种物质和精神的状态，是整个社会应该达到的境界，也是全体人民所需要的东西。所以，它应该是中国特色社会主义的核心价值。另外，如“公平”、“正义”、“友爱”、“互助”、“安定”、“和谐”等等，都可以算作中国特色社会主义的核心价值。一种观点认为，公平正义是社会主义核心价值之一。公平正义自古以来就是人类追求的普遍价值，更是社会主义的核心价值和本质要求。没有公平正义，就没有社会主义。党的十六届六中全会提出要确立社会主义核心价值体系，公平正义就是社会主义的核心价值之一。包括马克思在内的社会主义创始人，当时之所以激烈批判资本

① 参见路建平：《建设社会主义核心价值体系——加强党的思想理论建设的重大课题》，《人民日报》2007年8月3日。

主义而积极倡导社会主义，重要原因之一便是他们认为，资本主义对自由竞争的放纵，使得公平正义难以在资本主义条件下实现。只有在产生剥削和压迫的政治经济制度不复存在的社会主义条件下，才能真正实现公平正义的价值。①

还有一种观点认为，人的自由全面发展是社会主义核心价值之一。它体现为两个方面：一是“以每个人的全面而自由的发展为基本原则”。我们为什么要坚持社会主义？社会主义的核心价值观，要体现出作为迄今为止最高层次的社会形态的本质特征，而这个优越性，首先是其价值观的先进性，表征着先进文化的前进方向，是全人类努力为之奋斗的价值选择。社会主义的核心价值理念首先是为了每个人的自由而全面的发展。当然，人的发展、个人价值的实现，不是抽象的，而是具体的、历史的。社会主义核心价值体系，应当是体现好社会的要求，一切以为了人的自由而全面发展为目的，以社会公正、繁荣、和谐、人民幸福为价值指向。为实现这一价值理想，就要在消除物役和人役两个方面做出努力。二是强调“集体主义”与“公共利益”。集体主义，是以共同体为最终的解释单元和根据来理解与说明社会现象，与以个体为最终的解释单元来理解和说明社会现象相区别。马克思恩格斯著作的中文译本也曾有“集体”的译法，但在第二版已经推出的新译本中，在讲到个人与社会的关系时，最新的中译文为“共同体”。如 1995 年第 2 版《马克思恩格斯选集》中的最新译文是：“只有在共同体中，个人才能获得全面发展其才能的手段，也就是说，只有在共同体中才可能有个人自由。”“在真正的共同体的条件下，各个人在自己的联合中并通过这种联合获得自己的自由”②。那么，随着“集体”新译为“共同体”，我们所用的“集体主义”是否也要相应地改称“共同体主义”呢？因为新版的《马克思恩格斯全集》还没有翻译到 1877 年恩格斯写的那篇意大利文的文章，我们无从得知新的汉译将采用哪个表述。共同体主义（communitarianism），是当代西方的一个思潮倾向，是对个人主义、自由主义的一种纠正，力图强调在享有个体自由、权利时，还要担当社会

---

① 参见青连斌：《社会主义核心价值观研究的新观点、新进展》，《北京日报》2007 年 8 月 13 日。

② 《马克思恩格斯选集》第 1 卷，人民出版社 1995 年版，第 119 页。

的责任、义务。它是在西方自由主义、个人主义被强调得过分时的一种批评与纠正。社会主义道德应当也是在保障个体权利和自由的前提下，强调共同体、责任，而不是相反，以集体的“权利”来要求个体的权利为集体利益做出让步，哪怕对这种让步做出了更多的限定。学术界也已经有人认识到了这一点。认为个人利益服从集体利益、国家利益，这是一个方面；其实，国家、集体之存在，是为了保障公民的利益得以充分实现。每一个体的权利保障与“集体权利”之间的关系，后者是服务、服从于前者的。“集体利益”的提法，会产生诸多的歧义，因为存在着利益联盟、利益团体。利益集团是一个持有共同态度、向社会其他集团提出要求的集团，而“利益群体”、“利益集团”也是“集体”。在我国，各个利益集团独立的利益意识日益觉醒，利益多元化时代的到来给利益分化、社会分层带来了极大的影响。在权力部门化、部门利益化、利益法制化的今天，垄断集团时有动作，各个利益集团之间的博弈已经明显地对政府经济政策产生了影响。公共政策是政府进行社会性利益分配的主要形式。政府利用公共政策是为了达到一种新的利益结构，也就是说，在保护、满足一部分人的利益需求的同时，有可能抑制、削弱甚至是打击另一部分人的利益。对于不同的利益集团提出的相互冲突的主张，政府都应保护其合法利益，不应偏向任何一方。政府在制定政策时必须统筹兼顾，使政策成为兼顾各方利益（妥协）的产物。利益及利益关系是人类社会活动的基础，而政府的基本职能，就是对利益进行社会性的分配。公共部门和公共政策具有集体性的目标，应反映社会的偏好和广泛的“公共利益”。公共利益是作为私人利益的促进与保障而存在的。社会主义道德强调的，应是共同富裕，推进公众利益应当成为社会、国家的价值取向，而非只是要求个人无条件地奉献。公众利益无疑应当是一切公共政策的出发点和最终目的，但“公众”利益需求在现实过程中存在着不一致，甚至是对立的方面。为了人民的利益，要求在国家利益、公共利益上，应当保护公民的权利。①

此外，还有的把社会主义核心价值概括为“以人为本，民主公正”八个字。以人为本，侧重于从社会主义性质和本质的层面界定社会主义核心价值；民主公正，则侧重于从政治关系和社会关系变革的层面界定

---

① 参见高国希：《社会主义核心价值的理论维度》，《思想理论教育》2007 年第 1 期。

社会主义核心价值。社会主义核心价值是社会主义核心价值体系的本质和主导，离开核心价值的最本质方面，社会主义核心价值体系的其他内容则会流于空谈，甚至会走偏方向。我们之所以将“以人为本，民主公正”理解为社会主义核心价值，是因为只有以人为本才能最本质地反映社会主义的发展规律和发展取向。漫长的人类社会在经历了“以神为本”、“以物为本”之后，正在向“以人为本”的更高境界发展与提升。社会主义社会所以成为人类孜孜以求的美好社会形态，从根本意义上说就是因为这个社会是“以每个人的全面而自由的发展为基本原则的社会形式”①；科学社会主义学说所以成为人类自觉遵循的科学真理，从根本意义上说，就是因为这一学说是建立在以人为本这一基点之上的；包括邓小平理论、“三个代表”重要思想和科学发展观在内的中国特色社会主义理论体系所以成为马克思主义中国化的最新成果和社会实践的根本指针，就是因为这一理论体系的本质和核心是坚持以人为本。以人为本，是我们科学地理解社会主义、正确地对待社会主义和全面地推进社会主义的根本之点。社会主义以人为本的本质和核心价值，决定了这个社会应当是一个充满关爱、洋溢温暖、洒满阳光的社会。建立在平等的经济关系和民主的社会关系基础上的人与人之间的关系，应当是一种团结、互助、同情、友爱的新型人际关系。这样一种人际关系，既是对传统文化中某些“仁爱”理念的继承，又是对传统“仁爱”的历史性超越；既是对西方文化中某些人道主义因素的吸纳，又是对西方人道主义的历史性扬弃。以人为本，充满关爱，是社会主义的本质要求，是维系社会成员的情感，是推动社会变革与发展不可或缺的强大精神力量。“以人为本，民主公正”的社会主义核心价值理念渗透于人与人之间关系层面，表现为多层面的社会关爱取向：对国家，人人都是主人，当国家遇到危难的时候，人民应以极大的爱国主义热情自觉地共赴国难，共克时艰；对人民，国家是温暖的家园，当人民遇到危难的时候，国家应动员一切力量予以救援，万众一心，众志成城；对他人，每一个人都是依靠，当他人遇到危难的时候，人人都应毫不犹豫地伸出援助之手，帮人解难，助人安康。正是这样多层面的双向关爱关系，使人超脱了个人利益的狭隘眼界，挣脱了物质利益的缰绳羁绊，凝聚成克服一切艰难险

① 《马克思恩格斯全集》第23卷，人民出版社1972年版，第649页。

阻的巨大精神力量，构建起社会主义和谐精神家园。①

3. 社会主义核心价值观

近年来，学术界围绕社会主义核心价值观的有关问题进行了广泛讨论，提出了许多有价值的观点，为进一步研究社会主义核心价值观和社会主义核心价值体系拓展了思路。

一是关于社会主义核心价值观概念的界定。有学者认为，要把价值区分为核心价值、基本价值、特殊价值等不同层级的价值，并认为在不同的时代和环境条件下，价值会有不同的要求和内容，但贯串其中的必有它的核心价值。核心价值是最基本的价值，也是比较恒定的价值。随着时代的变迁，社会主义的次级价值、具体价值、乃至某些基本的价值会有变化和发展，但核心价值大体应该是恒定的。抓住核心价值，就抓住了社会主义价值需求、价值创造、价值体系、价值实现的关键。中国特色社会主义的核心价值既具有社会主义的共性，又有中国的个性，同时还具有时代性。我们要把中国特色社会主义的理论与实践进一步推向前进，就必须及时注意研究它的核心价值，适时构建起中国特色社会主义的核心价值观。

二是关于社会主义核心价值观与社会主义本质属性。有学者认为，价值观是人们在实践中形成的对于价值、价值关系的一般看法和根本观点，是处理各种价值问题时所持有的比较稳定的立场、观点和态度的总和。核心价值观是一个社会中居统治地位、起支配作用的核心理念，也是一个社会必须长期普遍遵循的基本价值准则，具有相对稳定的特点。社会主义价值观是对社会主义价值的总的看法和最根本观点。社会主义核心价值观，是指那些在社会主义价值体系中居统治地位、起指导作用、从最深层次科学回答“什么是社会主义”或社会主义本质属性这一根本问题、在马克思主义理论体系中占据核心地位的价值理念。在我国科学社会主义的基本价值理念中，只有那些以马克思主义指导思想为灵魂、以中国特色社会主义共同理想为主题、以民族精神和时代精神为精髓、以社会主义荣辱观为基础的价值观，才能称为社会主义核心价值观。

---

① 参见包心鉴：《以人为本：社会主义核心价值的升华》，《文汇报》2008年6月10日。

三是关于社会主义核心价值观与共同价值。还有学者提出，社会核心价值观起着统率社会价值理念、社会价值尺度的核心和灵魂的作用。具体来说，社会核心价值观必然是国家的、社会的、民众的价值理念、价值尺度；必然涵盖政治、经济、文化、道德的所有层面；必然体现在国家的制度、方针、政策、法律的所有规范中。社会主义核心价值观，一定是社会主义特有的，区别于资本主义的。比如富强、自由、民主、法治、人权、公平、公正、正义、效率，等等，是资本主义与社会主义共有的价值理念，而不是社会主义的核心理念。当然社会主义核心价值观决不排斥资本主义创造的人类共同价值。

四是关于社会主义核心价值观与社会主义核心价值体系的关系。社会主义核心价值观与社会主义核心价值体系既有内在联系，又各有侧重，相互区别。有学者提出，社会主义核心价值体系是社会主义核心价值观的基础和前提，是社会主义核心价值观形成和发展的必要条件。社会主义核心价值观是社会主义核心价值体系的内核和最高抽象，体现社会主义的价值本质，决定社会主义核心价值体系的基本特征和基本方向。社会主义核心价值观渗透于社会主义核心价值体系之中，通过社会主义核心价值体系表现出来。确立社会主义核心价值观与构建社会主义核心价值体系，是相辅相成、有机统一的，是一枚“硬币”的两面。只有将确立社会主义核心价值观与构建社会主义核心价值体系有机统一起来，才能为科学社会主义的理论与实践提供价值合理性依据，指导社会主义价值观的科学建构。有学者认为，社会主义核心价值观与社会主义核心价值体系，在本质上是一致的，统一的，都是建设中国特色社会主义不可或缺的组成部分。社会主义核心价值观与社会主义核心价值体系，都是一个历史的、具体的范畴，还没有最终确立和成型，还有待于随着社会主义实践的发展进一步加以提炼和探讨。

五是关于社会主义核心价值观内容。有学者提出，科学发展观强调的一系列范畴，具有强烈的价值色彩，实际上属于价值论的范畴。因此，科学发展观的提出和系统化，把我们发展的目标进一步引导到核心价值的层面上，在一定程度上揭示了中国特色社会主义的核心价值观。构建社会主义和谐社会总要求中的民主法治、公平正义、诚信友爱、充满活力、安定有序、人与自然和谐相处等等范畴和要求，本来就具有鲜明的价值色彩，因此，也正在成为中国特色社会主义核心价值观的重要范畴。

关于社会主义核心价值观的具体内容，学术界存在不同的看法。一种观点认为，社会主义核心价值观包括“富强、民主、文明、和谐”和作为社会主义最高价值观的“人的自由全面发展”。富强、民主、文明、和谐与人的自由全面发展，囊括了社会生活的基本领域，涵盖了经济、政治、文化、社会四大层面，既体现了共产主义的远大理想和最高价值，又反映了现阶段我国社会主义现代化建设的宏伟目标和总体布局，体现了党的最高纲领和最低纲领的统一，体现了社会主义物质文明、政治文明、精神文明、社会文明和生态文明的有机统一，理所当然是我们应当遵循和倡导的社会主义核心价值观。另一种观点认为，社会主义核心价值观应该包括人本、和谐、幸福、持续。人本、和谐、幸福、持续是社会主义核心价值观，也就是社会主义的价值目标、社会主义的价值标准。它全面体现了人性的要求。人本、和谐、幸福、持续作为社会主义核心价值观，在理论解释上必须清晰，容不得含糊；实践过程则表现为阶段性、现实性、操作性。既需要思想的勇气和智慧，又需要政治的魄力和艺术。①

4. 社会主义核心价值理念

在建设社会主义核心价值体系的讨论中，有的学者提出需要探讨体现核心价值体系本质和精髓的社会主义核心价值理念问题。认为概括提炼并积极倡行社会主义核心价值理念，不仅对于打牢构建和谐社会的思想道德基础，而且对于整个中国特色社会主义建设都具有重大的意义。

一是核心价值理念是核心价值体系的灵魂。认为社会主义核心价值理念或核心价值观，是最集中、最鲜明地体现当代中国价值追求的社会主义本质、在社会生活中居于统治地位并发挥主导作用的理念。如果说核心价值体系是一个多层次的、包含丰富内容的价值体系，那么社会主义核心价值理念则是关于社会主义核心价值的最根本的观点和最概括的表述，是社会主义核心价值体系的精髓、灵魂。它最集中、最鲜明地体现中国特色社会主义的核心价值诉求，是指导社会成员价值选择和行为取向的基本标尺。只有通过深刻凝练、易记易循的核心价值理念凝聚社

① 参见青连斌：《社会主义核心价值观研究的新观点、新进展》，《北京日报》2007 年 8 月 13 日。

会成员的思想，并使之渗透于社会的经济、政治、文化和日常生活的各个领域，才能发挥巨大而持久的主导和引领作用。社会主义核心价值理念既能体现社会主义核心价值体系的精神实质，又能通过宣传教化而深入人心，从而最大限度地形成社会思想共识。

二是概括提炼社会主义核心价值理念的原则。首先，社会主义核心价值理念应集中体现社会主义核心价值体系的本质要求。任何社会、任何时代都有自己的价值体系。而核心价值体系则是一个民族、一个国家在经济、政治、文化、社会等方面的基本价值追求的最集中反映。社会主义核心价值体系是体现当今时代及当代中国社会本质的主流价值观念体系，它为和谐社会建设提供了文化认同和价值追求，是构建社会主义和谐社会的重要内容和条件，同时，也是全面建设小康社会、实现中华民族伟大复兴的精神力量。因此，社会主义核心价值理念应该集中体现社会主义核心价值体系的本质要求，从而对社会主义核心价值体系的构建起到积极的引领作用。其次，社会主义核心价值理念应集中体现中国特色社会主义制度的本质要求。任何社会的核心价值理念，从根本上说，都是对于这个社会的基本制度性质的集中反映，体现着这个社会的核心价值诉求。社会主义核心价值理念应该一以贯之地反映以人为本、富强民主文明和谐等社会主义制度内在的、基本的要求和精神。只有这样的核心价值理念，才能成为社会主义社会普遍遵循、长期作用的基本价值准则。第三，社会主义核心价值理念在形式上应做到思想深刻凝练，内涵普适，形象鲜明，既要注意深刻的思想性、广泛的适用性，又要凝练集中、鲜明生动，能够激励和引领广大社会成员为社会主义现代化建设共同奋斗。

三是社会主义核心价值理念的内涵。根据上述原则，有学者认为可以将社会主义核心价值理念的基本内涵概括为人本、公正、仁爱、和谐、共享几个方面。

人本。以人为本是社会主义核心价值理念的出发点和落脚点，既是对中华民族“民本”优良传统的合理扬弃，也是我们党全心全意为人民服务宗旨以及为人民服务这一社会主义道德核心在我国社会发展新时期的体现。以人为本就是以人民群众为本，以最广大人民群众的根本利益为本。作为社会主义核心价值理念的内涵，它体现为坚持人民当家做主，人民的利益高于一切；体现为实现人的自由全面发展。这既超越了中国传统民本思想和西方抽象人道主义的局限，又反映了时代人性化的潮流，表达了当代人类最一般意义上的价值共识。

公正。社会主义社会是一个把公平和正义作为核心价值取向的社会，公正既是社会主义制度的本质特征之一，也是和谐社会最基本的思想道德诉求。注重社会公平，以“公正”来引导和规范社会经济政治文化生活的各个层面、各个领域的行为，显然有利于改善人际关系，激发起人们蓬勃的创造力和团结奋斗的干劲，促进其公平竞争，和谐共处，各尽所能，为社会主义事业的发展贡献更多的才智和更大的力量。

仁爱。仁爱是中国的好道德（孙中山语）。儒家的“仁”、“仁者爱人”、“以爱己之心爱人则尽仁”（张载语），墨家的“爱人若爱其身”、“兼相爱，交相利”等，无不是这种仁爱理念的简明诠释。“仁爱”的内涵十分丰富：在处理人际关系上，要求发扬爱众亲仁的博爱精神，提倡扶危济困、乐善好施、热心公益、团结友爱、互相帮助的人道主义思想；在处理人与其他动物、生物的关系上，将人道主义推人及物，“民胞物与”，悯物爱物，乐善好生；在处理人与自然的关系上，提倡人与自然之间和谐相处，自觉保护自然环境，维护人类生存的共同家园。在当前，更需要提倡以人为本的仁爱精神，正确反映和兼顾不同方面群众的利益，弘扬同情人、关心人、帮助人的观念，不断化解社会矛盾，促进社会和谐。

和谐。和谐指两种或两种以上要素的协调、融合、交融等，也称“和合”、“贵和”、“中和”，这是社会主义最核心的价值理念。无论中国还是西方，乐群贵和、友善团结都是衡量社会和谐与文明程度的指标。中华民族素以“贵和”著称于世，“和”是中华道德文化的精髓和理想社会所崇尚的基本价值。社会主义社会无疑更需要发扬这种乐群贵和的价值理念和伦理精神，作为调节人际关系、国际关系、人类与自然关系的行为规范，以达到消解社会矛盾、维护民族团结和世界和平、保护人类生存环境的崇高目标。

共享。共享更是社会主义核心价值理念的应有之义。“共享”，意味着人人平等，意味着权利的普遍保障，因而高度体现了社会主义本质。“共享”还是少部分人“独享”，是区别社会主义制度与一切剥削制度的根本标志。“共享”是共同富裕的必然要求。共享的价值理念也鲜明地体现了全人类的社会理想，因为建设一个富足、和谐、共享的社会，无论古今中外都是全人类共同追求的价值目标和社会理想。①

5. 社会主义和谐社会的核心价值观

有的学者提出，每一个社会制度或同一社会制度下的不同发展时期，都有相应的核心价值观。构建社会主义和谐社会，也必须树立与之相适应的价值观。社会主义和谐社会的核心价值观，应该是既反映社会主义制度本质，又能促进社会主义和谐社会建立与完善的观念体系。社会主义和谐社会的核心价值观不是“平等、自由、人权”，而是“劳动优先、共同富裕”，“公平正义”。首先，“劳动优先”是指各尽其能、各尽其力、各尽其责、各得其所；体现的是劳动创造财富和劳动光荣的价值追求，反映的是按劳分配的基本原则，反对的是“不劳而获”。劳动优先是马克思主义唯物主义的根本要求：劳动创造人，劳动创造了人类的历史。劳动光荣、劳动者光荣应该成为全社会的价值追求。由于我们在一段时间内弱化了强调劳动的崇高作用，在有些人的头脑中，我们仿佛已经进入了一个“不劳而获”的时代：知识经济就是出出点子就赚钱的经济，网络经济就是点点鼠标就点钱的经济，而把其中的劳动因素和劳动概念忽略、淡漠；劳动价值论也似乎过时了，人人争说“知本价值”、“资本价值”；“少劳而获”、“不劳而获”成为时尚，“按劳分配”被认为是过时的经济法则。这是很危险的倾向。在这个迷离炫目的社会转型期，我们最需要清醒的一点就是：恢复劳动优先地位和劳动者最光荣的价值观。其次，“共同富裕”的观念，体现了社会主义建设的最终目的，是社会主义制度的基本特征，是社会主义优越性的具体表现。共同富裕不可能诞生在资本主义制度中，它与资本主义的核心价值观格格不入；只有社会主义制度才可以确保共同富裕的实现，因此它理应成为我们的核心价值观。共同富裕是社会主义社会的根本追求，社会主义关怀每一个人，力争通过社会制度的力量、体制的力量确保每一个社会成员都能够达到富裕，而不是造成两极分化。除了社会制度之外，共同富裕也符合世界经济发展的规律。200 年来世界经济有一个基本规律就是：从独占到共享。最后，通过“劳动优先、共同富裕”，最终树立“公平正义”的价值观念。如果没有“劳动优先”、没有“共同富裕”，那么也就很难体现真正的“公平正义”。社会主义和谐社会所倡

① 参见陈延斌、邹放鸣：《社会主义核心价值理念刍议》，《光明日报》2007 年 7 月 31 日。

导的公平正义，是超越形式的公平正义，是实现事实上的公平正义，即消灭了剥削阶级基础的公平正义；包含着机会公平的结果公平；逐步消除贫富差距，实现社会的共同富裕。作为一种价值观，事实公平正义应当成为我们高扬的一面旗帜。当然，倡导事实公平正义并不意味着要搞平均主义和“劫富济贫”。事实公平正义强调的公平正义，是有制度保障的公平正义，不是施舍的公平正义和不完整的公平正义或随机性的公平正义，它要用社会制度不断修正形式公平正义中出现的不公平、不正义。①

6. 社会主义核心价值体系与资本主义核心价值体系的区别

有的学者认为，社会主义的核心价值体系是反映社会主义制度本质及国家核心利益的观念体系，它应该根本区别于资本主义的核心价值体系。马克思主义之所以是社会主义核心价值体系之魂，就在于它在揭示社会主义根本区别于其他社会体系的独特价值及其客观依据的同时，展示了社会主义核心价值的进步性、人类性和无限生命力，从而能够真正起到整合并引领日益多样的社会价值观的作用。因此，以马克思主义为指导构建社会主义核心价值体系，就必须首先把握住建立在社会主义基础上的、与社会主义制度相符合的、为广大人民群众认同和践行的、与资本主义社会的基本价值观相对立的社会价值规范和行为选择标准。这种核心价值体系有以下几个特点：

一是坚持“劳动优先”，反对私有产权崇拜。“劳动优先”是历史唯物主义的根本观点和核心概念。科学社会主义的根本价值追求，就是通过“劳动的解放”和“劳动的复归”，实现每一个人的自由而全面的发展。而以资本主义为代表的剥削制度对社会造成的最大的祸害，就是在对劳动者进行剥夺的过程中使劳动成为奴役人的手段，使鄙视劳动成为社会的主流价值观。因此，构建社会主义和谐社会必须塑造健康的社会人格、培育社会主义新人。就一个社会而言，如果能够确保劳动人民的利益，树立尊重劳动的社会风气，就能保持社会的公正和谐及社会主义本质；就一个人而言，如果能够坚持劳动自立、劳动立人、劳动至上，就能保持做人的良知和自强不息的进取心。所以，构建社会主义核

① 参见辛向阳：《构建社会主义和谐社会的两大基础——确定核心价值观加大制度建设》，《中国经济周刊》2006年10月16日第40期。

心价值体系必须把维护劳动的权威摆在突出位置。

二是坚持“人民至上”，反对个人第一。“人民”是马克思主义历史观、价值观特有的词汇，也是西方意识形态力图消解的马克思主义主要话语，因而是我们必须鲜明地加以坚持的概念。“人民至上”的价值观是由我们的国体、我们党的性质等根本制度属性决定的。“人民”是和绝大多数个人的命运紧密相连的具体概念，而绝不是一个空洞的集合名词。我们反对的是个人至上、个人第一，而不是个人独立、个性解放。马克思批判资本主义社会的人的异化，是批判资本主义商品关系把个人变成了孤立的个人，使人的发展片面化，而对其使个人从传统社会“人的依赖关系”中独立出来却始终予以高度的评价。我国长期封建社会的遗祸之一，就是独立个人和自由个性的匮乏。在今天，也确实还存在着无视个人的合法权益，蔑视个人的价值、尊严和人格，否定个人自由和个性解放等倾向。但是，个人的独立和个性的解放，首先表现在个人所具有的责任能力和自律精神上，而不是自我放纵和自我中心，也就是说，个人必须要有自我约束。根据我国的具体国情，能够使个人自我约束而又自由全面发展的价值基础，只能是“人民至上”的观念。所以，构建社会主义核心价值体系必须把维护人民的权威摆在重要的位置。

三是坚持“共同富裕”，反对市场崇拜。共同富裕是社会主义的本质特征，没有共同富裕就不是社会主义；反过来，社会主义为共同富裕奠定了制度基础，没有社会主义就没有共同富裕。共同富裕是对资本主义制度的否定，是对阶级压迫的否定，因而与资本主义的核心价值观（资本统治劳动）格格不入。在社会主义制度建立前，共同富裕就是众多下层劳动者的追求，却无论如何只能是一种“虚无缥缈的幻想”。只有社会主义制度开始把共同富裕从梦想变为现实，它理应成为我们的核心价值观。从价值观上说，社会主义市场经济必须体现社会主义价值观，批判和抵制拜金主义、享乐主义和极端个人主义，反对市场崇拜。事实证明，认为市场调节是全面的、万能的，认为市场经济自发形成的思想道德观念、尤其是私利的最大化必定是合理的，认为市场经济是永远不可超越的等等观点，都是没有根据的。如果说当代资本主义尚需宏观调控、计划调节，尚需文化道德教育的话，那么以完善社会主义市场经济体制为目标的当代中国，就更不能听任市场自发性的摆布，而必须把社会主义核心价值体系作为市场经济社会的价值导向。构建社会主义和谐社会就是要努力避免资本主义无法克服的价值冲突，以及相应的社会冲突。为此，必须把共同富裕作为不断形成和扩大共同利益的价值观基础，使共同富裕不仅作为人们同心同德、团结奋斗的不竭精神动力，而且作为每一个人服务社会、不断超越自我的价值追求。所以，构建社会主义核心价值体系必须把共同富裕摆在重要位置。

四是坚持“形式平等与事实平等的统一”，反对形式平等崇拜。平等观是社会主义和资本主义价值分歧的重大焦点问题。在马克思主义那里，平等总是与一定的阶级要求相联系的，而真正的平等只能是无产阶级消灭阶级的要求。平等虽然也是资产阶级最喜欢标榜的观念之一，但它所推崇的平等只是针对封建社会阶级特权的形式平等，即机会、起点、程序等等的平等。它不仅极力论证只有形式的平等是唯一可能的平等，而且将其视为唯一美好的平等。在马克思主义看来，平等问题其实就是一个要不要超越资本主义的问题。但是，正如历史所显示的那样，超越资本主义、实现共产主义是一个相当漫长的历史过程，同样的，从形式平等进到事实平等也是一个相当漫长的过程。我国所面临的价值选择的难题之一是：一方面，形式平等在许多方面还是我国需努力实现的目标，必须防止简单摒弃形式平等的倾向；另一方面，构建社会主义和谐社会的战略又把事实平等的问题切实地提到了实践的视野，必须防止把形式平等视为平等的不可逾越底线的倾向。所以，构建社会主义核心价值体系必须坚持形式平等和事实平等的有机统一。

五是坚持“每一个人的自由全面发展”，反对抽象个性崇拜。人的自由全面发展是马克思主义的核心价值观之一，也应当是我们现阶段社会主义意识形态的核心价值观。人的自由全面发展是阶段性与终极性的辩证统一，人的自由全面发展体现了社会进步与个人发展的统一，而离开这“两个统一”去谈“个性解放”或“个性自由”，只能是个人主义的幻想。每个人的自由全面发展以社会的根本改造为前提，社会主义制度的建立为此奠立了基础；每个人的自由全面发展是终极的目标，但是这个终极目标只能阶段性的逐步实现，只要每一具体阶段都能在客观条件许可的范围最大限度地体现人的自由全面发展，就是向每一个人的自由全面发展的靠近，这是我们今天思考这一问题的基本立场。[①]

上述学者关于社会主义核心价值、社会主义核心价值观、社会主义核心价值理念、社会主义和谐社会的核心价值观、社会主义核心价值体系与资本主义核心价值体系的区别的见解，对于我们进一步思考和探讨社会主义核心价值体系的丰富内涵具有重要参考价值和意义。

---

① 参见侯惠勤:《马克思主义的指导是构建社会主义核心价值体系之根本》,《毛泽东邓小平理论研究》2007 年第 3 期。

第三章　科学社会主义的基本原则和中国特色社会主义的核心价值

我们所说的社会主义，是马克思恩格斯创立的科学社会主义、中国共产党人坚持和发展的中国特色社会主义。科学社会主义，包括社会主义的基本原则、社会主义的发展道路、社会主义的基本制度、社会主义的价值理想等内容。中国特色社会主义，既坚持了科学社会主义的基本原则，又根据我国实际和时代特征赋予其鲜明的中国特色，是社会主义的基本原则、发展道路、基本制度和价值理想的统一。

一、科学社会主义的基本原则

科学社会主义基本原则是马克思主义世界观和方法论的集中体现，是各国社会主义实践的理论基础。马克思主义的科学态度是，必须把科学社会主义的基本原则与本国的具体实际结合起来，独立自主地探索适合本国实际的社会主义发展道路。

1. 马克思主义价值论与唯物史观

马克思主义价值论是马克思主义的重要内容，涵盖马克思主义哲学、政治经济学、科学社会主义各个方面，是依据唯物史观得出的科学与价值相统一的理论。

马克思创立的唯物史观是马克思主义的一大理论基石。正如列宁所说："马克思的历史唯物主义是科学思想中的最大成果"，① 是"唯一科学的历史观"。② 唯物史观的内容十分丰富，包括马克思主义关于人类社会发展规律、社会变革基本矛盾和人民群众历史主体的理论，等等。马克思从生产方式的变革和人的解放两个视角，揭示了社会形态的发展变迁和人的发展的不同形态，认为人类社会从原始社会经历了亚细亚

---

① 《列宁选集》第2卷，人民出版社1995年版，第311页。

② 《列宁选集》第1卷，人民出版社1995年版，第10页。

的、古代的、封建的、现代资本主义的不同阶段，最终将过渡到自然与人道相统一的社会主义和共产主义社会；而人的发展则经历了人对人的依赖、人对物的依赖的阶段，最后将进入人的自由而全面发展的阶段。马克思主义的劳动价值论和剩余价值论，科学地说明劳动是创造价值和剩余价值的来源和秘密，从而为无产阶级和人类的彻底解放奠定了坚实的理论基础。

正因为如此，马克思主义创始人强调，唯物史观是科学社会主义的理论基础。科学社会主义的价值理想正是建立在唯物史观以及劳动价值论和剩余价值论的理论基础上的，是在批判资本主义和向往社会主义的憧憬中形成的，是代表无产阶级和广大劳动人民的价值理想。这种价值理想，既表现为以人为本和劳动本位，又表现为尊重创造和发展个性。就是说，社会主义社会必须坚持以人为本。社会主义生产的根本目的是为了人，特别是无产阶级和广大劳动人民。人是目的而不是手段；经济发展是手段而不是目的。社会主义的生产不是为生产而生产，也不能为生产而生产。社会主义的生产目的，是为了最大限度地满足广大人民群众日益增长的物质和文化需要，是为了实现人的全面发展。当然，社会主义社会的生产也讲究“利润”，但不是也决不能唯利是图。发展经济的目的用于造福于社会和人民。正如列宁《在全俄国民经济委员会第一次代表大会上的讲话》中所指出的：“只有社会主义才能使科学摆脱资产阶级的桎梏，摆脱资本的奴役，摆脱做卑污的资本主义私利的奴隶的地位。只有社会主义才可能广泛推行和真正支配根据科学原则进行的产品的社会生产和分配，以便使所有劳动者过最美好的、最幸福的生活。只有社会主义才能实现这一点。而且我们知道，社会主义一定会实现这一点，而马克思主义的全部困难和全部力量也就在于了解这个真理。”① 同样，社会主义必须发挥人民群众的首创精神。列宁曾说过，生机勃勃的创造性的社会主义是由人民群众自己创立的。人是社会的创造主体。只有发展人的个性和创造性，才能实现社会的全面发展和人的全面发展。很难设想，社会主义作为人民群众的伟大创造，不需要发挥人民群众的历史主动精神，不需要发挥每一个人的积极性和创造性。过去，资产阶级的思想家为了诋毁社会主义，无不攻击社会主义抹杀人的个性和

① 《列宁选集》第3卷，人民出版社1995年版，第546页。

自由。对这种谬论，毛泽东早在新民主主义革命时期就予以了驳斥。他说："解放个性，这也是民主对封建革命必然包括的。有人说我们忽视或压制个性，这是不对的。被束缚的个性如不得解放，就没有民主主义，也没有社会主义"。[①] 他强调："没有几万万人民的个性的解放和个性的发展"，"没有一个由共产党领导的新式的资产阶级性质的彻底的民主革命，要想在殖民地半殖民地半封建的废墟上建立起社会主义社会来，那只是完全的空想"。[②] 即使在共产党内部，毛泽东也认为党性与个性并不矛盾。他指出："不能设想每个人不能发展，而社会有发展，同样不能设想我们党有党性，而每个党员没有个性，都是木头，一百二十万党员就是一百二十万块木头"。[③] 因此，科学社会主义并不压制和排斥人性和个性。马克思指出："既然人的性格是由环境造成的，那就必须使环境成为合乎人性的环境"。[④] 社会主义革命的目的是为了解放和发展生产力，而生产力的解放和发展离不开人的解放和发展。只有无产阶级和广大劳动人民的解放，人的解放和发展才不是一句空话。

2. 从空想社会主义到科学社会主义

从世界范围看，社会主义的名目繁多，种类复杂。社会主义既是指社会主义的理论和实践，又是指社会主义的发展道路和基本制度，是理论、运动、制度、理想的统一。从社会形态方面看，社会主义是指代表历史发展方向的、最终要取代资本主义的新的社会发展阶段和社会形态。

从历史的发展继承看，马克思恩格斯创立的科学社会主义的前身是空想社会主义。空想社会主义认为，资本主义是一种"每个人对全体和全体对每个人的战争"的制度，资产阶级的文明就是奴隶制的复活。他们无不谴责资本主义，具有人道主义的色彩。空想社会主义向往社会正义和公平，主张保护弱者，抑制强者，避免人与人像狼一样的残酷。他们还把未来社会设想为某种尽善尽美的理想状态，这就不可避免地带有某种乌托邦的色彩。事实上，企图建立一个一劳永逸的、尽善尽美的制

---

① 《毛泽东文集》第 3 卷，人民出版社 1996 年版，第 208 页。
② 《毛泽东选集》第 3 卷，人民出版社 1991 年版，第 1060 页。
③ 《毛泽东文集》第 3 卷，人民出版社 1996 年版，第 416 页。
④ 《马克思恩格斯全集》第 2 卷，人民出版社 1957 年版，第 167 页。

度和社会，这种理想只能是空想。科学社会主义，一方面批判继承了空想社会主义学说的理论成果，另一方面是通过对现存资本主义变革的革命实践，分析资本主义社会的基本矛盾，总结工人阶级的斗争经验而逐步形成、发展、完善的。

马克思主义创始人运用辩证唯物主义和历史唯物主义的方法论指明了社会前进的方向。他们在批判资本主义的过程中发现了未来社会的发展趋势。在《德意志意识形态》、《共产主义原理》、《反杜林论》、《资本论》、《哥达纲领批判》等一系列著作中，他们依据唯物史观对资本主义社会进行批判，认为资本主义私有制是异化劳动的一个重要根源，必须废除资本主义私有制，“在协作和对土地及靠劳动本身的生产资料的共同占有的基础上，重新建立个人所有制”。① 马克思还强调，未来的社会主义新社会一定是建立在高度发达的社会生产力的基础之上，只有生产力的高度发展，个人的闲暇时间增多，人的“个性得到自由发展”，“个人会在艺术、科学等等方面得到发展”，“而个人的充分发展又作为最大的生产力反作用于劳动生产力”。② 因此，社会主义的出现不是少数人天才头脑偶然的发现，而是建立在生产力高度发展的物质基础之上的，符合人类历史发展必然规律的新的社会形态。

从社会形态的演变来看，迄今为止，人类社会发展所经历的原始社会、奴隶社会、封建社会、资本主义社会到社会主义社会。这种社会形态的更替，是生产力和生产关系、经济基础和上层建筑这一社会基本矛盾运动的结果。在生产力与生产关系的矛盾运动中，既不能脱离生产关系来孤立地考察生产力的发展，也不能脱离生产力的发展水平考察生产关系的变化。“只有把社会关系归结于生产关系，把生产关系归结于生产力的水平，才能有可靠的根据把社会形态的发展看作自然历史过程。”③ 这样，科学社会主义就把社会主义建立在生产力高度发达的物质基础之上，把社会主义建立在历史唯物主义的理论基础之上，从而使社会主义从空想变成了科学。

3. 对科学社会主义基本原则的不同理解

胡锦涛同志在党的十七大报告中指出，中国特色社会主义道路之所

① 《马克思恩格斯全集》第23卷，人民出版社1972年版，第832页。

② 《马克思恩格斯全集》第46卷下册，人民出版社1980年版，第218—219、225页。

③ 《列宁选集》第1卷，人民出版社1995年版，第8—9页。

以完全正确、之所以能够引领中国发展进步，关键在于我们既坚持了科学社会主义的基本原则，又根据我国实际和时代特征赋予其鲜明的中国特色。在当代中国，坚持中国特色社会主义道路，就是真正坚持社会主义。学术界在讨论“什么是科学社会主义的基本原则”时，有不同的认识。有学者把科学社会主义的基本原则概括为：第一，科学社会主义是以历史唯物主义为基石的社会主义，而不是以历史唯心主义或人道主义为基石的社会主义。第二，科学社会主义是“置于现实的基础之上”的社会主义，而不是主观构想出来的一个尽可能完善的空想社会主义的社会体系。第三，科学社会主义是适应社会化大生产发展的需要，并能促进社会化大生产发展的社会主义，而不是在小生产基础上形成的农业社会主义。第四，科学社会主义是以工人阶级为物质实现力量、以工人阶级政党为领导核心，通过无产阶级革命和无产阶级专政建立起来的，实行公有制和按劳分配的社会主义，而不是资产阶级或小资产阶级的改良主义的产物。第五，科学社会主义认为社会主义本质，是解放生产力，发展生产力，消灭剥削，消除两极分化，最终达到共同富裕，而不是贫穷、平均主义或两极分化。第六，科学社会主义的理想是实现共产主义，形成以每个人的自由发展为一切人自由发展条件的“自由人的联合体”，而不是社会民主主义或民主社会主义。第七，科学社会主义是遵循社会经济发展规律分阶段实现的一个发展过程，而不是离开生产力发展的实际一蹴而就或一劳永逸地就能实现的理想社会。第八，科学社会主义认为社会主义是一个在不断变革中不断完善的社会，而不是一成不变的僵化的社会。学习和牢记关于科学社会主义的这些科学原则，是我们澄清各种模糊的认识，坚定科学社会主义信念的重要思想武器。①

有的认为，生产资料公有制、消灭剥削压迫、维护社会公正、实现人民民主、保护可持续性发展等等，不仅是科学社会主义而且是各种社会主义流派首选的价值目标。还有的认为，社会主义价值是科学社会主义的一条重要原则。在社会主义产生以前，富有、快乐、幸福、公正、自由、平等、民主、博爱等价值就是人类共同的理想和生生不息的追求。在科学社会主义中，人类的社会理想以社会主义价值的形式得到了科学表达。马克思恩格斯批判地继承了 14—17 世纪文艺复兴运动以后

---

① 参见李君如：《伟大旗帜：中国特色社会主义》，《北京日报》2007 年 10 月 29 日。

的各种人道主义思潮和19世纪空想社会主义的价值取向，科学地分析了资产阶级鼓吹的“自由、平等、博爱”的两面性，并且揭示了未来社会主义社会的基本价值。恩格斯引用人类学家摩尔根《古代社会》中的一段话预言：“管理上的民主，社会中的博爱，权利的平等，普及的教育，将揭开社会的下一个更高的阶段，经验、理智和科学正在不断向这个阶段努力。这将是古代氏族的自由、平等和博爱的复活，但却是在更高级形式上的复活”。[①] 这表明，未来社会主义社会将是一个真正公正、民主、自由、平等、博爱的社会。共产党人坚持科学社会主义必然坚持社会主义价值。过去，我们曾对社会主义价值问题重视不够，甚至把公正、民主、自由、平等、博爱、人权、人道主义等原则当做资产阶级的专利加以否定和批判，使社会主义建设中长期见“物”不见“人”、见“原则”不见“人”，偏离人民群众生存和发展的各种需求，结果付出了沉重的代价。改革开放以来，我国总结了社会主义实践的深刻教训，逐步提出以人为本的价值取向和共富、公正、自由、平等、民主、互助、和谐等价值理念，体现了人类社会发展趋势和社会主义本质规定，反映了我国最广大人民群众的愿望和人类的共同社会理想。坚持社会主义价值，就是要求中国特色社会主义经济制度、政治制度、文化制度、社会制度框架和实践进程都必须围绕这些价值原则展开。[②]

这些概括都有一定的道理。邓小平同志曾经说过，我们搞改革开放没有丢老祖宗，老祖宗不能丢。改革开放以来，我们党提出的坚持四项基本原则，就是科学社会主义基本原则的重要内容。科学社会主义基本原则不是僵死的而是发展的。它包括：必须以历史唯物主义为理论基石，必须以实现共产主义为最高理想，必须以无产阶级政党为领导核心，必须以解放和发展生产力为根本任务，必须以人民群众为历史创造主体，必须坚持代表最广大人民的根本利益，必须与社会化大生产相联系、以公有制和按劳分配为社会主义经济制度的基础，必须以人民当家做主为社会主义民主政治的本质特征，必须坚持改革和完善社会主义制度和体制机制，必须坚持公平正义和共同富裕，等等。从认识论和价值论上看，科学社会主义是真理性与价值性、合规律性与合目的性的统

---

① 《马克思恩格斯选集》第4卷，人民出版社1995年版，第179页。

② 参见贾建芳：《什么是科学社会主义的基本原则》，《学习时报》2008年1月29日。

一，就是说，它既要反映社会发展客观规律所具有的科学性，又要反映历史创造主体具有的价值性，既要看到“物”又要看到“人”。科学社会主义的基本原则理所当然地包括社会主义价值原则。社会主义代替资本主义是社会发展的客观规律，工人阶级和广大人民群众掌握自己的命运是社会主义的基本价值。我们要从生产力发展的物质层面和工人阶级和广大人民群众的解放与发展的价值层面来全面把握科学社会主义的基本原则，要进一步从社会主义价值观的高度理解科学社会主义的价值理想和基本价值。从一定意义上说，社会主义的基本价值是在社会主义条件下无产阶级和劳动人民价值理想的实现。社会主义的基本价值不是凭空产生的，而是人类价值目标追求的延续和发展，是人类社会发展规律和社会主义本质的集中反映。

二、科学社会主义的价值理想

解放全人类，实现人的解放和人的自由全面发展，是马克思主义关于人类社会进步的最高价值追求，也是科学社会主义的价值理想。无产阶级和被压迫民族的解放与人和人类的解放问题是一个统一的整体，既不能把他们割裂开来，也不能把他们对立起来。

1. 人的生存与人的创造

马克思恩格斯认为，人的生存是人的发展前提。他们在《德意志意识形态》中指出：一切人类生存的第一个前提，也就是一切历史的第一个前提，这个前提就是：人们为了能够“创造历史”，必须能够生活。但是为了生活，首先就需要吃喝住穿以及其他一些东西。因此第一个历史活动就是生产满足这些需要的资料，即生产物质生活本身。就是说，人的发展必须首先要获得一定的物质生活资料，然后在生存需要得到基本满足的基础上，才能从事政治、科学、艺术、宗教等更高层次的实践活动。这是唯物史观揭示的一个最基本的原理。对此，恩格斯后来作了经典的概括，这就是：马克思发现了人类历史的发展规律，即历来为繁茂芜杂的意识形态所掩盖着的一个简单事实：人们首先必须吃、喝、住、穿，然后才能从事政治、科学、艺术、宗教等等。在这个基本前提下，马克思强调人的劳动具有历史的创造性，“全部所谓世界史不外是人通过人的劳动的诞生史，是自然界对人说来的生成”。[①] 在马克思看来，人的历史创造首先是通过劳动同自然界进行斗争，“劳动是人和自然之间的物质变换，是人类生活得以实现的永恒的自然必然性”。[②] 自然的必然性是第一位的，是人存在的前提和基础。就是说，人类从诞生的那一天起，就不能不受自然必然性的统治和奴役，这正如恩格斯所说：“最初的、从动物界分离出来的人，在一切本质方面是和动物本身一样不自由的”。[③] “当分工一出现以后，每个人就有了一定的特殊的活动范围，这个范围是强加于他的，他不能超出这个范围：他是一个猎人、渔夫或牧人，或者是一个批判的批判者，只要他不想失去生活资料，他就始终应该是这样的人”。[④] 这样，马克思主义就在唯物史观的前提下把自然与历史、劳动与创造、认识与价值有机地统一起来。[⑤]

2. 人的自由和全面发展

从价值理想看，实现人的自由和全面发展是科学社会主义的价值理想。1887 年 6 月，恩格斯在《对英国北方社会主义联盟纲领的修正》中说：“我们的目的是要建立社会主义制度，这种制度将给所有的人提供健康而有益的工作，给所有的人提供充裕的物质生活和闲暇时间，给所有的人提供真正的充分的自由”。[⑥] 1894 年恩格斯逝世前一年在《致朱泽培·卡内帕》的信中，还把人的自由和全面发展这一思想称作“未来新时代的思想”，以区别于但丁说过的“一些人统治，一些人受苦难”的旧纪元。可以说，科学社会主义的价值理想包括两个基本方面，一是人的自由，二是人的全面发展。

人的自由和全面发展与共产主义的远大理想是一致的。社会主义最终是实现共产主义，实现工人阶级和全人类的解放，使人类彻底摆脱动物界，从“自在的人”变为“自为的人”。马克思恩格斯认为，共产主义的未来社会“将是这样一个联合体，在那里，每个人的自由发展是一

① 《1844 年经济学哲学手稿》，人民出版社 1979 年版，第 84 页。
② 《马克思恩格斯全集》第 23 卷，人民出版社 1972 年版，第 56 页。
③ 《马克思恩格斯选集》第 3 卷，人民出版社 1972 年版，第 154 页。
④ 《马克思恩格斯选集》第 1 卷，人民出版社 1972 年版，第 37 页。
⑤ 李成斌：《坚持劳动价值论》，《马克思主义研究》1997 年第 5 期。
⑥ 《马克思恩格斯全集》第 21 卷，人民出版社 1965 年版，第 570 页。

切人的自由发展的条件”。[①] 这句话包含有三层意义：一是人的真正发展是指人的本质和特征能够真正得到充分发挥和发展。自由是指这种发挥和发展，不是出于生存的逼迫或社会关系的强制，而是人以人自己占有和享受自己的全面本质为出发点和归宿。二是马克思讲的是“个人”的自由发展，这种发展必然导致强调人的自由个性，这正是对人的个性差异性的肯定，它使人性丰富多彩地展现出来。强调人的自由个性，也是对个体在其发展过程中进行选择的自主性的肯定。就是说，个人的发展是一种以个人为主体的自觉、自愿、自主的发展。三是“每个人的自由发展”都是互为前提的，直接针对的就是资本主义社会将多数人的牺牲作为少数人享乐的条件，同时旨在表明这种自由发展是人人平等、没有例外的。可以说，“每个人的自由发展是一切人的自由发展的条件”，是人的发展的最高阶段和最高追求。[②]

马克思恩格斯批判那种以牺牲个人发展的异化的“虚假的集体”或“共同体”，强调只有在“真实的集体”中，或者说“只有在共同体中，个人才能获得全面发展其才能的手段，也就是说，只有在共同体中才可能有个人自由。”“在真正的共同体的条件下，各个人在自己的联合中并通过这种联合获得自己的自由”。[③] 这就是说，马克思主义创始人不仅把社会形态的发展看做是一个生产力与生产关系的矛盾运动的自然历史过程，也把每个人自由和全面的发展当做自己的理想目标的能动创造的社会历史过程。在共产主义的未来社会，不仅物质和精神财富得到了极大的发展，而且人的各种素质也得到了全面的发展。如果说，人类社会的发展归根到底是先进生产力不断取代落后生产力的历史进程，那么，人的自由和全面发展归根到底就是建立在遵循社会发展规律基础之上的并以广大人民群众根本利益为价值导向的全面发展。

人的自由和全面发展与共产主义的远大理想的实现是统一的过程。人的自由和全面的发展作为科学社会主义的价值理想，不能脱离社会主义和共产主义的历史发展来实现。马克思主义创始人关于未来社会的设想不是描绘某种具体的方案，而是运用辩证唯物主义和历史唯物主义的

---

① 《马克思恩格斯选集》第 1 卷，人民出版社 1995 年版，第 294 页。
② 参见徐春：《马恩论人的自由全面发展》，《学习时报》2007 年 10 月 15 日。
③ 《马克思恩格斯选集》第 1 卷，人民出版社 1995 年版，第 119 页。

方法论提出社会前进的方向。他们在批判资本主义的过程中发现了未来社会的发展趋势，强调共产主义社会将是每个人自由和全面发展的社会。这既是人的全面发展的最高形态，又是一个逐步提高、不断发展的历史过程。在《德意志意识形态》、《共产主义原理》、《反杜林论》、《资本论》、《哥达纲领批判》等一系列著作中，马克思、恩格斯认为，每个社会成员全面而自由发展的实现，需要彻底消灭阶级和阶级对立、城乡对立，建立无产阶级的民主，发展社会的生产力和科学文化，消除旧的分工，形成“自由人联合体”，实行按劳分配，而不是按需分配，等等。马克思批判资本主义社会存在的物的地位高于人的地位、物质财富高于人自身的财富异化现象，认为资本主义生产方式具有二重性，“物的世界的增值同人的世界的贬值成正比”①，社会物质财富的增长以牺牲人的全面发展为代价。“狂热地追求价值的增殖，肆无忌惮地迫使人类去为生产而生产，从而去发展社会生产力，去创造生产的物质条件；而只有这样的条件，才能为一个更高级的、以每个人的全面而自由的发展为基本原则的社会形式创造现实基础”。② 马克思还强调指出：“这种发展虽然在开始时要靠牺牲多数的个人，甚至靠牺牲整个阶级，但最终会克服这种对抗，而同每个个人的发展相一致”。③ 因此，代表未来发展方向的共产主义社会需要批判地吸取资本主义的物质和文化成果，摒弃资本主义的社会弊端。他们强调，人的自由和全面发展必须建立在高度发达的社会生产力的基础之上才能逐步实现。在未来的共产主义社会，由于生产力发展导致个人的闲暇时间增多，人的“个性得到自由发展”，“个人会在艺术、科学等等方面得到发展”，“而个人的充分发展又作为最大的生产力反作用于劳动生产力”。④ “人以一种全面的方式，也就是说，作为一个完整的人，占有自己的全面的本质”。⑤

这就是说，共产主义要在创造出更大的财富的基础上，充分满足人的物质和文化需要，从而进一步实现人的全面发展。而要做到这一点，社会首先必须把它自己和社会全体成员的生存条件、自由发展的条件都

① 《马克思恩格斯全集》第42卷，人民出版社1979年版，第90页。
② 《马克思恩格斯全集》第23卷，人民出版社1972年版，第649页。
③ 《马克思恩格斯全集》第26卷Ⅱ，人民出版社1973年版，第124—125页。
④ 《马克思恩格斯全集》第46卷下册，人民出版社1980年版，第218—219、225页。
⑤ 《马克思恩格斯全集》第42卷，人民出版社1979年版，第123页。

置于自己的控制之下，为每个社会成员全面而自由的发展提供条件。因此，马克思主义关于人的全面和自由的发展是和生产力的高度发展互为前提和基础的，是社会主义各个不同历史发展阶段逐步加以实现的发展过程，是未来共产主义社会才能最终实现的远大理想和目标。

3. 无产阶级和人类的解放问题

无产阶级和被压迫民族以及人和人类的解放思想，在马克思主义理论中占有重要地位。马克思主义的目标，归根到底就是不仅要解放无产阶级，而且要解放全人类。马克思主义关于无产阶级和被压迫民族以及人和人类的解放理论是建立在对资本主义的批判基础上的。从无产阶级和被压迫民族的解放到人和人类的解放，这是一个漫长的历史过程。无产阶级和被压迫民族的解放是人和人类的解放的前提，而人和人类的解放意味着无产阶级和被压迫民族的彻底解放。

第一，关于无产阶级解放的问题。无产阶级的解放，是马克思恩格斯著作中一个永恒的主题。这个主题涉及的问题十分丰富，包括无产阶级解放的条件、性质、目标、战略、策略、政党，等等。马克思本身就是一个革命家，他提出革命是历史的火车头，革命是劳动者的盛大节日等论断，认为无产阶级的解放必须通过革命来实现。必须通过革命来消灭私有财产和雇佣劳动制度，消灭自身的非人化的生活状态，消灭自己受奴役、剥削的社会条件，只有这样，才能抛掉自身的一切陈旧的肮脏东西，才能建立社会的新基础。马克思在《黑格尔法哲学批判》导言中提出，无产阶级是“被戴上彻底的锁链的阶级”，“不要求享有任何特殊的权利”，是人类解放的心脏。① 在无产阶级进行革命的过程中，马克思寄希望于把无产阶级与革命的实践哲学统一起来，使无产阶级的“物质武器”与解放自己的“精神武器”结合起来。这样，“哲学把无产阶级当作自己的物质武器，同样地，无产阶级也把哲学当作自己的精神武器；思想的闪电一旦彻底击中这块素朴的人民园地，德国人就会解放成为人。”②

第二，关于被压迫民族解放问题。被压迫民族的解放问题也是马克思恩格斯经常关注的一个焦点。他们有句名言：“任何民族当它还在压

① 参见《马克思恩格斯选集》第1卷，人民出版社1995年版，第14—15页。
② 《马克思恩格斯选集》第1卷，人民出版社1995年版，第15—16页。

迫别的民族时，不能成为自由的民族。”① 马克思认为，被压迫民族的解放与无产阶级的解放有着密切的联系。他在分析波兰的革命时说：“英国是一个无产阶级和资产阶级之间对立最为尖锐的国家。因此，英国无产阶级对英国资产阶级的胜利对一切被压迫者战胜他们的压迫者具有决定意义”，“应该在英国解放波兰，而不是在波兰解放波兰”。② 但是，由于马克思一直没有看到所希望的西欧无产阶级革命的发生，因而他在晚年特别寄希望于被压迫民族的革命特别是俄国的革命以推动西欧无产阶级革命的发生。例如，马克思说：“这一次，革命将从一向是反革命安然无恙的堡垒和后备军的东方开始。”③ 1880 年 1 月，恩格斯指出：“俄国革命可能会在今年爆发并且将使整个欧洲的面貌立即改变。”④ 类似的思想在马克思恩格斯的著作中还有很多，需要认真研究和总结。

第三，关于人和人类的解放问题。无产阶级和被压迫民族的解放，最终是为了建立社会主义和共产主义，使人民大众过上自由平等、幸福美好的生活，实现人和人类的解放。因此，我们既不能把无产阶级和被压迫民族的解放与人和人类的解放对立起来，又不能脱离无产阶级和被压迫民族的解放，片面谈论人和人类的解放问题。马克思运用唯物辩证法科学地分析了人和人类解放的价值指向和目标、人和人类解放的手段、人和人类解放的层次和路径等问题，强调共产主义作为人的解放的社会形式，“它是人和自然界之间、人和人之间的矛盾的真正解决，是存在和本质、对象化和自我确立、自由和必然、个体和类之间的抗争的真正解决。”⑤ 马克思指出：“任何解放都是把人的世界和人的关系回归人自己”。⑥ “人就是目的本身”、“人的根本就是人本身”、“人就是人的最高本质”，但是在资本主义社会，由于“人”的现实分裂、对立和异化，人变成了“非人”，人性沦丧为兽性、物性，这就需要通过阶级解放、政治解放、社会解放等方式，最终实现人的解放和人类解放。

① 《马克思恩格斯全集》第 4 卷，人民出版社 1958 年版，第 410 页。
② 《马克思恩格斯全集》第 4 卷，人民出版社 1958 年版，第 410 页。
③ 《马克思恩格斯全集》第 34 卷，人民出版社 1972 年版，第 275 页。
④ 《马克思恩格斯全集》第 34 卷，人民出版社 1972 年版，第 413—414 页。
⑤ 《1844 年经济学—哲学手稿》第 1 卷，人民出版社 1979 年版，第 73 页。
⑥ 《马克思恩格斯全集》第 1 卷，人民出版社 1956 年版，第 443 页。

"对人类解放目标的追寻是马克思精神的基本旨趣，也是人类精神永恒的共同主题。在当代人类生存处境下，人陷入到更深层的异化之中，人的世界历史正为拜物教的世界历史所取代，'物役'的弥散化带来更加残酷的'人役'。人类中心主义的奴役性信条粉碎之后，人的精神与世俗的出路并未呈现，马克思所憧憬的'自然的人道主义'或'人道的自然主义'依然只是一种'乌托邦'式的'幽灵'，也许这正是马克思所揭示的历史与伦理的二律背反特征的呈现，我们无须浪漫地去遮蔽，亦不必感叹而迷惘。然而，马克思主义依然能够而且非常有必要为当代性生存提供一种超越主义的'解放'的道德关怀和道德信念，以及一条真实可靠的人类解放的现实生成路径。对马克思主义的'解放'伦理范式的解读，就是为马克思主义的当代性敞显出有生命力的、真实而合理的精神内涵"。①

4. 人类从必然王国进入自由王国

马克思主义经典作家认为，未来社会是社会生产力高度发达和人的精神生活高度发展的社会，是人与人和谐相处、人与自然和谐共生的社会。这种社会也就是人类梦寐以求的共产主义社会，是人类一代又一代为之奋斗的伟大理想。

从一定意义上说，共产主义是合规律性与合目的性的统一，是必然王国与自由王国的统一。所谓合规律性，就是说共产主义是依据人类历史的发展规律，在批判资本主义的基础上提出来的科学结论；所谓合目的性，就是说，共产主义是依据人类历史的主体性、创造性，在建立人的主体能动性基础上提出的符合人的价值追求的社会。所谓必然王国，就是包括自然规律和社会发展规律在内的客观规律；所谓自由王国，就是对自然规律和社会规律认识而获得的自由。必然王国与自由王国是辩证的关系：必然王国是自由王国建立的基础，自由王国是对必然王国的认识、利用和改造。人类的发展特别是共产主义的发展，体现了合规律性与合目的性的统一，体现了社会发展规律与人民历史主体地位的统一。

共产主义的实现，也就是从必然王国向自由王国的过渡。在马克思恩格斯看来，要实现这一切离不开人的创造。其一，必须大力发展生产

---

① 杨楹：《论马克思解放理论的伦理旨趣》，《哲学研究》2005年第8期。

力。马克思恩格斯指出，社会变迁是随着生产力发展而变化的，“所有制是现存生产工具的必然结果”。① “随着新生产力的获得，人们改变自己的生产方式，随着生产方式即谋生的方式的改变，人们也就会改变自己的一切社会关系，手推磨产生的是封建主的社会，蒸汽磨产生的是工业资本家的社会。”② 马克思在《资本论》中更加强调生产方式的重要性，指出：“各种经济时代的区别，不在于生产什么，而在于怎样生产，用什么劳动资料生产。劳动资料不仅是劳动力发展的测量器，而且是劳动借以进行的社会关系的指示器。”③ 其二，必须建立适应生产力发展的新的生产关系。“人们生产力的一切变化必然引起他们的生产关系的变化”。④ 其三，必须实现人的个性的全面发展，发挥人的创造力。如果说，资本主义的劳动是一种异化的劳动，那么，在共产主义社会，劳动就“不仅仅是谋生的手段，而且本身成了生活的第一需要。”⑤ “生产劳动就不再是奴役人的手段，而成了解放人的手段，因此，生产劳动就从一种负担变成一种快乐。”⑥ 就可以“随自己的兴趣，今天干这事，明天干那事，上午打猎，下午捕鱼，傍晚从事畜牧，晚饭后从事批判，这样就不会使我老是一个猎人、渔夫、牧人或批判者。”⑦ 这样，社会的发展就开辟了一个新的境界：“生存斗争停止了，于是，人才在一定意义上最终脱离了动物界，从动物的生存条件进入真正人的生存条件。人们周围的、至今统治着人们的生活条件，现在却受到人们的支配和控制，人们第一次成为自然界的自觉的和真正的主人，因为他们已经成为自己的社会结合的主人了。人们自己的社会行动的规律，这些直到现在都如同异己的、统治着人们的自然规律一样而与人们相对立的规律，那时就将被人们熟练地运用起来，因而将服从人们的支配。人们自己的社会结合一直是作为自然界和历史强加于他们的东西而同他们相对立的，现在则变成他们自己的自由行动了。至今一直统治着历史的客观的异己

---

① 《马克思恩格斯选集》第1卷，人民出版社1995年版，第104页。
② 《马克思恩格斯选集》第1卷，人民出版社1995年版，第142页。
③ 《马克思恩格斯全集》第23卷，人民出版社1972年版，第204页。
④ 《马克思恩格斯全集》第1卷，人民出版社1995年版，第152页。
⑤ 《马克思恩格斯选集》第3卷，人民出版社1995年版，第305页。
⑥ 《马克思恩格斯选集》第3卷，人民出版社1995年版，第644页。
⑦ 《马克思恩格斯选集》第1卷，人民出版社1995年版，第85页。

的力量，现在处于人们自己的控制之下了。只是从这个时候起，人们才完全自觉地自己创造自己的历史；只是从这时起，由人们使之起作用的社会原因才大部分并且越来越多地达到他们所预期的结果。这是人类从必然王国进入自由王国的飞跃。”①

这样，人类从必然王国到自由王国的飞跃则意味着在两方面完成了历史的变革：

一是在阶级关系上，共产主义的实现标志着阶级的消灭。马克思恩格斯作为思想家，毕生关注的就是人类的历史命运，就始终怀有终极的人文关怀。马克思强调：“共产主义的博爱则从一开始就是现实的、直接追求实效的博爱。”② 这种共产主义博爱不同于资本主义的博爱，因为资本主义社会是“有产阶级和无产阶级同是人的自我异化”，③ 而共产主义社会则是人的本质复归。用马克思的话说就是：“这种共产主义，作为完成了的自然主义，等于人本主义，而作为完成了的人本主义，等于自然主义；它是人和自然界之间、人和人之间的矛盾的真正解决，是存在和本质、对象化和自我确立、自由和必然、个体和人类之间的抗争的真正解决。它是历史之谜的解答，而且它知道它就是这种解答。”④ 这样，消灭阶级后的人就是“真正自由的人”，人终于成为自己社会结合的主人，从而也就成为自然界的主人，成为自己本身的主人——自由的人。

二是在劳动关系上，共产主义的实现标志着异化劳动的消灭。马克思指出：“自由王国只是在由必需和外在目的规定要做的劳动终止的地方才开始。因而按照事物的本性来说，它存在于真正物质生产领域的彼岸。像野蛮人为了满足自己的需要，为了维持和再生产自己的生命，必须与自然进行斗争一样，文明人也必须这样做；而且在一切社会形态中，在一切可能的生产方式中，他都必须这样做。这个自然必然性的王国会随着人的发展而扩大，因为需要会扩大；但是，满足这种需要的生产力同时也会扩大。这个领域内的自由只能是：社会化的人，联合起来

---

① 《马克思恩格斯选集》第3卷，人民出版社1995年版，第757—758页。

② 《1844年经济学—哲学手稿》，人民出版社1979年版，第74页。

③ 《马克思恩格斯全集》第2卷，人民出版社1957年版，第44页。

④ 《1844年经济学—哲学手稿》，人民出版社1979年版，第73页。

的生产者，将合理地调节他们和自然之间的物质变换，把它置于他们的共同控制之下，而不让它作为盲目的力量来统治自己；靠消耗最小的力量，在最无愧于和最适合于他们的人类本性的条件下来进行这种物质变换。但是不管怎样，这个领域始终是一个必然王国。在这个必然王国的彼岸，作为目的本身的人类能力的发展，真正的自由王国，就开始了。但是，这个自由王国只有建立在必然王国的基础上，才能繁荣起来。工作日的缩短是根本条件。"① 这个论述既强调了社会关系的变革，也强调了人与自然关系的变革，深刻体现了马克思主义关于发展的世界观和方法论。恩格斯在《自然辩证法》中说过："我们统治自然界，决不像征服者统治异族人那样，决不是像站在自然界之外的人似的，——相反地，我们连同我们的肉、血和头脑都是属于自然界和存在于自然之中的；我们对自然界的全部统治力量，就在于我们比其他一切生物强，能够认识和正确运用自然规律。"② 共产主义作为人类从必然王国到自由王国的飞跃，标志着人类认识自然和改造自然的能力和水平空前提高。因此，我们要更加自觉地加强物质文明、政治文明、精神文明、社会文明乃至生态文明建设，处理好人与自然、人与社会、人与人的关系，建立生态伦理、经济伦理和社会伦理，利用自然、开发自然、保护自然，努力开创生产发展、生活富裕和生态良好的文明发展道路，在经济社会全面协调可持续发展的基础上，最终实现马克思主义创始人提出的人的自由和全面发展的伟大理想。

三、中国特色社会主义的价值目标与核心价值

中国特色社会主义是科学社会主义与中国国情相结合的产物。它既坚持了科学社会主义的基本原则，又根据我国实际和时代特征赋予其鲜明的中国特色。中国特色社会主义的价值目标与核心价值，体现了社会主义的基本价值原则，反映了社会主义在我国发展的本质要求。

1. 社会主义价值目标与社会主义本质统一

胡锦涛同志在党的十七大报告中指出：中国特色社会主义道路，就是在中国共产党领导下，立足基本国情，以经济建设为中心，坚持四项

① 《马克思恩格斯全集》第 25 卷，人民出版社 1974 年版，第 926—927 页。

② 《马克思恩格斯选集》第 4 卷，人民出版社 1995 年版，第 383—384 页。

基本原则，坚持改革开放，解放和发展社会生产力，巩固和完善社会主义制度，建设社会主义市场经济、社会主义民主政治、社会主义先进文化、社会主义和谐社会，建设富强民主文明和谐的社会主义现代化国家。这个论述不仅从道路和制度层面揭示了我国社会主义现代化建设的总体布局，而且从理论和价值层面上进一步确定了社会主义核心价值体系的现实目标。

具体说来，社会主义核心价值体系的现实目标就是团结动员全党全国各族人民为建设富强、民主、文明、和谐的社会主义现代化国家而奋斗。“富强、民主、文明、和谐”这八个字，凝结了中国特色社会主义的要义，体现了社会主义核心价值体系的精髓。富强是中华民族梦寐以求的美好夙愿。近代以来，为改变国家积贫积弱的状况，无数仁人志士苦苦寻求富民强国之路，直到中国共产党把马克思主义与中国实际相结合，才赢得了民族独立、人民解放，建立了社会主义制度，开创了中国特色社会主义道路，为国家强盛、民族振兴提供了现实途径。民主是中国共产党人的崇高价值追求，也是社会主义的应有之义。我们党历来以实现和发展人民民主为己任，在革命时期就高高举起民主的旗帜，新中国成立后为实现人民当家做主、建设社会主义法治国家进行了不懈努力。我们始终认为，民主不是资本主义的专利，社会主义应该也能够创造出比资本主义更高层次的民主。文明是社会进步的重要标志，也是中国特色社会主义的重要特征。中华民族曾经创造了辉煌灿烂的文明，为人类发展进步作出了巨大贡献。在当代中国人民的伟大奋斗中，必将迎来社会主义文化的大发展、大繁荣，中华民族将以更加文明进步的形象屹立于世界民族之林。和谐是中国传统文化的基本理念，也是中国特色社会主义的本质属性。面对前所未有的机遇和挑战，要把中国特色社会主义推向前进，必须把构建社会主义和谐社会摆在重要位置，促进社会公平正义，努力形成全体人民各尽其能、各得其所而又和谐相处的生动局面。总之，富强、民主、文明、和谐是我们整个国家、民族的奋斗目标，坚持马克思主义指导思想，树立中国特色社会主义共同理想，弘扬民族精神和时代精神，践行社会主义荣辱观，都是为了实现这个目标，必须在全社会唱响富强、民主、文明、和谐的时代主旋律。①

社会主义价值目标是由社会主义的本质决定的。邓小平同志指出："社会主义的本质，是解放生产力，发展生产力，消灭剥削，消除两极分化，最终达到共同富裕。"② 邓小平同志关于社会主义本质论的提出，既从根本上把握住了历史唯物主义最注重发展生产力的观点，又从价值观上确立了共同富裕的目标，具有重大的理论和实践意义。社会主义本质论体现了社会历史发展的合规律性与合目的性的统一，反映了马克思主义历史观和价值观的统一。社会主义作为科学理论，是建立在人类发展客观规律基础之上的；社会主义作为价值目标，是建立在以人民群众为社会历史发展主体的基础之上的。

从价值观上看，社会主义社会必须以人为本，不能见物不见人。人们常常说，物质贫困不是社会主义，精神贫困也不是社会主义。我们既要见物也要见人，既要重视物质的作用，也要重视精神的作用。那种忽视人的全面发展，只重物质或只重精神的做法都是片面的，其结果只能使社会主义失去应有的生机与活力。历史上，曾有人把人的全面发展说成是社会主义追求的唯一目标，而把社会主义以共同富裕为目标，说成是在追求消费主义，是使社会主义失去其真正目标。这种把人的全面发展同生产力的高度发展、同人的共同富裕割裂开来和对立起来的观点，是没有根据的。人与物是辩证的统一。人的全面发展必须有一定的社会生产力作为基础。在生产力的诸要素中，人是第一要素。要解放、发展生产力，首先就要解放人，不断提高人的素质，增强人的能力，促进人的全面发展。

社会主义价值目标是社会主义优越性的体现，社会主义制度为实现人民当家做主和人自由全面发展提供了制度保障。社会主义作为比资本主义更高的社会形态，一个重要因素在于社会主义革命从根本上消灭了旧的剥削制度，广大劳动人民翻身做了主人，极大地调动了他们的积极性、创造性，极大地解放了生产力。而社会主义改革是对社会主义制度的完善，目的就是为了解放和发展生产力，更好地调动人的积极性、主

---

① 见刘云山：《深入推进社会主义核心价值体系建设　巩固全党全国人民团结奋斗的共同思想基础》，《党建》2008年第4期。

② 《邓小平文选》第3卷，人民出版社1993年版，第373页。

动性、创造性。尤其在科学技术日新月异、知识经济的时代，人的因素在生产力中的作用更加突出，人力资源和人力资本的重要性日益明显。人是生产力中最具有决定性的力量，努力促进、不断推进人的全面发展，不断提高人们的思想道德素质、科学文化素质、健康素质、劳动技能和其他的创造才能，充分发挥他们的积极性、主动性和创造性，本身就是解放生产力、发展生产力题中应有之义；消灭剥削、消除两极分化，把人们从种种不利于生产力发展的社会束缚中解放出来，正是为努力促进、不断推进人的全面发展创造必需的社会前提；而共同富裕则是人的全面而自由发展的物质基础和最终结果。因为只有实现共同富裕，才能使每个社会成员都能像其他人一样自由地发挥他们的全部力量和才能，并用自己的发展去促成全体社会成员的全面发展，而全体社会成员的共同富裕，又正是每个人全面而自由发展的必然要求。这样，社会主义价值目标与社会主义本质就在社会主义的理论与实践的基础上实现了统一。

2. 中国特色社会主义的核心价值

众所周知，改革开放以来我们党的理论创新成果都是围绕建设中国特色社会主义这个主题展开的，都是抓住党的建设这个关键深化的，都是贯穿解放思想、实事求是、与时俱进这个马克思主义活的灵魂的，都是坚持始终代表中国最广大人民根本利益这个马克思主义立场的。建设社会主义核心价值体系，不仅要反映马克思主义的普遍原理，而且要进一步反映新时期我们党创立的中国特色社会主义理论体系。包括邓小平理论、“三个代表”重要思想以及科学发展观等重大战略思想在内的中国特色社会主义理论体系，创造性地探索和回答了什么是马克思主义、怎样对待马克思主义，什么是社会主义、怎样建设社会主义，建设什么样的党、怎样建设党，实现什么样的发展、怎样发展等重大理论和实际问题，从多方面丰富发展了马克思主义的哲学、政治经济学和科学社会主义理论，进一步拓展了马克思主义的新境界。中国特色社会主义的核心价值，作为中国特色社会主义理论体系的重要组成部分，体现了富强、民主、文明、和谐社会主义核心价值观和中国特色社会主义的价值目标，反映了立党为公、执政为民的宗旨，代表了中国最广大人民的根本利益。如果说，富强、民主、文明、和谐是中国特色社会主义的价值目标，那么，中国特色社会主义的核心价值可以用“以人为本，科学发展，社会和谐，共建共享”这十六个字来概括。

——关于以人为本。在发展目的上，要坚持以人为本。以人为本，是社会主义社会追求的价值目标。它反映着中国特色社会主义的发展目的。以人为本是科学发展观的核心，也是社会主义基本价值的核心。人是目的而不是手段。坚持以人为本，既要反对见物不见人的“物本”，又要反对权力崇拜的“官本”，还要反对金钱至上的“资本”。从某种意义上说，社会主义可以说是以人为本的社会。以人为本之所以成为中国特色社会主义的核心价值，就是因为社会主义作为资本主义的对立面，必须消除资本主义社会不可避免的矛盾，克服资本主义社会存在的各种异化现象，充分发挥社会主义的优越性和增强社会主义的吸引力。我们党提出坚持以人为本，就是要以实现人的全面发展为目标，把最广大人民的根本利益作为党和国家一切工作的出发点和落脚点，从实现好、维护好、发展好最广大人民的根本利益出发谋发展、促发展，做到发展为了人民、发展依靠人民、发展成果由人民共享。

——关于科学发展。在发展手段上，要坚持科学发展。科学发展，是社会主义社会的价值实现途径。它反映着中国特色社会主义的发展手段。从某种意义上说，社会主义可以说是科学发展的社会。科学发展作为中国特色社会主义的核心价值，就是因为社会主义作为资本主义的对立面，必须消除资本主义社会的发展弊端，避免重复资本主义的发展道路，实现经济社会又好又快的发展，坚持、巩固和发展社会主义。我们党提出科学发展，就是要以经济建设为中心，全面推进经济、政治、文化和社会建设，不断推进经济社会的全面协调可持续发展，走出一条生产发展、生活富裕、生态良好的文明发展道路。科学发展，还包括和谐发展、和平发展，就是要走出一条不同于资本主义武力扩张的和平发展道路，努力推动建设持久和平、共同繁荣的和谐世界。

——关于社会和谐。在发展状态上，要实现社会和谐。社会和谐是中国特色社会主义的本质属性。它反映着中国特色社会主义的发展状态。从某种意义上说，社会主义是社会和谐的社会。社会和谐作为中国特色社会主义的核心价值，就是因为社会主义作为资本主义的对立面，必须消除资本主义社会人与人、人与社会的不和谐状态，建立和谐的经济、政治、文化和人际关系，最终促进和实现人的全面发展。就是说，我们建设的社会主义是全面发展、共同富裕的社会主义，我们追求的发展是惠及全体人民和子孙后代的发展，我们要走的发展道路是不同于资本主义的又好又快的发展道路。我们党提出社会和谐，就是要构建民主法治、公平正义、诚信友爱、充满活力、安定有序、人与自然和谐相处的社会主义和谐社会，就是要以经济建设为中心，全面推进经济、政治、文化和社会建设，实现经济发展和社会全面进步；要统筹城乡发展、统筹区域发展、统筹经济社会发展、统筹人与自然和谐发展、统筹国内发展和对外开放，推进生产力和生产关系、经济基础和上层建筑相协调，推进经济、政治、文化、社会建设的各个环节、各个方面相协调；要促进人与自然的和谐，实现经济发展和人口、资源、环境相协调，坚持走生产发展、生活富裕、生态良好的文明发展道路，保证一代接一代永续发展。

——关于共建共享。在发展结果上，要体现共建共享。共建共享，是社会主义公平正义的本质体现。它反映着中国特色社会主义的发展结果。从某种意义上说，社会主义是共建共享的社会。共建共享作为中国特色社会主义的核心价值，就是因为社会主义作为资本主义的对立面，必须消除资本主义社会存在的两极分化现象，解放生产力，发展生产力，消灭剥削，消除两极分化，最终实现共同富裕。我们党提出共建共享，就是要维护社会公平正义，使社会主义的各项事业体现社会主义的本质，就是要让全体人民共享改革发展的成果。社会主义是人民群众自己的伟大事业。构建社会主义和谐社会是艰巨复杂的系统工程，只有动员广大人民群众共同参与，才能使这一宏伟目标变成现实；构建社会主义和谐社会是造福全体人民的伟大事业，只有让人民群众不断从和谐社会建设中得到实惠，才能使和谐社会建设成为广大人民群众的自觉行动。我们党历来尊重人民群众的主体地位和首创精神，历来重视激发广大人民群众的参与热情和创造活力，历来强调最大限度地实现好、维护好、发展好广大人民群众的根本利益。我们必须把共同建设、共同享有和谐社会贯穿于和谐社会建设的全过程，积极动员广大人民群众共同参与，真正做到在共建中共享、在共享中共建，使广大人民群众共同得到实惠，使各项事业真正体现中国特色社会主义的核心价值。

3. 中国特色社会主义价值目标的实现是一个历史过程

社会主义社会是全面发展和全面进步的社会。这种全面发展和全面进步不仅要体现在社会的经济、政治、文化、社会的发展上，而且要体现在人的全面发展上。早在改革开放之初，邓小平同志就提出，不但要建设高度的物质文明，也要建设高度的精神文明。江泽民同志进一步指出，要不断促进社会主义物质文明、政治文明和精神文明的协调发展。胡锦涛同志更加强调，要按照中国特色社会主义总体布局，建设富强民主文明和谐的社会主义现代化国家。可以说，富强民主文明和谐是中国特色社会主义价值目标，中国特色社会主义的发展决不能偏离这个目标。社会主义作为比资本主义更高的社会形态，一个重要因素在于克服了资本主义的各种弊端，消除了人压迫人、人剥削人的现象。社会主义价值目标的实现是社会主义优越性的体现。社会主义价值目标，不仅要体现在经济、政治、文化、社会的发展上，而且要体现在人的全面发展上。

我国是通过新民主主义革命走上社会主义发展道路的。由于我国建立了人民民主专政，实行了社会主义制度，废除以生产资料私有制为基础的经济制度，消除了资本主义社会人的异己力量，这就为实现人民当家做主和人的解放，为促进人的全面发展提供了制度保障，开辟了广阔的前景，从而进一步显示出社会主义制度高于资本主义制度的优越性。新中国成立 60 多年来特别是改革开放 30 多年来，在中国共产党的领导下，我国的社会主义经济、政治、文化、社会建设等方面都取得了前所未有的历史性进步。但也要看到，由于我国还处在社会主义初级阶段，这种初级阶段的社会主义是在经济文化相对落后的条件下建立的，是在生产力还不太发达的基础上建立的，我们发展先进的生产力、先进的政治制度和先进的文化不能一蹴而就，我们还不能一下子达到马克思恩格斯所设想的那种共产主义每个人自由而全面发展的程度。这就决定了实现社会主义价值目标必须从社会主义初级阶段的实际出发。

社会主义价值目标的实现，必须发展先进的生产力、先进的政治制度和先进的文化，必须利用人类社会创造的一切文明成果，促进全民族的思想道德素质、科学文化素质和健康素质的提高，促进建设中国特色社会主义事业的全面发展，促进人的认识和改造自然、社会以及自身能力的全面发展。必须看到，尽管改革开放使我国的经济建设和社会进步取得了很大成就，但与世界上发达的国家相比，我们无论在经济增长方式、劳动力素质、科技创新能力等方面都还有很大的差距。特别是从计划经济到社会主义市场经济的转变，城市中劳动力市场、人才市场的形成，以及全方位、多层次、宽领域的对外开放，提高了人们迁徙和择业的自由程度，人们的精神状态从消极被动转向积极主动，出现了许多新的变化，自主意识、竞争意识、效率意识、公平意识、民主法制意识、开拓进取意识不断得到提高。这些变化为社会主义价值目标的实现提供了许多新的条件。

马克思指出："人类始终只提出自己能够解决的任务，因为只要仔细考察就可以发现，任务本身，只有在解决它的物质条件已经存在或者至少是在生成过程中的时候，才会产生"。[①] 社会主义价值目标的实现与推进经济、政治、文化、社会的发展是一个辩证统一的历史发展过程。随着科技革命的发展，综合国力的竞争，人才日益成为科技进步和经济社会发展最重要的资源。历史经验证明，人的素质水平的高低，受教育程度，人的价值观念、思维水平、行为方式和创新意识等现代化的程度，直接决定了社会主义建设事业的成败。必须看到，尽管改革开放使我国的经济建设和社会进步取得了很大成就，但与世界上发达的国家相比，我们无论在经济增长方式、劳动力素质、科技创新能力等方面都还有很大的差距。所以，我们党提出，要坚定不移地实施科教兴国战略，大力提高全民族的思想道德素质、科学文化素质和健康素质，提高知识创新和科技创新能力，加强教育与经济、科技的结合，加快实现经济增长方式和经济体制的根本转变，把经济建设真正转到依靠科技进步和提高劳动力素质的轨道上来。我们要把实现社会主义价值目标同不断推进社会经济和文化的发展统一起来，同不断改善最广大人民群众的物质文化生活统一起来。要按照中国特色社会主义建设的总体布局，全面把握经济建设、政治建设、文化建设、社会建设以及生态文明建设和党的建设之间的辩证关系，进一步处理好物质与精神的关系、公平与效率的关系，进一步解放和发展生产力，进一步改革那些不适应生产力发展的生产关系和上层建筑，使社会主义物质文明、政治文明、精神文明、社会文明和生态文明相辅相成、协调发展。

可以断言，只要我们不断提高工人、农民、知识分子和其他劳动群众的思想道德素质、科学文化素质和健康素质，不断提高他们的劳动技能和创造才能，充分发挥他们的积极性、主动性、创造性，我们就能够

① 《马克思恩格斯选集》第 2 卷，人民出版社 1995 年版，第 33 页。

使人的全面发展同经济、文化的发展互为前提、互相促进，就能够通过人的全面发展创造越来越多的社会物质文化财富，通过人民的生活水平的提高进一步推进人的全面发展，中国特色社会主义的价值目标就一定能够实现。

第四章　建设社会主义核心价值体系与批判继承人类共同价值

人类有没有共同价值？怎样认识人类创造的共同价值？对这个问题的正确认识和科学回答十分重要。社会主义核心价值体系不是凭空产生的，必须批判继承人类社会创造的一切文明成果，包括人类创造的具有普遍意义的民主法治、自由平等、公平正义、保障人权等思想价值观念。这些思想价值观念不是资本主义的专利，而是属于人类政治文明发展的有益成果。

一、正确认识人类创造的共同价值

世界文化的多样性或文明的多样性决定了人类创造价值的多样性。人类创造的共同价值，主要是指人类创造的多样性文明成果。它既包括西方的文明成果，也包括东方的文明成果；既包括古代的文明成果，也包括现代的文明成果。不能把人类创造的共同价值看做仅仅是西方的文明成果及其价值，更不能把西方的文明成果及其价值当做是普世价值。

1. 进一步深化对人类创造的共同价值的认识

2006 年 4 月，胡锦涛同志在美国耶鲁大学发表演讲时强调，我们将大力推动经济社会发展，依法保障人民享有自由、民主和人权，实现社会公平和正义，使 13 亿中国人民过上幸福生活。在这里，胡锦涛同志提出的关于依法保障人民享有自由、民主和人权，实现社会公平和正义的主张，事实上回答了如何认识自由、民主、人权以及社会公平和正义等一系列人类创造的共同价值问题。2007 年 2 月，温家宝总理在《关于社会主义初级阶段的历史任务和我国对外政策的几个问题》一文中也指出："要尊重文化的多样性。现在世界上有两千多个民族，人类文明随着多种民族的相互交往而不断丰富和发展。世界文化的多样性或文明的多样性，不仅过去存在，现在存在，将来也会长期存在。科学、民主、法制、自由、人权，并非资本主义所独有，而是人类在漫长的历史进程中共同追求的价值观和共同创造的文明成果。只是在不同的历史阶段、不同的国家，它的实现形式和途径各不相同，没有统一的模式，这种世界文明的多样性是不以人们主观意志为转移的客观存在。正是这种多样文化的并存、交汇和融合，促进了人类的进步。要承认世界文化的多样性，不同文化之间不应该互相歧视、敌视、排斥，而应该相互尊重、相互学习、取长补短，共同形成和谐多彩的人类文化”。[①] 这段论述所提出的重要观点，对于我们进一步深化对人类创造的共同价值的认识，建设社会主义核心价值体系具有重要的意义。

我们党一贯重视人类创造的文明成果。但由于历史的原因，在改革开放之前，我们对资本主义社会提出的民主、法制、自由、平等、博爱、人权等意识形态色彩浓厚的概念认识不足。特别是“文化大革命”中更是对这些思想观念进行错误的批判，严重干扰了社会主义民主法制建设。针对这种状况，党的十二届六中全会通过的《中共中央关于社会主义精神文明建设指导方针的决议》明确指出：在人类历史上，在新兴资产阶级和劳动人民反对封建专制制度的斗争中，形成民主和自由、平等、博爱的观念，是人类精神的一次大解放。马克思主义批判地继承资产阶级的这些观念，又同它们有原则的区别。从根本上说，资产阶级民主是为维护资本主义制度服务的。社会主义在消灭阶级压迫和剥削的基础上，为充分实现人民当家做主，把民主推向新的历史高度开辟了道路。应当说，《决议》提出的这个重要观点，对于我国的改革开放和社会主义现代化建设发挥了重要的指导作用，极大地促进了人们的思想解放和社会主义精神文明建设。

这里需要特别指出的是，民主的含义十分复杂，不仅有阶级性，而且有民族性。过去有人认为，“民主无东西方之分”，企图否定民主的阶级性，这是不正确的；还有人认为，“民主”是一个外来语，源于希腊文，其基本含义是指“多数人的统治”。这种言必称希腊的观点，也值得商榷。在马克思主义的民主理论传入中国之前，关于民主的含义有两种：一是封建主义的民主，即帝王、官吏为民之主，所谓“天惟时求民主”（《尚书·多方篇》）；二是资本主义的民主，即主权在民、以民为主。从字面的形式上看，后者虽是对前者的继承，但在内容上是对前

① 《人民日报》2007年2月27日。

者的根本否定。当然，社会主义民主也不是天上掉下来的，而是对资本主义民主的继承和发展。20 世纪初期，资本主义的民主思想观念对世界产生了很大的影响。当时我国思想界在翻译卢梭《民约论》时，蒋智由曾写诗称赞道：世人皆欲杀，法国一卢骚。民约倡新义，君威扫旧骄。力填平等路，血灌自由苗。文字收功日，全球革命潮。① 应当说，早期的资产阶级民主思想对推动中国革命的形成和发展产生了积极的作用。中国革命胜利后，我们建立了社会主义经济、政治的基本制度。社会主义民主必须批判继承资本主义民主的合理成分，它应当比资本主义民主具有广泛的民主性。社会主义民主的本质是人民当家做主，使人民享有管理国家、社会、企业等基本权利。由此可见，“民主”的含义是历史的、发展的。简而言之，它经历了从封建主义的民主、资本主义民主到社会主义民主的历史演变。我们在使用“民主”一词时，不能自觉不自觉地把社会主义“人民当家做主”的民主与封建主义“为民做主”的民主、资本主义抽象的“主权在民”的民主混同起来。

2. 辩证看待资本主义文明成果

文明是人类改造自然、社会和人自身的物质和精神成果的总和，是经济社会发展和文化创造进步的结晶。迄今为止，人类文明已经历了史前原始文明、封建主义文明、资本主义文明、社会主义文明等不同文明形态。资本主义文明作为社会主义文明的前身，不仅继承和发展了人类的古代文明，而且按照资产阶级自己的价值观创造了资本主义文明。

对于资本主义文明成果，马克思主义经典作家历来主张要辩证看待。马克思恩格斯在《共产党宣言》中指出：“资产阶级，由于开拓了世界市场，使一切国家的生产和消费都成为世界性的了……资产阶级，由于一切生产工具的迅速改进，由于交通的极其便利，把一切民族甚至最野蛮的民族都卷到文明中来了”。② 就是说，资本主义文明具有世界性和扩张性，资本主义生产的商品化、社会化驱使资产阶级在全球各地进行扩张，开拓市场、寻找资源、推销商品乃至思想价值观念。在这个资本主义的扩张过程中，经济全球化具有二重性：一方面，由于打破国家和民族之间的隔绝状态，从而有利于生产力的发展；另一方面，由于

---

① 转引自王一川：《现代性的颜面（上）》，《文艺争鸣》2006 年第 5 期。

② 《马克思恩格斯选集》第 1 卷，人民出版社 1995 年版，第 276 页。

不同国家和民族之间的矛盾冲突加剧，不利于文化和文明多样性的保存。特别是发达的资本主义大国总要千方百计地凭借自己的经济、政治、军事、文化等方面优势，常常利用武力强行侵略经济文化相对落后的国家和民族，给人类带来了深重的灾难。

资本主义在发展生产力的同时，也发展了资本主义的思想观念和价值体系。资本主义的思想观念和价值体系，是以资本主义私有制为经济基础、以自由、平等、博爱以及个人主义为核心内容的资产阶级意识形态。如同"人们自觉地或不自觉地，归根到底总是从他们阶级地位所依据的实际关系中——从他们进行生产和交换的经济关系中，获得自己的伦理观念"①一样，这种资产阶级意识形态渗透和体现在资本主义社会的各个领域，是资本主义生产方式、生活方式在思想观念领域的反映。资本主义的思想观念和价值体系，对于维护资本主义社会的内部统治具有重要的作用。马克思指出："在考察历史进程时，如果把统治阶级的思想和统治阶级本身分割开来，使这些思想独立化，如果不顾生产这些思想的条件和它们的生产者而硬说该时代占统治地位的是这些或那些思想，也就是说，如果完全不考虑这些思想的基础——个人和历史环境，那就可以这样说：例如，在贵族统治时期占统治地位的概念是荣誉、忠诚，等等，而在资产阶级统治时期占统治地位的概念则是自由、平等，等等"。② 历史上，新兴的资产阶级高举自由的旗帜，反对封建专制，推动了资本主义社会的发展。

然而，在资本主义条件下，人类还无法实现人人享有"自由、平等和独立"的梦想。因为资本主义的自由是以资本主义的财产关系为基础的。谁拥有的财产多，谁享有的自由就越多。对于资本主义自由的虚假性和阶级对立问题，马克思说过："先生们，不要受自由这个抽象字眼的蒙蔽！这是谁的自由呢？这不是一个普通的个人在对待另一个人的关系上的自由。这是资本压榨劳动者的自由。当这种自由不过是自由竞争基础上的必然产物时，怎么还能把自由竞争奉为自由的观念呢？"③ 马克思深刻揭示了资本主义自由源于其生产关系的本质，也就是雇佣劳动

① 《马克思恩格斯选集》第 3 卷，人民出版社 1995 年版，第 434 页。
② 《马克思恩格斯选集》第 1 卷，人民出版社 1995 年版，第 99—100 页。
③ 《马克思恩格斯选集》第 1 卷，人民出版社 1995 年版，第 227—228 页。

的一端是资本家，一端是雇佣工人。资本家手中掌握着资本，工人支配着自己的劳动力，资本家自由地买，工人自由地卖。从形式上看，资本与工人都是自由的，但是在这对矛盾中，归根结底，资本处于矛盾的主导方面，因而这种自由的实质是资本的自由和工人的不自由。正如马克思所说的："在自由竞争情况下，自由的并不是个人，而是资本。"① 因为雇佣工人"把自己的劳动力卖给资本家时所缔结的契约，可以说像白纸黑字一样表明了他可以自由支配自己。在成交以后却发现：他不是'自由的当事人'，他自由出卖自己劳动力的时间，是他被迫出卖劳动力的实践；实际上，他'只要还有一块肉、一根筋、一滴血可供榨取'，吸血鬼就决不罢休。"② 正因为如此，马克思主义历来强调自由的阶级性和具体内容。认为在阶级社会，自由不是抽象的，而且有具体的阶级内涵的。有统治阶级的自由，就没有广大被压迫人民的自由。只有被压迫人民实现普遍的自由，才有真正的自由。

当然，自由的思想观念源远流长，它们不是资本主义的专利。从字面上看，自由是指人的自主性，即自己做自己的主人。据作家郑仲兵考证，"自由"的概念，中国古已有之。一开始可能没有出现"自由"这个词语。但如《庄子》的"逍遥"、《老子》的"无忧"、《孟子》的"乐"、"浩然之气"等都具有"自由"的含义。到了汉魏六朝，中经隋唐五代宋元，直至明清，"自由"一词和它的概念，已普遍被使用；不论六经的疏注，史记的编年纪传，也不论汉赋唐诗，宋词元曲，还是明清小说笔记，都不乏关于自由的宏论和对不自由的叹息。自由的"自"字，甲骨文是鼻子的象形。因为人的自称往往指着自己的鼻子。所以"自"字为人之自谓也。"由"字，原意指树木的主要枝条，具有从、因、已、行的意思。自、由二字联起来，就是从自己而长出来的，或由自己产生的。在中国古代，人们把自由的本意解释为"率行己意"，就是今人所谓自己做主，按自己意志办事（非他人强迫）的意思。中国古代学者开始广泛使用"自由"一词，似在东汉。如赵岐（公元 108—201）、郑玄（字康成，公元 127—200）在注释"五经"时，都多次使用"自由"词语和概念。

---

① 《马克思恩格斯全集》第 46 卷下册，人民出版社 1980 年版，第 159 页。

② 《马克思恩格斯全集》第 23 卷，人民出版社 1972 年版，第 334—335 页。

在古人那里，自由主要有几层意思：

一是指婚姻自由。古乐府《孔雀东南飞》中说："吾意久怀忿，汝岂得自由。"明末孟称舜在《娇红记》一剧中，也写了一对男女的婚恋悲剧，青年男女申纯和王娇娘，因自求婚爱而不得，至双双殉情。在娇娘认识申纯不久，就意识到婚姻不自由将会压倒他们俩。她唱道："婚姻儿怎自由，好事常差谬。多少佳人错配了鸳鸯偶。夫妻命里排，强难求。有几个美满恩情永到头；有几个鸾凤搭上鸾凤配；有几个紫燕黄鹂误唤俦？相邂逅，人生福慧总双修。问天公，一霎风流，怕无分也难消受。"

二是指行动自由。如《后汉纪·灵帝纪》写道："方今权宦群居，同恶如市，上不自由，政出左右。"郑玄注："不见尊者，行自由，不为容也，入则容。"（不见尊者的时候，行走且自由，可以不守礼度；见了尊者，行走就不自由了，必须遵守礼度。）郑康成这里讲的自由，是行止自由，但当时的行止自由是受等级制度下"礼"所规定和约束的。因此，这里的自由或不自由，又属于社会等级自由的范畴。

三是指认识自由。《易》的经、传原文中虽然未见"自由"这个词，但它的注家——唐朝经学家孔颖达（574—648）揭示了个中秘密，点化出"自由"二字。如《易·需卦》九三爻："需于泥，致寇至。"象传曰："需于泥，灾在外也。自我致寇，敬慎不败也。"孔颖达在《周易正义》中这样解释："灾在外者，释需于泥之义。言为需，虽复在泥，泥犹居水之外，即灾在身外之义，未陷其刚之义，故可用需，以免自我致寇。敬慎不败者，自由也。由我欲进而致寇来，已若敬慎，则不有祸败也。"孔颖达的意思是，人滞留于水边泥土上，灾害还在外面，虽然可能遭致寇敌（泛指祸害），但只要思想上有警惕，行动十分谨慎，而不盲目鲁莽从事，等待有利时机，就可以避免失败，这就是自由。

四是指"威福自由"与"生杀自由"。中国经历了数千年的权力专制社会。权力即自由，权力的大小决定着社会人们的自由度，这是权力专制社会自由问题的本质。"威福自由"和"生杀自由"是权力专制社会自由的两个基本内容和表征。它们皆因权力而生。有权力在手，可以任意作威作福，可以任意生杀予夺。"威福自由"，语出《后汉书·阎皇后纪》："兄弟权要，威福自由"。说的是，东汉安帝的皇后阎姬，颇有才色，入宫后甚得宠爱，封为贵人。翌年立为皇后。因为“后宠既盛，而兄弟颇与朝权”，他们勾结权臣，把持朝政。先是毒死皇子的母亲李氏；不久又将太子保废掉；安帝病死，他们秘不发丧；发丧后，阎后即尊为“皇太后”，亲临朝政。为了长期掌握最高权力，他们故意选定幼童——北乡侯懿为“少帝”，并任命其兄显为“车骑将军，仪同三司”（掌握军政大权的最高官员），其弟景为卫尉（位列九卿，掌管宫门警卫），弟耀为城门校卫（掌管京师城门屯兵），弟晏为执金吾（掌管京师治安长官），完全控制了朝政。所以范晔说：“兄弟权要，威福自由”。范晔这句话，一针见血地道出了专制社会权力与自由间的逻辑关系：因“权要”而“威福”，因“权要”而“自由”。而且，范晔还具体化了“威福自由”的内容——不仅指无所顾忌的穷奢极欲，而且指如阎皇后及其兄弟那般倚仗权势，随情所欲地要弄阴谋和阳谋。范晔在《后汉书》中多次用了“自由”字眼，夹叙夹议地提到权势——自由的问题。这似和他为官不得志（不自由）及对汉魏六朝权力之争情况了解、感受尤深有关。他最后就是死于权势阴谋的刀下。“生死自由”语出《魏书·尔朱荣传》：“（尔朱世隆）既总朝政，生杀自由，公行淫佚，无复畏避，信任朝小，随其与夺。”尔朱世隆是北魏末年著名权臣——尔朱荣的从弟，为人残暴，本是无德、无才、无勇之辈。只因倚仗从兄的“兄弟权要”，又善事阴谋而发迹。尔朱荣发兵洛阳，杀灵太后、3岁皇帝元钊及公卿士2 000人，并立长乐王子攸为庄帝，“世隆预其谋”。尔朱荣被庄帝杀死后，世隆又参预了弑杀庄帝，主持立长广王元晔为帝，后改立广陵王羽之子元恭为帝，获得显赫权位——“开府仪同三司、尚书令、乐平郡王，加太傅司州牧，增邑五千户”。魏牧写道：“世隆兄弟群从，各拥强兵，割剥四海，极其暴虐。奸谄蛆酷多见信用，温良名士罕预腹心。于是天下之人莫不厌毒”。这是又一个因“兄弟权要”获取“威福自由”，进而获取“生杀自由”的典型。“威福自由”和“生杀自由”是权力专制社会必然要出现的两颗毒瘤。前者是专权者政治、经济、生活腐败成性的表现，后者是专权者残暴嗜杀成性的表现。“生杀自由”，从一般意义上说，是专制社会权力作为绝对权威的象征；从特定意义上说，它又是专制社会矛盾，特别是权力斗争发展到极致的表现，成为权力再分配的手段。正因为如此，“生杀自由”者也是不自由的。往往一夜之间，又会身首异处于他人“生杀自由”之下。前面讲的东汉阎皇后的兄弟，北魏尔朱世隆及其家族，结果大抵如此。

五是指“百事自由”。范晔在《后汉书·五行志》中写道：“樊崇等立刘盆子为天子，然视之如小儿，百事自由。”刘盆子是汉朝宗室子弟，被赤眉军俘虏后，因祸得福，立为“天子”，年方十五（十四周岁），被视为“小儿”，亦不足为怪。然樊崇等造反军首领“视之如小儿，百事自由”，主要的原因在于，他们利用了刘盆子汉室宗亲的血统，权当造反夺权的招牌和工具。樊崇等大权在握，自然“百事自由”。而刘盆子无权无势，不过一介“儿皇帝”，自然百事不得自由。无独有偶。《后汉纪·灵帝纪》写道：“方今权宦群居，同恶如市，上不自由，政出左右。”东汉灵帝之所以不自由，是因为“权宦群居，同恶如市”，“政出左右”。这是东汉末年时势所然。东汉自刘秀起家，不过两三朝，到明帝以后，就出现了宦官与外戚作恶的“黑暗时期”。到灵帝之际，宦官权力达到顶峰，内外官职几乎全部被宦官集团占据。灵帝甚至低三下四地称权宦张让和赵忠为父母，真是可怜之至。加上士族称雄，豪强并据，以及黄巾等农民起义蜂起……当皇帝的怎么能够自由呢？灵帝之后，东汉就转入了分裂时期。纵观数千年的中国古代史，我们看到，专制集权国家，一旦社会矛盾发展到专制而不能集权的阶段，作为权力的最高象征——皇帝，也就不可能有自由了。皇帝不自由的故事还有很多。比如，唐朝初年，史家李延寿在《北史·独孤皇后传》中讲了一段隋文帝“贵为天子，不得自由”的故事：“后（独孤皇后）性尤妒忌，后宫莫敢进御。尉迟迥女孙有美色，先在宫中。帝于仁寿宫见而悦之，因得幸（宠爱）。后伺帝听朝，阴杀之。上大怒，单骑从苑中出，不由径路，入山谷间三十余里；高颎、杨素等追及，扣马谏。帝太息曰：‘吾贵为天子，不得自由’。”“吾贵为天子，不得自由”，什么意思？“贵为天子”在权力专制社会中，本该是“朕即自由”，有为所欲为的自由。怎么连“玩”几个女人的“自由”都没有？但这毕竟是皇帝的“自由”和自由观，和常言中的“自由”，和老百姓的自由观念，离得太远，风马牛不相及。鲁迅在五四运动期间，曾引述隋文帝说自己“贵为天子，不得自由”这段故事，并作了精彩的发挥。他在《人心很古》（1919.5.《新青年》）中写道：“这又不是与现在信口主张自由和反对自由的人，对于自由所下的解释，丝毫无异么?”的确，一切权力专制者，在主张或反对“自由”时，他们只能也只愿意对自由的内涵作隋文帝般的理解。鲁迅借此抨击了所谓“世道浇漓，人心不古”的一类昏话。他认为，由此看来，问题恰恰相反，“现在的人心，实在古得很呢”！非常有意思的是，中国古典文学作品中，也有关于皇帝“不自由”的描写。被冠以“中国十大悲剧”之一元代马致远的《汉宫秋》，就说了汉元帝迫于匈奴的进犯，决定将自己最宠爱的妃子王昭君下嫁给匈奴单于呼韩邪。他与昭君分别时愁肠万断，唱道：“虽然似昭君般成败都皆有，谁似这做天子的官差不自由！情知他怎收那膘满的骅骝。往常时翠轿香兜，兀自倦朱帘揭绣，上下处要成就。谁承望月自空明水自流，恨思悠悠。”“谁似这做天子的官差不自由”，可谓千古绝唱！之所以“绝”，当然在于马致远唱出了汉元帝和王昭君婚爱“不自由”的悲剧，唱出了皇帝老子也会有“不自由”的政治历史事实。但是，必须指出，历史的真实情况，本不是《汉宫秋》剧情那样。汉元帝不是被逼无奈而下嫁王昭君，而是在汉朝强盛、匈奴衰弱时期，为了进一步控制羁縻匈奴首领所采取的积极和亲政策。马致远的深意，也是绝唱之“绝”，在于通过他所演义的汉匈争战而酿出的汉元帝与王昭君婚爱不自由的悲剧，巧妙而真实地道出在元朝民族统治和压迫下的不自由，道出内心悲怆愤激之情。

六是指精神自由。自由是人之所以为人的需要，是人之所以为人最重要的主体意识。因此，作为人类的“大脑”——知识界，对于自由的感受和认识最为灵敏、最为强烈、最为深刻，而且往往会把它升华为所谓心灵上、思想上、情感上的需求和反映。中国古代文化遗产中有关自由的记述中，也清楚地反映了这一点。正因如此，中国古代文人往往会与专制权贵的意志和作为相抵触，往往因此罹致不幸和劫难——冷遇、贬谪、发配、监禁、杀身……由是，他们对自由的感受也就愈真、愈切、愈深。在诗歌王朝的唐代，杜甫有“送客逢春可自由”，柳宗元有“欲采苹花不自由”、唐代诗人杜牧在《登九峰楼寄张祜》诗中：“百感衷来不自由”、刘商有“寸步东西不自由”等等，反映了古代士大夫阶层心灵深处对自由的叹息和呼唤。①

① 参见郑仲兵:《中国古代文化中的自由观念》,《东方文化》1995 年第 3 期。

现在，自由一般被赋予两层含义：它既是指对客观规律的认识和对客观世界的改造，又是指公民享有的合法的民主权利和义务。马克思又指出："自由就是从事一切对别人没有害处的活动的权利。每个人所能进行的对别人没有害处的活动的界限是由法律规定的，正像地界是由界标确定的一样。"① 有一种观点认为，自由是不受任何限制的。这是不符合历史和事实的。被称为资产阶级自由主义始祖的约翰·洛克也明确提出："任何政治也不许可绝对自由"：政治这个观念就是根据某些要求人遵奉的规则或法律建立社会，而绝对自由观念乃是任何人为所欲为。我能够像确信数学中任何命题的正确性一样确信这命题的正确性。② 资产阶级法制思想的奠基人之一孟德斯鸠说："政治自由并不是愿意做什么就做什么"，"自由是做法律许可的一切事情的权利；如果一个公民能够做法律所禁止的事情，他就不再有自由了，因为其他的人也同样会有这个权利。"③ 这一经典思想此后被资本主义的宪法和法律相继以法律的条文固定下来。如，1789 年法国国民议会通过的《人权与公民权宣言》规定：自由就是指有权从事一切无害于他人的行为。因此，各人的自然权利的行使，是以保证社会上其他成员能享有同样权利的行使，是以保证社会上其他成员能享有同样权利为限制。此等限制仅得由法律规定之。这个宣言载入 1791 年法国宪法，成为后来各资本主义宪法效法的一条基本原则。现代美国资产阶级思想家杜威也说："公民自由永远不是绝对的"，"只有一个在哲学上的无政府主义者才主张言论自由包括怂恿别人从事杀人、放火和抢劫的权利。所以在具体情况下，公民自由就意味着法庭对它们所解释的意义"。"自由是相对于既有的行动力量的分配情况而言的，这意味着没有绝对的自由，同时也必然意味着在某一地方有自由，在另一地方就有限制。在任何时候存在的自由系统总是在那个时候存在的限制或控制系统。如果不把某一个人能做什么，同其他的人们能做什么和不能做什么关联起来，这个人就不能做任何事情。"④ 可见，政治自由受到法律规定或约束，这是资产阶级

① 《马克思恩格斯全集》第 1 卷，人民出版社 1956 年版，第 438 页。
② 参见罗素：《西方哲学史》下卷，商务印书馆 1976 年版，第 146 页。
③ 孟德斯鸠：《论法的精神》上册，商务印书馆 1961 年版，第 154 页。
④ 杜威：《人的问题》江苏教育出版社 2006 年版，第 98、106 页。

思想家反复强调的观点，正因为如此，资本主义随着其政治、经济和文化的发展，制定了一条有利于其统治的严密的法律体系，保护资本主义的自由。所以，我们不能一般地或笼统地说，资产阶级自由是绝对自由，或绝对自由就是资产阶级自由。“绝对自由”是无政府主义者的观点，不能代表资产阶级的观点，更不能代表无产阶级的观点。

总之，马克思主义对资本主义自由是作具体分析的：一方面，肯定在人类历史上，在新兴资产阶级和劳动人民反对封建专制制度的斗争中，形成民主和自由、平等、博爱的观念，是人类精神的一次大解放；另一方面，它又指出在资本主义制度下，资产阶级宪法标榜的自由无法直接真正实现。原因乃是资本主义社会是受资本、金钱操纵、控制的社会，由于财富占有的不平等，无产阶级和劳动人民无法充分地享受到资本主义宪法规定的民主权利。例如，劳动人民的被选举权问题很难实现（资本主义社会的选举受财团操纵，这是资本家直言不讳的事实）。按照马克思主义的设想，自由的真正实现必须在废除生产资料私有制、社会生产力高度发展的基础上，充分实现工人阶级及广大劳动人民当家做主才有可能。也就是说，资本主义宪法标榜的“人人生而平等自由”的理想只有通过社会主义才能真正实现。在马克思恩格斯看来，未来共产主义社会，“代替那存在着阶级和阶级对立的资产阶级旧社会的，将是这样一个联合体，在那里，每个人的自由发展是一切人的自由发展的条件”。① 用恩格斯在《家庭、私有制和国家的起源》中摘录的摩尔根的话说，社会主义“将是古代氏族的自由、平等和博爱的复活，但却是在更高形式上的复活”。②

3. 怎样看待“普世价值”

“普世价值”是近年来思想理论界争论的一个热点问题。争论的焦点不在于“普世价值”这个概念，而是西方的民主、自由、人权是不是“普世价值”。

据学者考证，“普世”（ecumenism）一词源自希腊文 oikoumene，意指整个有人居住的世界。公元 395 年，罗马帝国分裂为东、西两个帝国，基督教也分化为东、西两派，“普世”的概念最早是由基督教东、

① 《马克思恩格斯选集》第 1 卷，人民出版社 1995 年版，第 294 页。
② 《马克思恩格斯选集》第 4 卷，人民出版社 1995 年版，第 179 页。

西两派为争夺在整个罗马帝国的影响力而提出和使用的。第一次世界大战后，欧美一些新教教会发起了旨在争取全世界基督教各派联合的“普世运动”，主张“教会是超国家、超民族、超阶级的普世实体”。国内使用的“普世价值”概念是从“普遍伦理”概念演化而来的。20世纪60年代，西方出现了颓废派运动，传统道德观念受到猛烈冲击。为挽救资本主义世界的精神危机，一些西方神学家发起了“全球伦理”运动。1993年9月，世界宗教议会全体大会通过了《全球伦理：世界宗教议会宣言》，1997年这个《宣言》被译成汉语。受“全球伦理”运动影响，联合国教科文组织于1997年建立了“普遍伦理计划”，并于1998年6月在北京召开了“从中国传统伦理看普遍伦理”的亚洲地区专家会议，会上有学者提出了“普遍价值”这个概念。当时，大陆学界讨论问题主要使用的还是“全球伦理”、“世界伦理”、“普遍伦理”、“普遍价值”等概念，很少有人用“普世价值”。而在台湾，“普世价值”较早就被学界和政界使用。陈水扁在2000年和2004年两次“就职演说”中都使用了这个概念，他所说的“普世价值”，指的就是西方的自由、民主、人权。被称为“网上百科全书”的“维基百科”中有“普世价值”（universal values）的词条，其解释大体有三层意思：其一，“在哲学或人文科学上，普世价值泛指那些不分畛域，超越宗教、国家、民族，任何一个自诩文明社会的人类，只要本于良知与理性皆认同之价值、理念”；其二，“广义，没有确切内容，一般都是自话自说，没有广泛认同”；其三，“代词，即‘民主、自由、法制、人权’的另一种说法”。①

我们认为，民主、自由、人权是人类共同的价值追求，但不能简单地把它们说成是“普世价值”。就是说，民主、自由、人权是人类在长期奋斗中共同创造的文明成果，必须承认它们所具有的积极进步的历史作用，同时又必须承认民主、自由、人权的具体实现方式和道路在不同的国家、不同的历史发展阶段有所不相同。不能把西方的民主、自由、人权当作惟一的模式，世界上没有统一的一成不变的固定模式。还要看到，“普世价值”的争论是一个意识形态色彩很强的政治问题。近些年来，一些人不顾我国国情，不顾大多数人民群众的利益和愿望，无视改

① 文平：《“普世价值”辨析》，《红旗文稿》2009年第10期。

革开放的成功经验和历史结论，鼓吹要搞新自由主义、民主社会主义；声称西方所说的民主、自由、人权是“普世价值”，我国的发展要以它们为准则。这些观点和社会思潮的实质，就是要否定马克思主义指导地位，取消中国特色社会主义理论体系的指导。对此，我们要有清醒的认识。要看到，无论是新自由主义、民主社会主义，还是西方的民主、自由、人权，都不会给我们的国家和人民带来福祉，如果引进和盲从它们，必然会给国家和人民带来灾难。这方面，我们可以从近年来世界上发生的一些大事件中得到警示：西方一些人在拉美、非洲等地区推行新自由主义，不仅没有给那里的人民带来福音，而且它推行到哪里就把风险和灾难带到哪里，这次国际金融危机又把灾难带给了全世界；苏联、东欧等一些国家的执政党放弃社会主义道路，搞民主社会主义，不仅没有出现繁荣，反而导致了亡党亡国的结局；西方把他们的“民主、自由、人权”等美化为所谓“普世价值”，使许多人上当，并成为策动一些国家“颜色革命”和一些地区动乱的思想武器，成为西方发达国家干涉别国内政、实现自己战略图谋的工具。我们要深刻认识这些错误观点和思潮的危害性，决不能让它们干扰我们的思想和我们的事业。①

当然，我们不主张使用“普世价值”的概念，并不等于否定国际社会存在着公认的基本和普遍价值。2008 年 5 月 7 日，我国政府在与日本签订的《中日关于全面推进战略互惠关系的联合声明》明确指出：“为进一步理解和追求国际社会公认的基本和普遍价值进行紧密合作，不断加深对在长期交流中共同培育、共同拥有的文化的理解。”② 应当说，国际社会公认的基本和普遍价值体现在经济、社会、文化、环境等各个领域。比如，随着全球气候变暖和人口规模的不断增长，为了应对人类生存和发展方面带来的严峻挑战，迫切需要国际社会环境保护、防灾减灾、卫生防疫、预防犯罪、科技进步等方面进行合作。这就需要在这些领域确立国际社会公认的基本和普遍价值。再比如，国际社会在体育领域所确立的“更高、更快、更强”奥林匹克精神就是具有普遍意义的基本价值。同样，2008 年北京奥运会提出的“同一个世界，同一

---

① 参见中共中央宣传部理论局：《六个“为什么”——对几个重大问题的回答》，学习出版社 2009 年版，第 18—19 页。

② 《人民日报》2008 年 5 月 8 日。

个梦想”的口号，也具有国际的普遍意义因而为国际奥林匹克大家庭所广泛接受。因此，承认世界存在具有普遍意义的共同价值，既符合人类社会发展进步的客观规律，更体现了人类社会未来发展的全球化要求。

二、社会主义自由的理论和实践问题

社会主义自由问题在马克思主义的自由理论中占有重要的地位。自由不仅是我们党反帝反封建的理论武器，而且是我们党领导人民为之奋斗的崇高理想。由于各种复杂历史原因，我们在认识和实践社会主义自由问题上走过了曲折的道路。改革开放以来，我们党找到了一条正确的适合国情的中国特色社会主义民主政治发展道路，我们必须在社会主义民主法制即社会主义宪政的框架下实践我国宪法规定的自由。

1. 争取自由是中国共产党为之奋斗的崇高理想

早在新民主主义革命时期，毛泽东同志就代表中国共产党庄严地宣告：“我们共产党人，多年以来，不但为中国的政治革命和经济革命而奋斗，而且为中国的文化革命而奋斗；一切这些的目的，在于建设一个中华民族的新社会和新国家。在这个新社会和新国家中，不但有新政治、新经济，而且有新文化。这就是说，我们不但要把一个政治上受压迫、经济上受剥削的中国，变成一个政治上自由和经济上繁荣的中国，而且要把一个被旧文化统治因而愚昧落后的中国，变为一个被新文化统治因而文明先进的中国。一句话，我们要建立一个新中国”。① 这个新中国是一个什么样的中国？简言之，就是毛泽东同志 1945 年在《论联合政府》中提出的，建立一个独立、自由、民主、统一和富强的新国家。

自由作为新中国建国的一个伟大目标，包含两方面的内容：

其一，社会主义社会所要的自由首先是争取民族独立的自由。百年来，无数革命先烈为之前赴后继、英勇牺牲、艰苦奋斗的目标就是争这个。中华人民共和国今天已经自立于世界民族之林，这是一个不可否认的事实。在争取国家独立的意义上，我们可以自豪地说：中华民族已经获得自由了，不再需要仰洋人之鼻息，看某个大国的脸色行事了。这是一个了不起的跨世纪的进步。

---

① 《毛泽东著作选读》上册，人民出版社 1986 年版，第 349 页。

其二，社会主义社会所要的自由包括个人的自由。有些人认为，社会主义社会不要个人的自由，这是不对的。的确，在社会主义发展史上，曾经有过一些特殊的时期，或由于客观斗争的残酷，或由于主观指导的失误，曾经对个人自由过多地限制，这也是历史事实。但不能由此得出社会主义社会否定个人自由的错误观点，恰恰相反，最大限度地争取最大多数人的个人自由正是社会主义社会为之奋斗的目标。这充分体现在马克思主义创始人所提出的这样一个命题中：在共产主义社会中，个人的独创的和自由的发展不再是一句空话。①

当然，在上述民族自由与个人自由的关系中，应当坚持辩证的观点：一方面，为了民族的自由生存，无数个人甚至要自觉牺牲自己的个人自由；另一方面，在争得民族独立自由的前提下，每个个人的自由要切实通过法律去保障。

民族自由与个人自由的关系实质是集体与个人的关系。民族自由是实现个人自由的前提，个人自由是民族自由的充分体现。只承认个人自由，不承认个人自由的前提——集体自由；或者只承认集体自由，不承认集体自由的具体表现——个人自由都是不正确的。这个道理是很明显的。因为社会是集体与个人的统一，任何个人都不能摆脱集体与个人的矛盾之外。“只有在集体中，个人才能获得全面发展其才能的手段，也就是说，只有在集体中才可能有个人自由”。② 这是问题的第一方面；另一方面，也应当批判那种片面强调“集体”而压制、贬低个人的偏向。那种以“左”的面目出现的否定“人的个性自由发展”的做法，也不是马克思主义的观点。事实上，马克思恩格斯指出：“在过去的种种冒充的集体中，如在国家等等中，个人自由只是对那些在统治阶级范围内发展的个人来说是存在的，他们之所以有个人自由，只是因为他们是这一阶级的个人。从前各个个人所结成的那种虚构的集体，总是作为某种独立的东西而使自己与各个个人对立起来；由于这种集体是一个阶级反对另一阶级的联合，因此对于被支配的阶级说来，它不仅是完全虚幻的集体，而且是新的桎梏。在真实的集体的条件下，各个个人在自己

---

① 参见《马克思恩格斯全集》第 3 卷，人民出版社 1960 年版，第 516 页。

② 《马克思恩格斯全集》第 3 卷，人民出版社 1960 年版，第 84 页。

的联合中并通过这种联合获得自由”。[①] 马克思恩格斯的这段话值得我们认真体味。它对于纠正在实现社会主义自由的历史过程中，曾发生的某些违反社会主义本质压制个人自由的“左”的做法具有重要意义。

有人认为社会主义社会没有自由，这要具体分析。社会主义中国从根本上消灭了几千年的剥削制度，中国人民翻身、解放，当家做主，从这个意义上讲，这正是被压迫阶级获得的最大的自由。与此同时，在社会主义社会里，是不是有人没有自由呢？有的。比如，社会主义基本制度建立初期，那些在旧社会曾经压迫劳动人民的地主阶级、官僚资本家和各种反动派，就没有自由。当然，对于这些阶级中的成员，只要他们接受新社会的改造，拥护中国共产党、拥护社会主义制度，他们也可以成为新人，重新获得自由。中国共产党这一劳动改造政策曾经显示了巨大的历史威力，取得了举世瞩目的成就，如末代皇帝及许多国民党战犯的改造问题，都是有口皆碑的。

不必讳言，在处理社会主义社会阶级斗争的问题上，在自由问题上曾出现过失误，这是不容置辩的历史事实。但党的十一届三中全会以来，我们党逐步纠正这些错误，使我国重新纳入民主与法制的轨道，这也是历史事实。对于我们党走过的曲折道路，有许多人，反思“文化大革命”的历史教训，为寻求改革的历史出路，避免重犯历史错误，进行了许多有益的探索，这必须得到肯定。但同时，也确有极少数人走向另一极端，否定社会主义中国存在自由，幻想在中国实现西方式的、资本主义的自由。

中国能实现西方式的自由吗？否。

第一，西方自由的基础是资本主义所有制。只有在资本主义所有制的前提下，才能发展自由市场经济从而形成一整套的自由体系。新中国成立以来，中国通过无数先烈的流血奋斗选择了以公有制为主体的社会主义制度，怎么可能幻想在公有制为主体的前提下，去实现西方式的一套自由制度呢？无怪乎一些幻想资本主义救中国的“精英”们看出了其中的奥妙，主张中国只有通过改制，才能实现西方式的自由。

第二，西方式的自由果真能救中国吗？不能。中华人民共和国成立

① 《马克思恩格斯全集》第3卷，人民出版社1960年版，第84页。

之前，一些革命的先行者企图通过资本主义道路救中国，没有行得通。今天，一些不明历史的人通过“四小虎”的崛起，企图推演中国大陆如果走资本主义道路，实现西方式的自由，一定能够实现民族的振兴。这至多是善良的愿望。须知，中国的发展问题即实现现代化问题，是全世界独特的难题，如果没有一个强有力的中央政府领导，不要中国共产党的领导，不走社会主义道路，而企图直接过渡到自由竞争的市场经济，必然要导致国家的解体、民族的分裂乃至长时期新的社会大动乱。这样的历史结局难道是正直的中国人所愿意看到的吗？

2. 树立社会主义自由观

社会主义自由与资本主义自由的内容有本质区别，但在形式上有一点是共同的，就是自由是指公民享有的合法的民主权利。所以，无论在资本主义社会，还是在社会主义社会，自由——作为公民享有的合法的民主权利都载入了宪法，以国家大法的形式固定下来。我国是工人阶级（通过共产党）领导的、以工农联盟为基础的人民民主专政的社会主义国家。随着新中国的建立和社会主义基本制度的确立，社会主义自由将从理想变为现实。社会主义自由具有两个最鲜明的特点：一是从不讳言自由的阶级性；一是强调自由的最广泛的人民性。这就是说，在阶级社会中，或在有阶级存在的社会中，自由具有鲜明的阶级性，不同的阶级具有不同的自由。人的自由取决于国家政权的阶级性质。可以这样说，所谓自由，就是一个人在一定性质的政权下所处的社会政治地位。在我国，社会主义制度从宪法和法律上规定了公民的平等的政治地位，不允许凌驾于他人之上的“特殊公民”的存在，人和人之间的关系是平等的同志式的关系。在社会主义社会，随着政治、经济、文化和社会的全面发展，广大劳动人民必将享有广泛而真实的自由权利。

《中华人民共和国宪法》规定：公民有言论、出版、集会、结社、游行、示威的自由。有信仰宗教的自由和不信仰宗教、宣传无神论的自由。公民的人身自由不受侵犯等等。很明显，所有这些自由均是我国公民享有的合法的民主权利。它们是社会主义社会的题中之意。从理论来源上说，是对资本主义宪法批判继承的结果。但长期以来，由于缺乏对自由全面科学的理解，一方面，人民不懂得如何正确行使这些合法的民主权利；另一方面，由于领导者的失误和不正确地干预，致使我国的政治生活走了一条风风雨雨、曲曲折折的道路。

党的十一届三中全会以来，我们党纠正了“文化大革命”的极左错误，摒弃以阶级斗争为纲，坚持以经济建设为中心，坚定不移地进行经济体制改革，坚定不移地进行政治体制改革，坚定不移地加强精神文明建设，并且使这几方面互相配合，互相促进。为了适应社会主义现代化建设的需要，为了适应党和国家生活民主化的需要，在以邓小平、江泽民同志为核心的第二代、第三代中央领导集体和以胡锦涛同志为总书记的党中央领导下，对党和国家领导制度以及其他制度进行了一系列的改革，并根据中国特色社会主义发展的新经验重新修改了宪法，确立了加强社会主义民主和健全社会主义法制的根本原则，进一步实行依法治国这一党领导人民治理国家的基本方略。可以相信，随着我国的宪法得到逐步实施，人民的自由度会越来越大，高于资本主义民主政治的社会主义民主政治必将在中国实现。

这里还要说明的是，对自由的各种观点需要具体分析。从理论上说，要澄清关于自由的不科学的观念；从实践上说，要纠正处理自由问题时不正当干涉的错误。

关于自由的不科学观念有哪些呢？梁启超指出：“自由者，权利之表征也。凡人所以为人者有二大要件，一曰生命，二曰权利。二者缺一，时乃非人。故自由者，亦精神界之生命也。”“自由之国民，其常要服从之点有三：一曰服从公理，二曰服从本群所自定之法律，三曰服从多数之决议”。①

（1）要纠正把自由与法律对立起来的观念。由于我国未经过资本主义充分发展阶段，人们的法治观念十分淡薄，有相当数量的人以为自由就是无拘无束（“文化大革命”的无法无天甚至被视作大自由）。实际上，自由绝不是不受法律约束与制约的。合法的行为就会自由；违法的行为就会不自由。

（2）要纠正把自由与纪律对立起来的观念。如果说，法律是社会范围的规范，那么可以说纪律是团体范围内的规范。人不仅生活在社会中，而且活动在某一团体中。所以，人的行为若想自由，除了遵守社会法律外，还要服从团体的纪律（当然，法律、纪律本身是否合理这是另外一个问题）。

---

① 《梁启超选集》上海人民出版社 1984 年版，第 158、159 页。

（3）要纠正把自由与道德对立起来的观念。人的行为除了受法律、纪律约束外，还要受道德的约束。所谓道德，就是对人所负的责任与义务的评价。一个不负责任的人，一个不承担义务的人决不会自由。

（4）要纠正把个人自由与他人自由对立的观念。个人与他人的矛盾亦即个体与群体的矛盾。群体是由个体组成的，个体不能脱离群体。为了群体的自由可以牺牲个体的自由（如无数先烈的民族救亡），但为了个体的自由必须发展群体自由。否则，专制制度会以群体的名义抹杀个性、扼制个人自由。马克思把集体视作个人获得全面发展和自由的手段和条件的根据就在这里。手段和条件者，非目的也。

（5）要纠正脱离社会发展空谈自由的观念。历史的每一进步，都是迈向自由的台阶。从根本上说，人的自由（个体的、群体的）都要受历史的生产方式（生产力、生产关系）、认识方式制约。只有发展生产、改造社会（自然作为社会的基础，是社会的一部分）、提高认识，才能充分实现自由。

关于自由的不正当干涉有哪些呢？

根据我国的宪法，公民的自由无非有以下几个层次：（1）公民的人身自由。（2）公民的信仰自由。（3）公民的言论自由。（4）公民的行动自由。

公民的人身自由，在“文化大革命”中是没有保障的，私设公堂、随便抓人比比皆是，社会主义法治遭到践踏。党的十一届三中全会后，从宏观上说，公民的人身自由得到了保障，但在某些地区（如落后的农村）还时有随便抓人、扣人的现象。

公民的信仰自由，在“文化大革命”中是被横加干涉的，宗教被取缔。党的十一届三中全会以来，中共中央落实了宗教政策，信仰自由早已从宪法的条文变成了事实。

公民的言论自由，内涵十分丰富，它既包括口头言论，又包括书面言论。后者有通信、创作、出版等等。这一领域由于意识形态与社会文化交错，特别是在“文化大革命”时期，党的“双百”方针不能很好地贯彻执行，有许多经验教训值得认真总结。

公民的行动自由，包括集会、结社、游行、示威的自由。这一领域，至今仍然需要科学的立法工作。

总之，实践我国宪法规定的自由——行使公民合法的权利，仍需进一步探索。自由需要法律去保障，建设社会主义法治国家已经为我们指明了方向。

3. 如何实践我国宪法规定的自由

自由不仅是一个理论问题，更是一个实践问题。我国宪法规定公民享有十分广泛的自由。如何实践宪法规定的公民的各项自由仍然是我国政治发展面临的一项艰巨任务。历史的经验告诉我们：要实践社会主义的自由必须诉诸于民主与法制的建设。自由必须制度化、法律化，通过社会主义的法律体系去保障。

首先，要克服“左”和右两方面的障碍。在社会主义发展史上，“左”的影响表现为破坏民主和法制的机制，通过群众疾风暴雨式的阶级斗争运动，幻想“无法无天”的“大民主”、“天下大乱达到天下大治”，结果导致了十年社会大动乱，使公民的各项自由得不到保障。同样，两极相通。右的表现则是否定现有法律法规的权威（如攻击载入宪法的“四项基本原则”），甚至不惜通过动乱的方式去争取在中国实现“西方式的自由”，其结果也只能破坏社会稳定，自由同样得不到保障。

其次，要借鉴资本主义国家统治的历史经验，扎扎实实推进社会主义民主法制建设。自由，必须有法保证，守法而行。资本主义法治思想的奠基人之一孟德斯鸠说：“在一个国家里，也就是说，在一个有法律的社会里，自由仅仅是：一个人能够做他应该做的事情，而不被强迫去做他不应该做的事情……自由是做法律许可的一切事情的权利；如果一个公民能够做法律所禁止的事情，他就不再有自由了，因为其他的人也同样会有这个权利。”① 马克思批判继承了这一思想，指出：“自由就是从事一切对别人没有害处的活动的权利。每个人所能进行的对别人没有害处的活动的界限是由法律规定的，正像地界是由界标确定的一样”。② 我国在实践社会主义法制建设的过程中，曾出现过大的曲折，在“文化大革命”中，1954 年通过的《宪法》失去了法律的效力；1975 年修订的《宪法》仅具有“橡皮图章”的作用。党的十一届三中全会纠正了“左”的错误，1982 年颁布的《宪法》使我国的法制建设开创了新局面。这部宪法规定了我国公民享有着广泛的自由：一是政治自由。包括

---

① 孟德斯鸠：《论法的精神》上册，商务印书馆 1961 年版，第 154 页。

② 《马克思恩格斯全集》第 1 卷，人民出版社 1956 年版，第 438 页。

言论、出版、集会、结社、游行、示威的自由。公民在法律面前人人平等。除依法被剥夺政治权利的人以外，凡年满 18 周岁的公民都有选举权和被选举权，等等。二是人身自由。包括任何公民非经法定程序不受逮捕，禁止非法拘禁、非法搜查、剥夺和限制公民的人身自由，不得侵犯公民的人格尊严、住宅、通信自由和通信秘密，不得对他人进行侮辱、诽谤和诬告等。三是劳动创造的自由。包括公民有进行科学研究、文学创作和其他文化活动的自由等。四是婚姻自由。五是宗教信仰自由。《宪法》第五十一条规定：中华人民共和国公民在行使自由和权利的时候，不得损害国家的、社会的、集体的利益和其他公民的合法的自由和权利。这就为实践社会主义自由奠定了强大的法律基础。当然，在完善社会主义法律体系方面还有许多工作要做，如在言论、出版、集会、结社、游行、示威自由等方面还需要总结新中国成立以来的历史经验，制定出配套的具体实施法规，以利于促进这方面的自由在法律许可的范围内实践。

最后，要培养公民的守法意识。自由与法律相辅相成。公民的自由意识的形成与公民的守法意识形成是互为表里的。法不仅是统治阶级意识的反映，而且是对社会发展规律的科学认识。中国共产党领导全国人民制定的法律体系符合全国人民的根本利益，代表着历史的发展方向，它要求每个公民自觉地遵守法律，在法律允许的范围内获得自由。那种不守法、反对法、违法、非法的行为是不符合全国人民的利益的，因而必须坚决反对。社会主义为广大劳动人民的自由开辟了唯一正确的道路。它无论在广度上还是在深度上都应当超过资本主义的自由。在资本主义社会，公民享受的自由本质上受私有财产多寡的制约；在社会主义社会，公民享受的自由不再受财产多寡的制约，但这不等于它不受到法律和社会物质条件、人类自身的条件以及客观环境等制约。自由，绝不是资产阶级的专利品，它也是无产阶级为之奋斗的一面旗帜。只有彻底消灭了一切剥削制度，消灭了阶级，“人人生而平等自由”的理想才能彻底变为现实。只有到那时，才能天下大同。

总之，政治自由与法制建设相辅相成。政治自由的实践必须以法律为准绳，那种不受法律限制的政治自由是不存在的。社会主义社会的法律不仅是工人阶级和广大劳动人民意志的反映，而且是对社会发展规律的科学认识。中国共产党领导全国人民制定的法律体系符合中国人民的根本利益，反映了历史的发展规律，它要求每个公民自觉地遵守，在法律允许的范围内获得自由。在社会主义社会，最广大的劳动人民享有的政治自由最终将超过资本主义社会。因为社会主义公民享有的政治自由不再受财富多寡的制约。正如毛泽东早在新中国成立前所指出的："我们不但要把一个政治上受压迫、经济上受剥削的中国，变成一个政治上自由和经济上繁荣的中国，而且要把一个被旧文化统治因而愚昧落后的中国，变为一个被新文化统治因而文明先进的中国。一句话，我们要建立一个新中国"。① 把我国建设成为一个富强、民主、文明、和谐的社会主义现代化国家，这正是保障最大多数中国人民政治自由的希望之所在。

三、实现公平正义是中国共产党人的一贯主张

公平正义是人类的不懈追求，也是社会主义基本价值。社会主义社会存在的历史合理性，就在于它比以往的社会更强调公平正义，更能够实现公平正义。

1. 社会主义基本价值之一是公平正义

公平正义作为社会主义基本价值，是人类的发展前途寄希望于社会主义的魅力之所在。社会主义社会代表着人类社会的发展方向和美好追求，就在于应当而且必须比以往的社会更加公平正义，最终实现每个人的全面自由的发展。我们党把公平正义作为政治建设、政治发展的一个重要价值和目标，主张在吸收借鉴人类政治文明发展有益成果的基础上，最大限度地实现社会公平正义。

胡锦涛同志在党的十七大报告中指出：实现公平正义是中国共产党人的一贯主张，是发展中国特色社会主义的重大任务。要按照民主法治、公平正义、诚信友爱、充满活力、安定有序、人与自然和谐相处的总要求和共同建设、共同享有的原则，着力解决人民最关心、最直接、最现实的利益问题，努力形成全体人民各尽其能、各得其所而又和谐相处的局面，为发展提供良好社会环境。公平正义历来体现着人们对美好社会的期待与向往，一个社会是否进步与和谐，首先取决于社会公平正义的实现程度。《吕氏春秋·贵公》中说："公则天下平，平得于公。"

① 《毛泽东著作选读》上册，人民出版社 1986 年版，第 349 页。

对于一个和谐的社会来说，公平正义是其基本的价值目标。

公平正义作为社会价值目标，不仅与一定的历史发展阶段相联系，而且与不同的社会制度相联系。美国著名思想家罗尔斯指出：“正义是社会制度的首要价值，正像真理是思想体系的首要价值一样。一种理论，无论它多么精致和简洁，只要它不真实，就必须加以拒绝或修正；同样，某些法律和制度，不管它们如何有效率和有条理，只要它们不正义，就必须加以改造或废除。”“一个社会，当它不仅被设计得旨在推进它的成员的利益，而且也有效地受着一种公开的正义观管理时，它就是组织良好的社会。亦即，它是一个这样的社会，在那里：（1）每一个人都接受、也知道别人同样接受同样的正义原则；（2）基本的社会制度普遍地满足、也普遍为人所知地满足这些原则。”① 他还论证了正义的两大原则：一是侧重为自由的原则，即每个人都应平等地享有基本的自由，包括政治、言论、集会、良心、思想、人身、占有个人财产、不受专横的逮捕与剥夺财产的自由。二是侧重为平等的原则，即在确立社会和经济的不平等时，应对整个社会，特别是对处于最不利地位的人有利。“在罗尔斯看来，由于人的先天禀赋和后天的环境机遇等等不同，不平等现象的存在是不可避免的。但社会不能以此为据，在物质和精神财富的分配上厚此薄彼，而应当采取各种措施来缩小而不是扩大这种不平等。他的具体意见就是：在分配上，向最困难的人群倾斜；在机会均等的情况下，使各种职务、职位向全社会开放。其实，那种通过富人的施舍向穷人进行道德补偿的办法，恰恰就是罗尔斯所着重批判的‘功利主义’伦理学的主张，穆勒、亚当·斯密都提出过这种建议。这种意见，连同让所有职位向全社会开放的观点，在资本主义制度下都根本不可能实现。对资本主义的现状有所不满，希望通过某种抽象的原则（诸如合理的、人道的、正义的等等），对资本主义社会的弊端有所匡正，这是从韦伯到法兰克福学派（特别是其中的弗洛姆和哈贝马斯），再到罗尔斯的一个共同特点。即使他们具有某种良好愿望，但他们开出的药方，对于治疗资本主义的痼疾是毫无用处的”。② 马克思主义认为，公

---

① 罗尔斯：《正义论》中国社会科学出版社 1988 年版，第 1、3 页。

② 邢贲思：《理性、正义和善——读罗尔斯的〈正义论〉》，《学习时报》2002 年 3 月 4 日。

平正义的实现必须彻底废除人剥削人的资本主义制度，建立没有剥削和压迫的共产主义制度。马克思强调："平等，作为共产主义的基础，是共产主义的政治的论据"。[①] 恩格斯也指出："真正的自由和真正的平等只有在共产主义制度下才能实现；而这样的制度是正义所要求的"。[②] 马克思恩格斯的战友、德国工人领袖奥古斯特·倍倍尔也说过："目睹资本主义条件下的种种丑恶现象，目睹宗教唯灵论和金钱拜物教对群众的腐蚀，我们痛心疾首。我们是多么渴望有朝一日在社会主义制度下逐步地、全面地、系统地实现我们的思想道德信念和核心价值！"[③] 显然，对公平正义的价值追求是马克思主义的崇高目标和伟大理想。

2. 社会主义社会要最大限度地实现社会公平正义

1857 年 5 月，恩格斯在《波斯和中国》一文中曾断言："有一点是肯定无疑的，那就是旧中国的死亡时刻正在迅速临近……过不了多少年，我们就会亲眼看到世界上最古老的帝国的垂死挣扎，看到整个亚洲新纪元的曙光"。[④] 社会主义革命在中国这块古老的大地上取得胜利，这是马克思主义发展史上的伟大创举。但是，在东方经济相对落后的国家实现社会主义困难也更多。新中国成立以来，我们党带领全国人民在新民主主义革命胜利的基础上，建立了社会主义基本制度，取得了社会主义革命和建设伟大成就，但在探索社会主义建设规律的过程中也经历了许多艰难曲折。改革开放以来，我们党在科学评价毛泽东同志和毛泽东思想的基础上，作出把党和国家工作中心转移到经济建设上来的战略决策，在实践中开辟了中国特色社会主义道路，在理论上形成了中国特色社会主义理论体系。针对以往的经验教训，我们党特别强调发展社会主义民主，健全社会主义法制；依法治国，建设社会主义法治国家，并将民主法治、公平正义作为社会主义和谐社会的重要特征。可以说，中国特色社会主义政治发展道路，为在我国真正实现人民当家做主，推进社会主义民主法治、自由平等、公平正义，确立了正确政治方向，开辟了广阔发展前景。

---

① 《1844 年经济学哲学手稿》，人民出版社 1985 年版，第 96 页。

② 《马克思恩格斯全集》第 1 卷，人民出版社 1956 年版，第 582 页。

③ 转引自韦建桦：《社会主义核心价值体系的历史内涵科学精神创新品格》，《光明日报》2007 年 12 月 4 日。

④ 《马克思恩格斯选集》第 1 卷，人民出版社 1995 年版，第 711—712 页。

公平正义作为社会主义基本价值，是由社会主义本质决定的。邓小平同志强调："社会主义的本质，是解放生产力，发展生产力，消灭剥削，消除两极分化，最终达到共同富裕。"① 我们党提出构建社会主义和谐社会，对实现公平正义提出了更直接、更明确、更现实的要求。社会主义和谐社会是民主法治、公平正义、诚信友爱、充满活力、安定有序、人与自然和谐相处的社会。其中，公平正义是显著特征之一，没有公平正义，就没有社会和谐。因此，我们要在促进发展的同时，把维护社会公平放到更加突出的位置，使全体人民共享改革发展的成果，使全体人民朝着共同富裕的方向稳步前进。就是说，要在经济发展的基础上，努力使全体人民学有所教、劳有所得、病有所医、老有所养、住有所居，推动和谐社会的建设，促进社会公平正义。这样，把公平正义作为社会主义的基本价值，有助于我们进一步深化对社会主义本质的认识。

公平正义作为社会主义基本价值，必须正确认识和处理公平与效率的关系。公平与效率的关系不仅是一个经济学问题，而且是一个重大的政治问题。改革开放和发展社会主义市场经济的初期，我们党提出和确立了"效率优先、兼顾公平"的分配原则，对于促进社会生产力的发展、克服平均主义的弊端和提高资源配置的效率起到了巨大的推动作用。但也要看到，随着改革开放的深入和社会主义市场经济的发展，现阶段收入分配差距不断扩大，出现一些不合理和不公平的问题。特别是城乡、区域、经济社会发展很不平衡，人口资源环境压力加大；就业、社会保障、收入分配、教育、医疗、住房、安全生产、社会治安等关系群众切身利益的问题比较突出等等。这些矛盾和问题影响着社会和谐和社会稳定。我们党适时提出"在经济发展的基础上，更加注重社会公平"的方针，要求"整顿和规范分配秩序，加大收入分配调节力度，重视解决部分社会成员收入差距过分扩大问题"，"注重社会公平，合理调整国民收入分配格局，切实采取有力措施解决地区之间和部分社会成员收入差距过大的问题，逐步实现全体人民共同富裕"，"更加注重社会公平，加大调节收入分配的力度，努力缓解地区之间和部分社会成

---

① 《邓小平文选》第3卷，人民出版社1993年版，第373页。

员收入分配差距扩大的趋势”。这些方针和要求，体现了社会主义公平正义的价值理念，有利于我们进一步处理公平与效率的辩证关系，更加准确地认识当前社会公平问题并制定合理的政策，在发展社会生产力的基础上努力实现公平与效率的统一。

3. 实现公平正义是一个历史的发展过程

实现公平正义，是一个历史的过程，不可能一蹴而就，也不可能一劳永逸。在不同阶段、不同时期、不同领域，人们对公平正义的期待和要求也有所不同。因此，实现公平正义，必须从具体的历史条件和客观实际出发。

实现社会公平正义必须大力解放和发展生产力。经济社会发展是实现社会公平正义的基础。马克思认为，社会存在决定社会意识，实现公平正义必须建立在社会的物质基础之上。就是说，人们的“公平正义”的观念不是头脑中固有的，而是植根于现实的物质基础上的。我们不能脱离一定的历史发展条件抽象地看待公平正义问题，必须从现实的生产方式和物质利益方面去认识公平正义问题。马克思指出：“人们的观念、观点和概念，一句话，人们的意识，随着人们的生活条件、人们的社会关系、人们的社会存在的改变而改变”。①“关于永恒公平的观念不仅因时因地而变，甚至也因人而异”。②“平等的观念，无论以资产阶级的形式出现，还是以无产阶级的形式出现，本身都是历史的产物”。③“权利决不能超出社会的经济结构以及由经济结构制约的社会的文化发展”。④因此，实现公平正义必须大力发展社会主义经济。巩固和发展社会主义两大任务：一是解放和发展生产力，极大地增加全社会的物质财富；二是逐步实现社会公平正义，极大地激发全社会的创造活力和促进社会和谐。恩格斯指出：“通过社会生产，不仅可能保证一切社会成员有富足的和一天比一天充裕的物质生活，而且还可能保证他们的体力和智力获

① 《马克思恩格斯选集》第1卷，人民出版社1995年版，第291页。
② 《马克思恩格斯选集》第3卷，人民出版社1995年版，第212页。
③ 《马克思恩格斯选集》第3卷，人民出版社1995年版，第448页。
④ 《马克思恩格斯选集》第3卷，人民出版社1995年版，第305页。

得充分的自由的发展和运用”。[①] “所有人共同享受大家创造出来的福利”。[②] 马克思在《政治经济学批判》中明确指出，在新的社会制度中，“社会生产力的发展将如此迅速……生产将以所有人的富裕为目的”。[③]

实现社会公平正义必须建立健全完善的社会制度。制度是根本，良好的经济社会制度是实现社会公平正义的保障。邓小平同志指出：“制度好可以使坏人无法任意横行，制度不好可以使好人无法充分做好事，甚至会走向反面。”[④] 制度与公平正义密切相关。而制度好坏本身就是一个价值问题。只有体现公平正义的制度才是好的制度，否则，就是坏的制度。就是说，好的制度能够使公平正义得到维护和发扬；坏的制度则会破坏公平正义。党的十六届六中全会《决定》指出：社会公平正义是社会和谐的基本条件，制度是社会公平正义的根本保证。必须加紧建设对保障社会公平正义具有重大作用的制度，保障人民在政治、经济、文化、社会等方面的权利和利益，引导公民依法行使权利、履行义务。《决定》还进一步从完善民主权利保障制度、完善法律制度、完善司法体制机制、完善公共财政制度、完善收入分配制度和完善社会保障制度六个方面，提出了关于社会公平正义的制度体系。这些制度安排有助于我们从收入分配、利益调节、社会保障、公民权利保障、民主与法治等环节入手建立配套的相关法律法规，依法逐步建立以权利公平、机会公平、规则公平、分配公平为主要内容的社会公平保障体系，在社会主义法制轨道上推进公平正义的实现。

实现社会公平正义必须不断加强公民意识教育。胡锦涛同志在党的十七大报告中指出：加强公民意识教育，树立社会主义民主法治、自由平等、公平正义理念。社会主义社会是公民一律平等的社会。对广大干部群众加强公民意识教育，对于实现社会公平正义具有重大理论和实践意义。我国宪法对公民的基本权利和义务、基本道德标准等作出了明确规定。实现公平正义，既要加强社会主义民主政治制度建设，又要加强社会主义民主政治观念培养。制度和观念，在发展进程中相互影响、不

① 《马克思恩格斯选集》第3卷，人民出版社1995年版，第757页。
② 《马克思恩格斯选集》第1卷，人民出版社1995年版，第243页。
③ 《马克思恩格斯全集》第46卷下册，人民出版社1980年版，第222页。
④ 《邓小平文选》第2卷，人民出版社1994年版，第333页。

可或缺。没有正确的公民意识和民主政治观念，不可能建立起真正好的制度；即使有了好的制度安排和设计，如果没有正确的公民意识和民主政治观念，也不可能真正有效地实行。加强公民意识教育，首先要加强公民的法制教育。公民依照宪法和法律，享有权利和履行义务。公民的法制教育，核心是培养正确的权利义务观念。法律对社会生活具有规范、引导和保障功能，要通过教育使公民确定权利主体意识，懂得在法律面前人人平等，任何人都没有超越宪法和法律的特权；懂得法律规定的权利种类和内容，国家保护合法的权利；懂得法律规定权利行使的方式和途径，提供权利的保障、救济和保护；懂得法律按照权利与义务相统一的原则确定权利的边界，权利的行使不得损害社会公共利益和他人的合法权益。加强公民意识教育，还要加强公民的道德教育。法律和道德都属于社会行为规范。法治和德治从来都是相辅相成、相互促进的。法治以法律的权威性和强制性规范社会成员的行为，德治以道德的说服力和感召力提高社会成员的思想认识和道德觉悟。要通过加强公民道德教育，提高公民道德素质，引导人们在遵守基本行为准则的基础上，追求更高的道德目标，更为理性地对待社会、他人和自己，使公平正义的理念和诉求在公民意识中牢牢扎根。

四、保障人权是社会主义的价值理念

人权是人类共同价值，也是社会主义基本价值。2004 年十届全国人大二次会议把国家尊重和保障人权、保护合法的私有财产等内容写入宪法，再一次体现了宪法以人为本、保障人民权利的价值理念。

1. 人权是马克思主义应有之义

享有充分的人权，是长期以来人类追求的理想。人权问题最初是适应资产阶级革命的需要，反对封建专制而提出来的。荷兰资产阶级法学家格劳秀斯曾提出自然权利概念，把人的生命、财产看作不可侵犯的自然权利；英国哲学家霍布斯、洛克等进一步论证过生命、自由、财产是人人享有的不可剥夺与转让的自然权利；后来法国启蒙思想家卢梭系统地提出社会契约与天赋人权的思想，进一步把资产阶级的人权观念规范化。

马克思恩格斯批判地继承了资产阶级思想家关于人权的一些有价值

的观点，科学阐述了社会主义的人权观以及对未来社会人权发展的见解。马克思说过："哲学是阐明人权的，哲学要求国家是合乎人性的国家"。[①] 马克思主义的人权思想非常丰富，主要内容有：

一是人权不是天赋的，而是历史地产生的。马克思恩格斯认为，资产阶级思想家所谓天赋人权是不正确的。他们赞成黑格尔的说法，人权不是天赋的，而是历史地产生的。在《黑格尔法哲学批判》中，马克思写道：出生只是赋予人以个人的存在，首先只是赋予他以生命，使他成为自然的个人；而国家的规定，如立法权等等，则是社会产物，是社会的产儿，而不是自然的个人的产物，正因为这样，所以个人的出生和作为特定的社会地位、特定的社会职能等等的个体化的个人之间存在着直接的同一，直接的吻合，就是一件怪事，一个奇迹，在这种体系中，自然界就像生出眼睛一样直接生出王公贵族等等。[②]

二是不能离开特定的社会去谈抽象的人权，不能离开特定的人去谈抽象的人权。马克思说："Droits de l' homme——人权之作为人权是和 droits du citoyen——公民权不同的。和 citoyen［公民］不同的这个 homme［人］究竟是什么人呢？不是别人，就是市民社会的成员。为什么市民社会的成员称作'人'，只是称作'人'，为什么他的权利称为人权呢？这个事实应该用什么来解释呢？只有用政治国家和市民社会的关系，政治解放的本质来解释。首先我们肯定这样一个事实，就是不同于 droits du citoyen［公民权］的所谓人权（droits de l' homme）无非是市民社会的成员的权利，即脱离了人的本质和共同体的利己主义的人的权利"。[③] 而如果把人权仅仅理解为人的权利还是抽象的。因为人总是特定社会关系中的人，人权也是指特定社会关系中的人权。

三是人权是受特定的经济、社会、文化制约的。马克思在《哥达纲领批判》中曾指出，权利永远不能超出社会的经济结构以及由经济结构所制约的社会的文化发展。恩格斯在《反杜林论》中也说过："一旦社会的经济进步，把摆脱封建桎梏和通过消除封建不平等来确立权利平等的要求提到日程上来……这种要求就很自然地获得了普遍的、超出个别

---

① 《马克思恩格斯全集》第 1 卷，人民出版社 1995 年版，第 225 页。

② 参见《马克思恩格斯全集》第 1 卷，人民出版社 1956 年版，第 377 页。

③ 《马克思恩格斯全集》第 1 卷，人民出版社 1956 年版，第 437 页。

国家范围的性质，而自由和平等也很自然地被宣布为人权”。① 人权观念的形成是以经济、社会、文化发展为前提的。在私有制产生之前的原始社会发展阶段，还谈不到法律意义上的权利，法律观念起源于特定的经济生活条件，即私有制的产生。在以私有制为基础的商品交换中，“他们必须彼此承认对方是私有者。这种具有契约形式的（不管这种契约是不是用法律固定下来的）法权关系，是一种反映着经济关系的意志关系。这种法权关系或意志关系的内容是由这种经济关系本身决定的”。②

四是资产阶级人权起源于资本主义的生产关系，它的实质是保护资本主义所有制。马克思恩格斯认为，市民社会是资产阶级人权的发源地。“现代国家承认人权同古代国家承认奴隶制是一个意思。就是说，正如古代国家的自然基础是奴隶制一样，现代国家的自然基础是市民社会以及市民社会中的人，即仅仅通过私人利益和无意识的自然的必要性这一纽带同别人发生关系的独立的人，即自己营业的奴隶，自己以及别人的私欲的奴隶。现代国家就是通过普遍人权承认了自己的这种自然基础。而它并没有创立这个基础。现代国家既然是由于自身的发展而不得不挣脱旧的政治桎梏的市民社会的产物，所以，它就用宣布人权的办法从自己的方面来承认自己的出生地和自己的基础”。③ 因此，资产阶级人权的实质就是保护私有财产。马克思在评论 1793 年资产阶级宪法关于“财产权是每个公民任意使用和处理自己的财产、自己的收入即自己的劳动和经营的果实的权利”时说：“可见，私有财产这项人权就是任意地（à son gré）、和别人无关地、不受社会束缚地使用和处理自己财产的权利；这项权利就是自私自利的权利。这种个人自由和对这种自由的享受构成了市民社会的基础。”“任何一种所谓人权都没有超出利己主义的人，没有超出作为市民社会的成员的人，即作为封闭于自身、私人利益、私人任性、同时脱离社会整体的个人的人。在这些权利中……把人和社会连接起来的唯一纽带是天然必然性，是需要和私人利益，是对他们财产和利己主义个人的保护”。④ 马克思恩格斯认为，以人权的

① 《马克思恩格斯选集》第 3 卷，人民出版社 1972 年版，第 145 页。
② 《马克思恩格斯全集》第 23 卷，人民出版社 1972 年版，第 102 页。
③ 《马克思恩格斯全集》第 2 卷，人民出版社 1957 年版，第 145 页。
④ 《马克思恩格斯全集》第 1 卷，人民出版社 1956 年版，第 438—439 页。

形式承认和批准现代资产阶级社会，即工业的，笼罩着普遍竞争的、以自由追求私人利益为目的、无政府的、塞满了自我异化的自然的和精神的个性的社会。在这个社会里，平等地剥削劳动力，是资本的首要人权。这一人权恰恰是被资产阶级思想家看做是天经地义的天赋的人权。对这一谬误，马克思采用阶级分析的方法分析资本主义社会的人权是资产阶级的特权。马克思认为，资本主义宪法所规定的平等、自由、安全、财产等人权是以资本主义的私有财产神圣不可侵犯为核心的，资本主义宪法所保护的首先是有钱人的人权，是资产者的特权，这种特权是以资本占有的多少为消长的。马克思恩格斯说："特权、优先权符合于与等级相联系的私有制，而权利符合于竞争、自由私有制的状态"，①"被宣布为最主要的人权之一的是资产阶级的所有权"。②

五是无产阶级应当通过斗争去争取资本主义宪法规定而来兑现的各项权利。马克思认为，资产阶级宪法规定人民享有的结社权、选举权、出版自由、集会自由等都是没有兑现的许诺，无产阶级必须通过斗争，促进这些权利的兑现。恩格斯在《普鲁士军事问题和德国工人政党》一文中指出："如果不同时把武器交给无产阶级，资产阶级就不能争得自己的政治统治，不能使这种政治统治在宪法和法律中表现出来。针对着按出身区分的各种旧的等级，它应当在自己的旗帜上写上人权；针对着行会制度写上贸易和工业自由；针对着官僚制度的监督写上自由和自治。如果坚决彻底，资产阶级就应当要求直接的普选权、出版、结社和集会自由，废除反对居民中各个阶级的一切特别法令。然而这也就是无产阶级应当向资产阶级要求的一切。它不能要求资产阶级不再成为资产阶级，但是它毫无疑问能够要求资产阶级彻底实行自己的原则。与此同时，无产阶级也就得到为取得彻底胜利所必需的武器。它借助出版自由、集会和结社权可以为自己争取普选权，而借助直接的普选权并与上面所说的鼓动手段相结合，就可争得其余的一切"。③ 恩格斯十分强调在资本主义条件下，争取这些权利的重要性。他断言：没有出版自由、结社权和集会权，就不可能有工人运动。因此，工人阶级的斗争有两条

① 《马克思恩格斯全集》第3卷，人民出版社1960年版，第229页。

② 《马克思恩格斯全集》第19卷，人民出版社1963年版，第206页。

③ 《马克思恩格斯全集》第16卷，人民出版社1964年版，第84页。

道路可供选择：一条道路是推动资产阶级违反它的意愿前进，尽可能地迫使它扩大选举权，保障出版、结社和集会自由，从而为无产阶级创造取得运动自由和组织自由的条件。另一条道路是工人完全脱离资产阶级运动，让资产阶级听天由命。他告诫："不言而喻，在所有这些情况下，工人政党决不会只是当资产阶级的尾巴，而会以完全与资产阶级不同的独立政党的姿态出现"。① 值得指出的是，近代以来，由于工人阶级不断地斗争，今天在资本主义社会里工人阶级已经获得了这些权利。当然工人阶级仍然没有不受剥削的权利。

六是无产阶级人权的实现必须首先取得自己的政权，发展社会生产力，消灭阶级差别。马克思恩格斯多次强调，真正的自由和平等，即共产主义。真正的自由和真正的平等只有在共产主义制度下才能实现。民主在今天就是共产主义。马克思恩格斯在《共产党宣言》这部经典著作中提出废除资产阶级人权、实现无产阶级人权的基本设想：工人革命的第一步就是使无产阶级上升为统治阶级，争得民主。无产阶级将利用自己的政治统治，一步一步地夺取资产阶级的全部资本，把一切生产工具集中在国家即组织成为统治阶级的无产阶级手里，并且尽可能快地增加生产力的总量。在发展进程中，当阶级差别已经消失而全部生产集中在联合起来的个人的手里的时候，公众的权力就失去政治性质。原来意义上的政治权力，是一个阶级用以压迫另一个阶级的有组织的暴力。如果说无产阶级在反对资产阶级的斗争中一定要联合为阶级，如果说它通过革命使自己成为统治阶级，并以统治阶级的资格用暴力消灭旧的生产关系，那么它在消灭这种生产关系的同时，也就消灭了阶级对立和阶级本身的存在条件，从而消灭了它自己这个阶级的统治。代替那存在着阶级和阶级对立的资产阶级旧社会的，将是这样一个联合体，在那里，每个人的自由发展是一切人的自由发展的条件。这些观点充分表明马克思主义不仅十分重视人权理论，而且为人类走向世界大同指明了发展方向。现在，世界各国人民为争取人权作出不懈的努力并取得了重大的成果。但是，就世界范围来说，现代社会还远没有能使人们达到享有充分的人权这一崇高的目标。社会主义在发展和捍卫人权事业方面承担着历史的责任。

---

① 《马克思恩格斯全集》第16卷，人民出版社1964年版，第87页。

2. 维护人权是中国共产党的一贯主张

中国共产党把马克思主义普遍原理同中国革命和建设实际结合起来，从诞生之日起就高举争民主、争人权的旗帜，为争取国家的独立与主权、人民的生存与发展权而斗争。早在民主革命初期，中国共产党在《第一次对时局的主张》中，就旗帜鲜明地提出取消帝国主义列强在华特权、消灭军阀统治的革命纲领，要求实行无限制普选制度，保障人民结社、集会、言论、出版自由权，废止肉刑，承认妇女平等权利等人权内容。毛泽东同志早在进行革命启蒙运动时就曾明确提出过“从前是牛马，现在要做人”的号召。1923 年，党领导的著名的“二七大罢工”更明确地提出了“争自由、争人权”的号召。如果说，这些口号的含义还比较抽象，那么，在 1934 年第二次工农兵代表大会通过的《中华苏维埃共和国宪法大纲》中，就首次以宪法的形式把中国共产党的人权主张具体化了。《大纲》规定：中华苏维埃政权以彻底地将中国从帝国主义压榨下解放出来为目的，宣布中华民族的完全自由与独立，不承认帝国主义在华的政治上、经济上的一切特权。在苏维埃政权领域内，一切劳苦大众，不分男女、种族、宗教在法律面前一律平等，享有选举权和被选举权；保障人民的言论、出版、集会、结社、信仰等自由和其他经济、社会、文化权利；维护妇女和少数民族的平等权利等等。可惜，这些正确主张由于国民党对苏区的“围剿”而未能实施。

20 世纪 30 年代是关系到中华民族生死存亡的年代。由于日本帝国主义的入侵，中华民族面临亡国灭种的危险。中国共产党捐弃前嫌，向国民党提出停止内战，一致对外，为人权自由而战。在这一时期，中国共产党从抗日大局出发，规定一切不反对抗日的地主资本家和工人农民有同等的人权、财权、选举权和言论、集会、结社、信仰的自由权。当时中国天下三分为沦陷区、国统区和我党领导的抗日根据地。在各抗日根据地，相继制定、颁布了各种保障人权的纲领和条例。如《陕甘宁边区施政纲领》（1941 年）、《陕甘宁边区保障人权、财权条例》（1942 年 11 月）、《冀鲁豫边区保障人民权利暂行条例》（1942 年 2 月）、《晋西北保障人权条例》（1942 年 11 月）、《渤海区人权条例执行细则》（1943 年）等，这些纲领和条例规定了十分广泛的人权内容和保护措施。

抗日战争胜利后，中国面临两个前途、两个命运的大决战。中国共产党顺乎历史潮流，提出实现孙中山先生的三民主义，林肯的民有民治民享的原则与罗斯福的四大自由，以“保障人权，解救民生，完成统一”，建立一个独立、自由、民主、富强的新中国的正确主张，并率先在解放区实行土地改革，颁布各种“保障人权、财权、公民权”的纲领和法令。如《陕甘宁边区宪法原则》（1946 年 4 月）、《晋察冀边区行政委员会施政要端》（1945 年 9 月 26 日）、《东北各省市（特别市）民主政府共同施政纲领》（1946 年 8 月）、《豫皖苏边区行政公署训令各级政府切实保障人权，严禁乱抓打肉刑逼供》（1948 年 5 月）等。但是，蒋介石错误地估计了形势，逆历史潮流而动，悍然发动内战，在国统区实行高压政治，结果在中国人民解放军的强大攻势和“争自由、争民主、争人权”两条战线的夹攻下，土崩瓦解。

1949 年新中国的成立，为中华民族的独立、统一、繁荣、富强奠定了坚固的基础。百年来，无数革命先烈前赴后继、流血牺牲，终于争得了国家的独立权、人民的生存权和发展权。中国人民从此站起来了。中华人民共和国的成立，标志着中国的人权记录翻开了新的一页。我们结束了帝国主义列强的侵略和封建主义、官僚资本主义的压迫；我们实现了国家的独立和民族的空前团结；我国的综合国力大大提高，作为国际社会的平等一员，为世界的和平作出重要贡献；我们的人民安居乐业，基本上依靠自己的力量，解决了当年艾奇逊哀叹不能解决的吃饭问题；我国社会保持稳定，人民的各项权利有了较为系统的法律保障；维护中国最广大人民的根本利益，成为新中国在人权问题上的出发点。毛泽东同志特别强调，不能够把人民的权利问题理解为国家只由一部分人管理，人民在这些人的管理下享受劳动教育、社会保险等等权利。要切实保障人民当家做主的各项权利，让人民参与国家和社会事务的管理；劳动者管理国家、管理军队、管理各种企业、管理文化教育的权利，是社会主义制度下劳动者最大的、最根本的权利。没有这种权利，劳动者的工作权、休息权、受教育权等等权利，就没有保证。社会主义法制要保护劳动人民利益，保护社会主义经济基础，保护社会生产力。当然，我们也不否认，由于复杂的社会、历史、国际等原因，新中国在发展中曾出现过失误和挫折，特别是“文化大革命”时期破坏民主与法制，人民的权利受到了损害。这也正是国内外少数敌对势力攻击“社会主义没有人权”的原因。

改革开放以来，我国人权取得了历史性进步。中国各方面、各领域都发生了历史性的变化，特别是人的思想观念发生了深刻变化，人的生活水平和尊严、价值不断提升。我们党和政府坚持将人权的普遍性同中国的具体国情相结合，在促进和保护人权方面做出了不懈努力，走出了一条中国特色的人权发展道路，使中国人权事业与中国政治、经济、社会和文化事业得到了同步、协调发展。据有关方面发布，中国人权事业取得了五个方面的历史性进步。

一是尊重和保障人权受到前所未有的重视。改革开放以来，中国人权领域的一个突出进展是，突破了将人权视为资产阶级口号的“左”的思想束缚，确立了人权观念在中国社会政治生活中的重要地位。促进人权事业发展已成为国家建设和社会发展的重要主题，成为中国共产党和中国政府治国安邦的一项重要原则。对人权问题前所未有的重视，为中国在人权理论与实践方面的发展提供了有力的政治和法律保障。

二是人民的生存权和发展权得到前所未有的保障。改革开放 30 年来，中国经济、社会发展突飞猛进，GDP 年均增长率超过 9%，13 亿中国人的生活水平得到了大幅提高，实现了从贫困到温饱和从温饱到小康的两次历史性跨越。截至 2007 年底，人均国内生产总值由 1978 年的 379 元人民币增长到 18700 元人民币，增长了近 50 倍。贫困人口由 1978 年的 2.5 亿减少到 2007 年的 1479 万。人均预期寿命由 1978 年的 68 岁提高到目前的 73 岁，达到中等发达国家水平。

三是公民权利和政治权利得到切实保障。改革开放以来，中国实行依法治国，建设法治国家，民主政治建设不断加强，公民的个人权利和政治权利在民主与法制的轨道上得到了不断扩大和有效保障。一个以宪法为核心的中国特色社会主义法律体系基本形成，社会生活各个方面基本实现了有法可依，公民的各项权利有了坚强的法律保障。与此同时，中国积极稳妥地推进政治体制改革，不断扩大公民的有序政治参与，强化政务公开，加强对权力的监督与制约，公民的民主权利依法得到保障。特别是在农村实行了以民主选举、民主决策、民主管理、民主监督为基本内容的基层民主，使亿万农民获得了直接选举权利。

四是经济、社会、文化权利不断改善。改革开放以来，国家通过各种措施，着力解决就业和再就业问题，加紧建立社会保障制度，加大对教育、科技、文化、卫生等社会事业的支持力度，努力将公民的经济、社会、文化活动权利落到实处。2006 年，全国取消了农业税和农业特产税，结束了延续 2600 多年农民种田交税的历史。目前，中国已基本普及九年义务教育、基本扫除青壮年文盲（简称“两基”），“两基”人口已达 99%，跻身于义务教育水平较高国家行列。从 1978 年到 2007 年，全国普通高等教育在校生由 86.7 万人增加到 1885 万人，增长了近 21 倍。公共文化服务机构和设施大幅增加，覆盖城乡的公共文化服务体系初步形成，人民的文化生活日益丰富多彩。2002 年国家推行新型农村合作医疗制度以来，已有 7.3 亿农民参加了新型农村合作医疗，参合率达 85.7%，大大提高了人民健康水平。

五是人权领域的对外交流与合作不断拓展。改革开放以来，中国充分尊重《联合国宪章》的宗旨和原则，积极参与联合国人权领域的工作和国际人权法律文书的制定，为丰富国际人权概念的内涵，促进国际人权实践的发展作出了自己的贡献。中国积极批准、加入有关人权国际公约，迄今已先后参加了 25 项国际人权公约，并采取有效措施履行公约义务，及时提交履约情况报告，接受联合国条约机构审议。中国一贯主张在平等和相互尊重的基础上，通过开展对话、合作与交流，促进国际人权事业的健康发展，迄今已与世界各国进行了 70 多次人权对话和交流，增进了与世界各国的相互了解，为共谋共促彼此的人权发展作出了积极的努力。①

3. 社会主义人权的理论创新

社会主义人权理论是改革开放以来我们党理论创新的一个重大成果，是中国特色社会主义理论体系的重要组成部分。邓小平同志曾经指出：什么是人权？是多少人的人权？是多数人的人权，还是少数人的人权，还是全国人民的人权？西方世界的所谓“人权”和我们讲的人权是两回事，观点不同。根据邓小平同志这一思想，1991 年国务院新闻办公室发表的《中国的人权状况》，充分阐明了我国政府的人权观点和维护人权、改善人权状况取得的成就。从《中国的人权状况》的发表，到 1997 年党的十五大报告提出“尊重和保障人权”，再到 1997 年签署、2001 年批准通过联合国《经济、社会及文化权利国际公约》和 1998 年签署《公民权利和政治权利国际公约》，特别是 2004 年把“国家尊重

---

① 参见王晨：《中国人权取得了历史性进步》，《光明日报》2008 年 12 月 10 日。

和保障人权”写入我国宪法，尊重和保障人权成为我们党和国家的政治理念和价值目标。2009 年 4 月 13 日国务院新闻办公室发表了《国家人权行动计划（2009—2010 年）》，这是中国第一次制定的以人权为主题的国家规划。该计划把中国特色社会主义人权观的基本要求具体化为今后两年人权发展的工作目标和政策，再次强调，实现充分的人权是人类长期追求的理想，也是中国人民和中国政府长期为之奋斗的目标。我国社会主义人权理论不仅体现了世界人权理论的普遍性，而且具有中国特色社会主义的特殊性。

第一，维护国家主权是保障个人人权的政治前提。国家的独立权、人民的生存权和发展权，是我国人民的根本人权。旧中国人民之所以无人权可言，最根本的就是国家没有独立和主权，人民处于受剥削和奴役的地位，广大劳动人民的生存与发展权毫无保障。新中国人民当家做主，扬眉吐气，享有各种基本的人权，最根本的就是国家取得了独立与主权，人民的生存与发展有了根本的保障。可以说，维护国家的主权是保障个人人权、实现社会主义人权的政治前提。实践证明，一个国家人权的实现，在于国家的主权、社会的进步、稳定和经济、文化的发展。没有国家的主权就没有社会的稳定；没有社会的稳定，社会就会陷入混乱，就不可能有经济的发展；没有经济的发展就没有社会的进步；没有社会的进步人们就不可能真正掌握自己的命运，在这种情况下，侈谈所谓人权也只能是一句空话。正因为如此，我们坚决维护国家的主权，维护国家的统一，维护社会的稳定。只有这样，才能为促进社会主义人权的实现奠定强大的物质基础和政治保证。

第二，尊重和保障人权是社会主义基本价值。社会主义与人权的实现是内在的统一，二者本质上是一致的。社会主义人权的本质特征是广泛性、公平性和真实性。社会主义制度的建立，从根本上消灭了人压迫人的剥削制度，第一次在人类历史上实现了人权主体从少数人到全体社会成员的历史性跨越，从而使人权内涵得到了丰富、深化和拓展。在社会主义条件下，中国的人权具有广泛性。社会主义中国享有人权的主体不是少数特权分子，而是全体中国公民。享受人权的范围不仅包括生存权、人身权和政治权利，而且包括经济、文化、社会等方面的权利。国家不仅十分注重保障个人人权，而且注重维护集体人权，强调二者的有机统一。这是奉行“个人至上”资本主义社会难以做到的。在社会主义条件下，中国的人权具有公平性和真实性。我国从总体上消灭了剥削制度和剥削阶级，各项公民权利不受金钱和财产状况以及民族、种族、性别、职业、家庭出身、宗教信仰、教育程度、居住期限的限制，国家为全社会公民实现享有平等的、真实的人权从制度上、法律上、物质上给予保障。人权作为人依其自然属性和社会本质的要求所依法享有的公民权利，必然受到一定国度一定时期经济、政治、文化、社会条件的制约，它的内容也要随着人类社会的物质文明和精神文明发展水平的不断提高而逐步扩展和丰富。社会主义人权的实现必须与经济社会发展统一起来。尊重和保障人权作为社会主义基本价值，随着中国特色社会主义各项事业的发展，一定能够在改革开放和现代化建设的实践中得到不断发展和完善。

第三，把国家和公民的生存权和发展权作为基本人权。人权，包括经济、政治、文化、社会、教育等诸多方面的权利。在人的经济、政治、文化、社会、教育等权利方面，生存权和发展权是第一位的。从某种意义上说，人权就是一定社会的人在自然界和人类社会能否获得生存权与发展权，就是能否真正自己掌握自己命运的权利。而人类对自己命运的掌握又是同人类自身的生存、发展和完善紧密相连的。《中国的人权状况》提出：人权首先是人民的生存权。没有生存权，其他一切人权均无从谈起。这正是从生存权的时代内涵来强调它的重要性。生存权同发展权不可分割。正如1986年联合国通过的《发展权利宣言》指出的那样：发展权利是一项不可剥夺的人权，由于这种权利，每个人和所有各国人民均有权参与、促进并享受经济、社会、文化和政治的发展，在这种发展中，所有人权和基本自由都能获得充分实现。中国是世界上人口最多的发展中国家。根据我国国情，把生存权和发展权作为最重要的人权，是我国人权发展的现实要求。当前，我国还有相当数量的贫困人口和困难群体。要消除贫困，需要创造大量的就业机会，优先发展教育，还需要加快完善我国的社会保障制度。而《国家人权行动计划》的一个重点内容正是规划了未来两年我国“经济、社会和文化权利保障”的工作目标。①

第四，坚持人权普遍性与国情相结合的基本原则。人权问题是一个

---

① 参见张晓玲：《论中国特色社会主义人权观》，《北京日报》2009年5月4日。

复杂的社会、历史、政治、经济、文化问题。人权的实现是一个社会的历史的辩证的发展过程。由于人类历史发展的不平衡性，各国的历史背景、社会制度、文化传统、经济发展的状况有巨大差异，因而对人权的看法往往不尽一致，对人权的实施也各有不同。这是可以理解的。但是，观察一个国家的人权状况，不能割断该国的历史，不能脱离该国的国情；衡量一个国家的人权状况，不能按一个模式或某个国家和区域的情况来套。马克思主义否认绝对意义上的人权、抽象的人权，主张考察各国的人权不能脱离每个国家的历史文化传统、经济发展状况和社会制度。我们既要承认人权具有普遍性，又要坚持从基本国情出发，把二者有机结合起来、统一起来。中国政府承认和尊重联合国宪章保护和促进人权的宗旨和原则，赞赏并支持联合国促进人权的努力，积极参与联合国人权领域的活动。中国政府主张相互尊重主权，优先维护广大发展中国家人民的生存权和发展权，反对任何国家利用人权问题推行自己的价值观念、意识形态、政治标准和发展模式，借口人权问题干涉别国内政。社会主义人权必须坚决维护国家的主权。马克思主义认为，人权问题与国家主权问题是统一的。在国际交往日益增多的今天，人权问题虽然有其国际性的一面，但主要是一个国家的主权范围内的问题。尊重国家主权和不干涉内政是公认的国际法准则，二者适用于人权问题。那种认为不干涉内政原则不适用于人权问题的观点，实际上是要求各主权国家在人权问题上放弃国家主权，这是违反国际法的。

第五章　建设社会主义核心价值体系与坚持和发展马克思主义

社会主义核心价值体系是社会主义意识形态的本质体现。建设社会主义核心价值体系必须坚持和发展马克思主义，坚持马克思主义在意识形态领域的指导地位，增强社会主义意识形态的吸引力和凝聚力，用社会主义核心价值体系引领多样化的社会思潮。

一、坚持和发展马克思主义是建设社会主义核心价值体系的根本

马克思主义，有狭义和广义之分。从狭义上说，马克思主义是指马克思的观点和学说的体系（列宁语）；从广义上说，马克思主义包括不同国度、不同时代的工人阶级及其政党，把马克思主义基本原理同时代特征、各自国情相结合，不断探索本国革命和建设道路而形成的马克思主义理论形态。具体到中国而言，就是指马克思列宁主义、毛泽东思想和包括邓小平理论、“三个代表”重要思想以及科学发展观等重大战略思想在内的中国特色社会主义理论体系。建设社会主义核心价值体系，必须用科学的态度对待马克思主义，在新的历史条件下坚持和发展马克思主义。

1. 用科学的态度对待马克思主义

恩格斯指出：“社会主义自从成为科学以来，就要求人们把它当做科学看待，就是说，要求人们去研究它”。① 特别是上世纪 90 年代初苏东国家的历史剧变，使马克思主义、社会主义和共产主义运动遇到了前所未有的挑战。如何从这次挫折中总结经验吸取教训，更好地坚持和发展马克思主义，是当代马克思主义者不可推卸的一个重大责任。

马克思主义之所以是发展的科学，就在于它随着科学的发展而不断

① 《马克思恩格斯选集》第 2 卷，人民出版社 1995 年版，第 636 页。

解决自身在发展中遇到的新问题。马克思主义要发展创新，首先要科学地对待马克思主义。所谓科学地对待马克思主义，就要按照科学发展的一般规律来理解马克思主义。一般来说，科学是反映客观规律的知识体系。马克思主义作为世界观和方法论，反映了自然、社会、思维的一般规律，因而是植根于自然科学和社会科学基础之上的科学。任何科学都处于发展之中，马克思主义当然也不能例外。这就要求我们用科学的态度对待马克思主义，防止马克思主义失去活力而变成僵化的教条。马克思主义创始人反复阐述，要用科学的态度对待他们创立的理论，不要使之凝固化。恩格斯曾经说过，随着自然科学的新发展，唯物主义也要改变自己的形式。现在，自然科学、社会科学和科学技术都在日新月异地向前发展。特别是在自然科学领域，新学科、新技术不断涌现，从20世纪中叶以来全球范围内发生的新的科学技术革命，导致人类对世界的认识和改造达到了前所未有的新水平。以相对论、量子论、系统论、信息论、控制论、人工智能、基因工程、太空技术等为标志的一大批科学技术不仅丰富、拓展了人的知识和活动范围，而且为马克思主义的丰富和发展提供了新的科学基础。因此，我们要使马克思主义不落后于实际生活，不落后于科学的发展，就要弘扬马克思主义内在具有的科学精神，努力学习当代各种新的科学知识，不断跟踪、关注当代科学的每一个重大进步和新发现，使自己的思想随着科学的发展而发展，从而在各个方面把马克思主义这门科学向前推进。

马克思主义之所以是发展的科学，就在于它随着时代的发展而不断解决时代面临的复杂矛盾。马克思主义要发展创新，就必须着眼于面向新世纪新阶段的时代发展需要。我们今天所处的时代与马克思、恩格斯、列宁乃至毛泽东所处的时代有很大的不同。当今世界正处在大变革大调整之中。和平与发展仍然是时代主题，求和平、谋发展、促合作已经成为不可阻挡的时代潮流。在经济全球化的条件下，世界越来越是一个相互联系、相互影响的开放世界，任何国家的发展都离不开世界。在这样的时代背景下，如果我们不对当前的时代特征和国际形势变化作出新的科学判断，还固守一些不适应时代变化的旧的论断，我们就无法跟上时代的发展。胡锦涛同志在党的十七大报告中指出：当代中国同世界的关系发生了历史性变化，中国的前途命运日益紧密地同世界的前途命运联系在一起。这就要求我们要善于把握时代主题、时代变化和时代精神，用宽广的马克思主义理论视野观察世界，并始终把中国置入世界大局和人类文明发展的潮流之中作整体的思考，不断开拓马克思主义与中国实际相结合的理论和实践空间，使理论创新具有更加鲜明的时代内涵，从而用新的观点继承和发展马克思主义，开辟马克思主义发展创新的新境界。

马克思主义之所以是发展的科学，就在于它随着实践的发展而不断解决实践和生活提出的重大问题。马克思主义要发展创新，就必须着眼于我国社会主义现代化建设实践发展的需要。实践是人类改造世界包括自身的创造性活动，人类社会是在不断实践和创新之中发展的。我们党领导进行的建设中国特色社会主义的伟大事业，一方面需要通过实践不断创新和发展，另一方面又需要在新的实践中进行马克思主义的发展创新。改革开放以来，在马克思主义同中国实际进行“第二次结合”的过程中，我们党坚持马克思主义的思想路线，不断探索和回答什么是社会主义、怎样建设社会主义，建设什么样的党、怎样建设党，实现什么样的发展、怎样发展等重大理论和实际问题，不断推进马克思主义中国化，相继产生了邓小平理论、“三个代表”重要思想以及科学发展观等重大战略思想。胡锦涛同志在党的十七大报告中强调：中国特色社会主义理论体系，就是包括邓小平理论、“三个代表”重要思想以及科学发展观等重大战略思想在内的科学理论体系。这个理论体系，坚持和发展了马克思列宁主义、毛泽东思想，凝结了几代中国共产党人带领人民不懈探索实践的智慧和心血，是马克思主义中国化最新成果，是党最可宝贵的政治和精神财富，是全国各族人民团结奋斗的共同思想基础。中国特色社会主义理论体系是不断发展的开放的理论体系。《共产党宣言》发表以来一百六十多年的实践证明，马克思主义只有与本国国情相结合、与时代发展同进步、与人民群众共命运，才能焕发出强大的生命力、创造力、感召力。在当代中国，坚持中国特色社会主义理论体系，就是真正坚持马克思主义。从毛泽东思想到中国特色社会主义理论体系，马克思主义中国化既一脉相承又与时俱进，马克思主义发展创新进入了一个新的发展阶段。

2. 马克思主义是我们立党立国的根本指导思想

胡锦涛同志在纪念党的十一届三中全会召开 30 周年大会上的讲话中指出：马克思主义是我们立党立国的根本指导思想。坚持和巩固马克思主义指导地位，是党和人民团结一致、始终沿着正确方向前进的根本思想保证。我们党把马克思主义确立为立党立国的根本指导思想，确立为全国各族人民团结奋斗的共同理论基础，从根本上说，就是因为马克思主义作为世界观和方法论，揭示了人类社会发展的客观规律，阐明了社会主义制度取代资本主义制度的历史必然性，为无产阶级和广大人民认识世界、改造世界和建设社会主义新社会提供了强大思想武器。马克思主义诞生以来的实践充分证明，包括马克思主义立场观点方法在内的马克思主义基本原理是客观真理，必须始终不渝地遵循，必须坚持马克思主义的基本原理不动摇。“马克思主义的基本原理任何时候都要坚持，否则我们的事业就会因为没有正确的理论基础和思想灵魂而迷失方向，就会归于失败。这就是我们为什么必须始终坚持马克思主义基本原理的道理所在”。①

马克思主义是我们立党立国的根本指导思想，是我们党坚持用马克思主义指导我国革命、建设和改革实践并不断取得成功的历史经验得出的科学结论。马克思主义传入中国，不是哪个人的主观意志，而是中国革命、建设和改革实践的客观需要。鸦片战争以后，由于西方列强的侵略和封建统治的腐朽，中国逐步沦为半殖民地半封建社会，国家积贫积弱，社会战乱不已，人民生灵涂炭。为了实现中华民族伟大复兴，无数仁人志士奋起寻求救国救民、振兴中华的道路。太平天国运动、戊戌变法、义和团运动、辛亥革命，中国人民前赴后继、不屈不挠，但是，争取民族独立、人民解放、国家富强的理想总是不能实现。“十月革命一声炮响，给我们送来了马克思列宁主义。十月革命帮助了全世界的也帮助了中国的先进分子，用无产阶级的宇宙观作为观察国家命运的工具，重新考虑自己的问题。”② 从此，中国的面貌为之一新，中国革命在经历艰难的曲折中不断走向胜利。我们党在领导新民主主义革命和社会主义革命，领导改革开放这场新的伟大革命的实践中，坚持马克思主义基本原理同中国革命和建设的实际相结合，相继形成了毛泽东思想和中国特色社会主义理论体系这两大马克思主义中国化的理论成果。毛泽东思想既体现了马克思列宁主义的基本原理，又包含了中华民族的优秀思想

① 《江泽民文选》第3卷，人民出版社2006年版，第282页。

② 《毛泽东选集》第4卷，人民出版社1991年版，第1471页。

和中国共产党人的实践经验，是被实践证明了的关于中国革命和建设的正确的理论原则和经验总结，是引导中国新民主主义革命和社会主义革命走向胜利的合乎中国国情的唯一正确的理论；中国特色社会主义理论体系既坚持马克思主义基本原理，又根据当代中国实践和时代发展不断推进马克思主义中国化，是被实践证明了的关于在中国建设、巩固和发展社会主义的正确的理论原则和经验总结，是引导中国实现社会主义现代化和中华民族伟大复兴的唯一正确的理论。马克思指出："理论在一个国家实现的程度，总是决定于理论满足这个国家的需要的程度。"① 毛泽东同志也说过："任何思想，如果不和客观的实际的事物相联系，如果没有客观存在的需要，如果不为人民群众所掌握，即使是最好的东西，即使是马克思列宁主义，也是不起作用的。"② 马克思列宁主义传播到中国以后，之所以能够产生改天换地的伟大作用，就是因为它同中国人民的革命实践发生了联系，满足了中国人民争取民族独立、人民解放、国家富强、生活幸福的需要；就是因为中国共产党人经过反复探索，把马克思主义基本原理同中国具体实际和时代特征结合起来，运用马克思主义的立场、观点、方法研究和解决中国革命、建设、改革中的实际问题，马克思主义与时俱进的开放的理论体系不断增添新的内容，使马克思主义理论焕发出强大的生命力、创造力、感召力。

3. 在新的实践基础上不断推进马克思主义中国化

坚持马克思主义基本原理同中国实际相结合，不断推进马克思主义中国化，是我们党领导革命、建设和改革一条成功的宝贵经验。早在1938年，毛泽东同志在《中国共产党在民族战争中的地位》一文中就深刻指出："马克思列宁主义的伟大力量，就在于它是和各个国家具体的革命实践相联系的。对于中国共产党说来，就是要学会把马克思列宁主义的理论应用于中国的具体的环境。成为伟大中华民族的一部分而和这个民族血肉相连的共产党员，离开中国特点来谈马克思主义，只是抽象的空洞的马克思主义。因此，使马克思主义在中国具体化，使之在其每一表现中带着必须有的中国的特性，即是说，按照中国的特点去应用

---

① 《马克思恩格斯选集》第1卷，人民出版社1995年版，第11页。

② 《毛泽东选集》第4卷，人民出版社1991年版，第1515页。

它，成为全党亟待了解并亟须解决的问题。”① 坚持马克思主义基本原理是推进马克思主义中国化的理论前提，推进马克思主义中国化是坚持和发展马克思主义的根本着力点。坚持马克思主义基本原理，就是要坚持马克思主义的立场、观点和方法，坚持马克思主义的理想、信念和目标；推进马克思主义中国化，就要紧密结合新的时代、新的实践提出新的理论、新的思想，对马克思主义进行丰富、发展和创新，就是把马克思主义基本原理同中国具体实际和时代特征结合起来，运用马克思主义的立场、观点、方法研究和解决中国革命、建设、改革中的实际问题，就是运用中国人民喜闻乐见的民族语言来阐述马克思主义理论，揭示中国革命、建设、改革的规律，使之成为具有中国风格、中国气派的马克思主义。

坚持马克思主义基本原理同推进马克思主义中国化相结合，就要坚持中国特色社会主义理论体系武装头脑、指导实践。马克思主义只有同本国国情和时代特征紧密结合，在实践中不断丰富和发展，才能更好发挥指导实践的作用。胡锦涛同志指出：30 年的历史经验归结到一点，就是把马克思主义基本原理同中国具体实际相结合，走自己的路，建设中国特色社会主义。改革开放 30 年来，我们党坚持马克思主义基本原理，坚持解放思想、实事求是、与时俱进，创造性地探索和回答了什么是马克思主义、怎样对待马克思主义，什么是社会主义、怎样建设社会主义，建设什么样的党、怎样建设党，实现什么样的发展、怎样发展等重大理论和实际问题，自觉把思想认识从那些不合时宜的观念、做法和体制的束缚中解放出来，从对马克思主义的错误的和教条式的理解中解放出来，从主观主义和形而上学的桎梏中解放出来，根据当代中国实践和时代发展不断推进马克思主义中国化，形成和发展了包括邓小平理论、“三个代表”重要思想以及科学发展观等重大战略思想在内的中国特色社会主义理论体系。从马克思列宁主义到毛泽东思想再到中国特色社会主义理论体系，一脉相承、有机统一。中国特色社会主义理论体系坚持和发展了马克思列宁主义、毛泽东思想，凝结了几代中国共产党人带领人民不懈探索的智慧和心血，展现了当代中国马克思主义的勃勃生

① 《毛泽东选集》第 2 卷，人民出版社 1991 年版，第 534 页。

机，又为我们继续进行理论创新打开了广阔空间。中国特色社会主义理论体系是马克思主义中国化最新成果，是党最可宝贵的政治和精神财富，是全国各族人民团结奋斗的共同思想基础，是扎根于当代中国的科学社会主义。

坚持马克思主义基本原理同推进马克思主义中国化相结合，必须旗帜鲜明地反对各种错误思潮。改革开放是一场新的伟大革命。我们要清醒地认识到，由于国内外多种复杂的原因，意识形态领域还不平静，依然存在一些“杂音”、“噪音”。比如，有的主张改旗易帜、走民主社会主义道路；有的主张取消马克思主义的指导地位，搞指导思想多元化；有的对改革开放持怀疑和否定的态度，从“左”的方面反对党的现行路线方针政策的错误观点，等等。对这些新情况新问题，我们要坚持重在建设的方针，妥善处理意识形态领域的问题。要积极探索用社会主义核心价值体系引领社会思潮的有效途径，既尊重差异、包容多样，又有力抵制各种错误和腐朽思想的影响。既要坚持马克思主义的立场、观点和方法，坚持马克思主义的基本原理，又要贯彻解放思想、实事求是、与时俱进的思想路线，坚持勇于追求真理和探索真理的革命精神。既要破除对马克思主义的错误的和教条式的理解，又要抵制各种否定马克思主义的错误观点，既决不走封闭僵化的老路，也决不走改旗易帜的邪路。

二、坚持马克思主义在意识形态领域的指导地位

党的十六届四中全会通过的《中共中央关于加强党的执政能力建设的决定》指出：坚持马克思主义在意识形态领域的指导地位，不断提高建设社会主义先进文化的能力。

1. 坚持社会主义意识形态主导权和话语权

意识形态领域是一个重要领域，意识形态工作是一项重要工作。我们党历来重视意识形态问题，党的三代中央领导核心毛泽东、邓小平、江泽民同志和以胡锦涛同志为总书记的党中央一贯强调，要加强意识形态领域的工作，用马克思主义和社会主义占领思想文化阵地。毛泽东同志指出：凡是要推翻一个政权，总要先造成舆论，总要先做意识形态方面的工作。革命的阶级是这样，反革命的阶级也是这样。邓小平同志说过：必须大力加强党对思想战线的领导。江泽民同志强调：舆论导向正

确，是党和人民之福；舆论导向错误，是党和人民之祸。胡锦涛同志进一步指出：舆论引导正确，利党利国利民；舆论引导错误，误党误国误民。我们必须从社会主义事业兴衰成败的战略高度来认识意识形态问题的重要性，要把社会主义核心价值体系作为当代中国人民的主心骨，发挥其凝魂聚气、强基固本的重要作用，从加强党的执政能力、巩固党的执政地位的政治高度做好意识形态工作。

意识形态的重要性是由于它在社会发展中所处的地位决定的。一定的意识形态都是一定的社会存在的反映，并对一定的社会存在具有能动的作用。而在阶级社会，意识形态具有阶级性，并为统治阶级所主导。任何一个社会的思想领域，总是由那个社会的统治阶级的思想占统治地位的。任何一个国家的统治阶级，为了巩固其政治统治，都要竭力维护和发展其占统治地位的意识形态。这是因为“统治阶级的思想在每一时代都是占统治地位的思想。这就是说，一个阶级是社会上占统治地位的物质力量，同时也是社会上占统治地位的精神力量。支配着物质生产资料的阶级，同时也支配着精神生产资料，因此，那些没有精神生产资料的人的思想，一般地是隶属于这个阶级的。占统治地位的思想不过是占统治地位的物质关系在观念上的表现，不过是以思想的形式表现出来的占统治地位的物质关系；因而，这就是那些使某一个阶级成为统治阶级的关系在观念上的表现，因而这也就是这个阶级的统治的思想。”① 马克思恩格斯这一科学论述，对于我们认识意识形态的地位和作用，加强意识形态主导权和话语权具有重要意义。

社会主义意识形态工作关系国家安全和社会稳定，关系党和人民事业的兴衰成败。我国社会主义的社会性质决定了必须坚持和巩固马克思主义在我国意识形态领域的指导地位。马克思主义是保证我们党和人民加强团结、始终沿着正确方向前进的根本思想基础，是正确制定和宣传贯彻党的路线方针政策的基本理论依据，是发展先进思想、克服落后思想的强大思想武器。思想上政治上指导思想的统一则是社会稳定的一个极为重要的政治保证。意识形态领域从来不存在什么真空状态，古今中外的历史发展表明，意识形态领域的矛盾和斗争是长期的、复杂的。特别是每当社会处于重大变革的转折关头，意识形态领域的矛盾和斗争十

---

① 《马克思恩格斯选集》第1卷，人民出版社1995年版，第98页。

分激烈。对于社会主义的中国来说，意识形态领域如果马克思主义不去占领，非马克思主义和反马克思主义的思想就必然会去占领。而对于执政的中国共产党来说，如果放弃意识形态主导权和话语权，就必然会削弱党的执政能力，最终导致放弃党的领导，最终会亡党亡国。这既是总结历史经验得出的科学结论，也是现实生活的必然要求。

社会意识是社会存在的反映。社会主义意识形态主导权和话语权，离不开中国社会发展的大势和背景。新中国成立 60 多年来特别是改革开放 30 多年来，我国发生了翻天覆地的历史性变革。前 30 年，我们实现了从新民主主义向社会主义的过渡，确立了社会主义基本制度，在一穷二白的基础上建立了独立的比较完整的工业体系和国民经济体系，使古老的中国以崭新姿态屹立在世界东方；后 30 多年，我们成功开辟了中国特色社会主义道路，在社会主义经济建设、政治建设、文化建设、社会建设以及生态文明建设和党的建设等方面取得辉煌成就，综合国力显著增强，人民生活显著改善，国际地位显著提升，中华民族正大踏步赶上时代前进潮流、迎来伟大复兴的光明前景。

加强意识形态主导权和话语权，必须科学地分析意识形态的形势。从总体上说，我国意识形态的主流是好的。马克思主义作为社会主义意识形态的旗帜和灵魂，作为我国哲学社会科学最核心的组成部分和最根本的理论基础，在意识形态领域的指导地位不断得到巩固，毛泽东思想和中国特色社会主义理论体系这两大中国化马克思主义理论成果越来越深入人心，得到社会的普遍认同。但也要看到，当今世界正在发生广泛而深刻的变化，当代中国正在发生广泛而深刻的变革，国际国内形势呈现出一系列新的特点。比如，国际形势中不稳定、不确定、不安全因素明显增多，世界范围内各种思想文化交流、交融、交锋日益频繁，国内社会思想多元、多样、多变特征更加明显，互联网发展的大众化、媒体化、数字化趋势更加凸显，这些新情况新问题对意识形态提出了新的课题和挑战。特别是在全球化的条件下，在世界社会主义处于低潮，各种政治势力重新分化组合，各种思想文化相互激荡的历史背景下，西方敌对势力一直加紧实施“西化”、“分化”战略，加大意识形态的渗透力度，支持和扶植反马克思主义的势力，意识形态领域渗透和反渗透的斗争仍然十分尖锐复杂。对此，决不能掉以轻心。我们既要积极学习借鉴世界有益文明成果，又要维护我国文化安全和意识形态安全。要深入研究国际政治、经济发展的深刻变动，特别是当前由美国次贷危机引发的国际金融危机，对我国意识形态领域的影响。要看到我们同各种敌对势力在意识形态领域的斗争，本质上是社会主义价值体系和资本主义价值体系的较量。这个斗争和较量是长期的、复杂的、曲折的。我们不能有丝毫的懈怠，不能有简单化的幻想。

加强意识形态主导权与掌握意识形态话语权是辩证的统一。我们所说的意识形态主导权，就是意识形态的领导权、指导权。我们所说的意识形态话语权，就是意识形态的说话权、发言权。宣传思想文化工作必须掌握话语权，才能在意识形态领域实行有效的领导，把马克思主义在意识形态领域的指导地位落到实处。当前，掌握意识形态话语权，是应对国际敌对势力挑战的需要。国际敌对势力为了打赢意识形态领域没有硝烟的战争，往往极力攻击马克思主义。他们不断鼓吹马克思主义“过时论”、“空想论”、“失败论”和“违反人性论”，认为马克思主义作为国家意识形态是落后的观念，必须予以废除，强调马克思主义“只是一个学派”，在思想领域不存在“谁指导谁的问题”，等等。不仅如此，他们还企图用所谓的“普世价值观”取代爱国主义，用拜金主义、享乐主义、极端个人主义消解人们特别是青年的爱国主义和集体主义精神。他们彻底摧毁我们的爱国主义思想的根本目的，说到底是为了把我国变成其附庸国或殖民地。[①] 有人以为，西方国家不抓意识形态，不向本国人民灌输统治阶级的价值观。这不是事实。实际上，他们在思想这个问题上，不仅抓得紧，而且抓得实、抓得巧。在国内，他们有一套系统的方法和手段，来对其官员、学生、群众、军队灌输资本主义的思想、价值观和政治信条。在国外，他们打着“民主”、“自由”、“人权”的旗号，来对抗和消解马克思主义和社会主义意识形态的影响。比如，西方政要为了打压或颠覆社会主义国家，极力推行“和平演变”战略，建立了许多超大功率的发射台，利用多种语言大肆宣传西方的价值观念、政治主张、生活方式，凭借其强大的话语攻势和话语权，在意识形态的斗争中发挥了主导作用。冷战期间，尼克松曾经明确指出：在同社会主义国家的斗争中，必须重视意识形态的力量。他强调，归根到底，

① 参见李慎明：《汲取世界各类文明成果　建设社会主义和谐文化》，《光明日报》2006年7月26日。

是思想而不是武器决定历史。"我们与苏联的竞争是军事、经济和政治的竞争，但是美苏对抗的根本原因是意识形态的。苏联要扩大共产主义的范围，破坏自由，而美国要阻止共产主义的扩张，扩大自由的范围。如果我们在意识形态领域的斗争中失利，我们所有的武器、条约、贸易、外援和文化交流将毫无意义"。① 上世纪 80 年代末，苏共领导人宣扬的"人道的民主的社会主义"，强调要接受所谓的"人道主义和全人类价值原则"、"民主和自由原则"、"社会公正原则"，打破马克思主义作为指导思想的"精神垄断"，"从经济基础到上层建筑"根本改造"整个社会大厦"。苏联解体和东欧剧变原因很复杂，但放弃意识形态的主导权和话语权，是最终导致苏共垮台、苏联解体的一个重要原因。正反两方面的历史经验都表明，一个社会的稳定和发展，不仅要有雄厚的物质基础，而且要有强大的精神支撑。而敌对势力要搞乱一个社会、颠覆一个政权，总是先从意识形态领域打开突破口，先从搞乱人们的思想下手。这方面的教训必须认真地总结和汲取。

2. 增强社会主义意识形态的吸引力和凝聚力

胡锦涛同志在党的十七大报告中提出，建设社会主义核心价值体系，增强社会主义意识形态的吸引力和凝聚力。社会主义核心价值体系是社会主义意识形态的本质体现。要巩固马克思主义指导地位，坚持不懈地用马克思主义中国化最新成果武装全党、教育人民，用中国特色社会主义共同理想凝聚力量，用以爱国主义为核心的民族精神和以改革创新为核心的时代精神鼓舞斗志，用社会主义荣辱观引领风尚。大力推进理论创新，不断赋予当代中国马克思主义鲜明的实践特色、民族特色、时代特色。开展中国特色社会主义理论体系宣传普及活动，推动当代中国马克思主义大众化。繁荣发展哲学社会科学，推进学科体系、学术观点、科研方法创新，鼓励哲学社会科学界为党和人民事业发挥思想库作用，推动我国哲学社会科学优秀成果和优秀人才走向世界。

增强社会主义意识形态的吸引力和凝聚力，必须不断增强马克思主义的说服力和战斗力。马克思主义的说服力和战斗力，源于马克思主义的科学性和真理性。马克思主义坚持唯物辩证法和唯物史观，科学分析了人类社会存在的生产力与生产关系、经济基础与上层建筑的基本矛

① 尼克松：《1999 不战而胜》中国人民公安大学出版社 1988 年版，第 114 页。

盾，特别是资本主义社会的内在矛盾，深刻揭示了历史发展的客观规律，创立了科学社会主义，为人类社会发展进步指明了正确方向。马克思主义创立160多年来，尽管马克思主义经历了各种各样的挑战和考验，但它的科学性和真理性并没有随着时间的推移而褪色，相反在世界上越来越得到许多人的认同。但也必须清醒地看到，改革开放以来，马克思主义面临着严峻的挑战。“马克思主义还灵不灵”、“马克思主义还能不能保持指导地位”，这在一部分人中间是有疑问的。由于各种复杂的原因，目前思想理论工作还有不少薄弱的环节，理论的研究、宣传和教育还跟不上形势发展的需要，理论的说服力和战斗力还有待提高。我们一定要克服这种不足，扭转这种局面。一方面，要在坚持和巩固马克思主义指导地位的过程中，充分发挥马克思主义理论的说服力、战斗力；另一方面，要通过不断增强马克思主义理论的说服力、战斗力，进一步坚持和巩固马克思主义的指导地位。

增强社会主义意识形态的吸引力和凝聚力，必须关注、研究和解决重大现实问题。认识的目的在于改造世界，理论的价值在于指导实践。马克思主义理论的说服力和战斗力来源于实践及其所提出的问题。马克思主义理论之所以能够为无产阶级和广大劳动人民所接受，一个重要原因就在于它能够理论联系实际，能够回答和解决现实生活中提出的、干部群众关心的重大问题。马克思曾经说过，问题就是公开的、无畏的、左右一切个人的时代声音。问题是时代的口号，是时代表现自己精神状态的最实际的呼声。每一个时代都有属于其自身的重大理论和实际问题。胡锦涛同志在纪念党的十一届三中全会召开30周年大会上的重要讲话中强调指出：30年来，我们党的全部理论和全部实践，归结起来就是创造性地探索和回答了什么是马克思主义、怎样对待马克思主义，什么是社会主义、怎样建设社会主义，建设什么样的党、怎样建设党，实现什么样的发展、怎样发展等重大理论和实际问题。当前，客观世界发生了很大的变化。改革开放实践中有许多新的问题需要从理论上予以回答，干部群众中也存在一些模糊认识需要在理论上解疑释惑。面对世界形势的新变化，我们既不能无视客观事物的新发展，不能无视新的形势、新的情况、新的实际，也不能拘泥于马克思主义经典作家在一定历史时期、一定条件下作出的个别论断，而要调查新情况、研究新问题、进行新思考、作出新回答。要紧密结合现实斗争的需要，努力回答实践不断提出的重大理论问题，发挥理论的威力，使理论掌握群众，变成改造世界的物质力量，充分体现出马克思主义的理论魅力、理论威力。

增强社会主义意识形态的吸引力和凝聚力，还必须坚持贴近实际、贴近群众、贴近生活，不断改进马克思主义的理论宣传。马克思主义作为共产党人的世界观和理论基础，只有不断发展保持生机和活力，才能对广大干部群众具有吸引力、号召力和影响力。人民群众是通过宣传“灌输”来接受马克思主义的，宣传“灌输”的好坏直接关系到马克思主义的“形象”。如果我们的理论宣传搞得有声有色，就会使马克思主义充满生机和活力，就会促进马克思主义为广大群众所接受和掌握；反之，如果我们的理论宣传搞得不好，把马克思主义变成了一成不变和干巴巴的教条，变成了简单的说教，脱离了人民群众活生生的实践，那就不会有说服力，也就会丧失生命力。这就对广大党员干部和马克思主义者提出了更高的要求，不仅要真正信仰马克思主义，而且要身体力行马克思主义。教育者首先要牢固树立马克思主义的世界观、人生观和价值观，在“立言”与“立行”上下工夫，把马克思主义真理的力量与人格的力量统一起来，言行一致，表里如一，而不能弄虚作假，表里不一。否则，言而无行，说一套、做一套，这只会败坏马克思主义的声誉。同时，还要端正学风，改进文风。要理论联系实际，提高马克思主义的理论宣传艺术。要反对言之无物、无的放矢的“党八股”，力戒照抄照搬、空话套话的形式主义，努力形成鲜明生动、简单明快、平易朴实、可近可亲的良好文风。只要我们坚持不懈地努力，马克思主义的理论宣传一定能够焕发出蓬勃生机和活力。

3. 积极引领多样化的社会思潮

我们正处在一个思想大活跃、观念大碰撞、文化大交融的时代。如何用社会主义核心价值体系引领社会思潮，不断扩大社会主义核心价值体系的影响力，是思想文化战线一项重大任务。建设社会主义核心价值体系，就是要巩固马克思主义指导地位，坚持不懈地用马克思主义中国化最新成果武装全党、教育人民，用中国特色社会主义共同理想凝聚力量，用以爱国主义为核心的民族精神和以改革创新为核心的时代精神鼓舞斗志，用社会主义荣辱观引领风尚。

建设社会主义核心价值体系，必须毫不动摇地坚持马克思主义指导思想，用一元化的指导思想引领多样化的社会思潮，巩固和发展积极健康向上的主流意识形态。社会意识形态作为社会存在的反映，具有鲜明的阶级性、时代性，并历来为统治阶级所主导。马克思恩格斯指出："统治阶级的思想在每一时代都是占统治地位的思想。这就是说，一个阶级是社会上占统治地位的物质力量，同时也是社会上占统治地位的精神力量。"① 坚持用马克思主义的一元化指导思想引领多样化的社会思潮，是建设社会主义核心价值体系的需要，也是符合意识形态的发展规律的。马克思主义的一元化指导地位，并不简单地排斥多样化的社会思潮和其他的社会科学理论。一元化与多样化，如众星拱月，相辅相成。一元化，由多样向单一发展，由分散向统一发展之谓也。没有一，无所谓多；同样，没有多，也无所谓一。指导思想的一元化和社会思潮的多样化是统一的。我们反对指导思想的"多元化"，但不反对多样化的社会思想的存在。没有指导思想的一元化，我国社会就会失去前进的正确方向；没有社会思潮的多样化，我国社会就会失去生动活泼和生命活力。

马克思主义反映了人类对自然、社会和思维发展普遍规律的认识，它不仅不排斥其他的社会科学理论，相反，它还要吸收其他社会科学成果作为自己发展的"养料"。列宁说过，为什么马克思主义能够风靡世界、掌握千百万无产者的心灵？就是因为马克思依靠人类渊博的知识作为基础，研究了人类社会发展的规律，认识到资本主义的发展必然导致共产主义。"凡是人类社会所创造的一切，他都批判地加以探讨，任何一点也没有忽略过去。凡是人类思想所建树的一切，他都放在工人运动中检验过，重新加以探讨，加以批判，从而得出了那些被资产阶级狭隘性所限制或被资产阶级偏见束缚住的人所不能得出的结论"。② 当然，马克思主义要从其他的社会科学理论汲取营养，其他的社会科学理论的发展也离不开马克思主义的指导。但是，马克思主义的指导作用不是要用马克思主义来代替其他社会科学的具体研究，也不是要求我们照搬马克思主义的词句和现成结论。坚持马克思主义的指导，就是要坚持马克思主义的世界观和方法论，坚持马克思主义的立场、观点和方法，深入回答干部群众普遍关心的重大理论和实际问题，不断赋予当代中国马克思主义鲜明的实践特色、民族特色、时代特色，进一步增强马克思主义

---

① 《马克思恩格斯选集》第 1 卷，人民出版社 1995 年版，第 98 页。

② 《列宁选集》第 4 卷，人民出版社 1995 年版，第 284-285 页。

的说服力、感召力。

坚持用社会主义核心价值体系引领多样化的社会思潮，必须使马克思主义与其他的社会科学理论相互促进，必须既要科学地研究马克思主义，又要科学地研究各种社会思潮存在的条件。社会思潮是根源于一定的经济基础上的社会意识现象，是一定的阶级或阶层的物质利益和思想愿望的综合反映。用社会主义核心价值体系引领多样化的社会思潮，必须率先研究各种社会思潮。只有知道广大群众在想什么、关心什么、希望什么，才能了解社情民意和社会心理，有针对性地做好我们的思想政治工作；只有发现社会矛盾的热点和焦点，才能制定正确的、合理的政策和对策，有效地调节各种社会矛盾；只有不断提高自己的政治鉴别力和政治敏锐性，才能区分哪些是正确的、进步的社会思想，哪些是错误的、落后的社会思想，不被错误的思想所迷惑。

坚持用社会主义核心价值体系引领多样化的社会思潮，必须高度重视、积极主动地做好意识形态领域的工作；密切关注社会思潮的运动进程，把握趋势、正面引导、重在建设，唱响主旋律、打好主动仗，妥善处理思想文化领域的问题，更好地促进社会团结和谐。要积极探索用社会主义核心价值体系引领社会思潮的有效途径，主动做好意识形态工作，既尊重差异、包容多样，又有力抵制各种错误和腐朽思想的影响。对于反马克思主义的各种错误思潮，要不能缺位，不能含糊，必须旗帜鲜明地作斗争。20 世纪 80 年代，邓小平同志就明确指出，有些同志对于西方各种哲学的、经济学的、社会政治的和文学艺术的思潮，不分析、不鉴别、不批判，而是一窝蜂地盲目推崇。有一种思潮，这种思潮就是自由化，这股思潮的代表人物是要把我们引导到资本主义方向上去。党的十三届四中全会以后，江泽民同志在总结历史的经验教训时特别强调：各种错误思潮特别是西方资产阶级腐朽思想纷至沓来，暴露出来的问题相当严重。一个时期以来，资产阶级自由化思潮的泛滥，资产阶级“民主、自由、人权”口号的蛊惑。利己主义、拜金主义、民族虚无主义和历史虚无主义的滋长，严重腐蚀党的肌体，把党内一些人的思想搞得相当混乱。有的党员在大是大非面前分不清是非，迷失方向，跟着错误思潮跑。对各种社会思潮掉以轻心，任其泛滥，我们就会犯历史性的错误。党的十六大以来，以胡锦涛同志为总书记的党中央十分重视意识形态工作，明确提出意识形态领域历来是敌对势力同我们激烈争夺的重要阵地，如果这个阵地出了问题，就可能导致社会动乱甚至丧失政权。敌对势力要搞乱一个社会、颠覆一个政权，往往先从意识形态领域打开突破口，先从搞乱人们的思想入手。放弃马克思主义在意识形态领域的指导地位，导致非马克思主义和反马克思主义的思潮甚嚣尘上，是苏联解体、苏共垮台的一个十分重要的原因。殷鉴不远，我们要认真吸取苏东巨变的历史教训，旗帜鲜明地反对资产阶级自由化，锲而不舍地消除思想理论领域的噪音、杂音，用马克思主义牢牢占领社会主义意识形态阵地。

4. 用马克思主义牢牢占领意识形态阵地

社会主义核心价值体系是社会主义意识形态的本质体现。我们同各种敌对势力在意识形态领域的斗争，本质上是社会主义价值体系和资本主义价值体系的较量。因此，用什么思想、理论和主义占领意识形态阵地是一个重大的政治原则问题。我们必须毫不动摇地坚持用马克思主义牢牢占领意识形态阵地，不给各种反马克思主义的错误思想以任何可乘之机。

首先，要坚持不懈地用中国特色社会主义理论体系武装全党，教育人民。胡锦涛同志在纪念党的十一届三中全会召开30周年大会上的重要讲话中强调：中国特色社会主义理论体系是马克思主义中国化最新成果，是党最可宝贵的政治和精神财富，是全国各族人民团结奋斗的共同思想基础，是扎根于当代中国的科学社会主义。我们要始终坚持用中国特色社会主义理论体系武装全党、教育人民，不断提高全党的马克思主义理论水平，使中国特色社会主义理论体系更加深入人心、更好发挥指导作用。用马克思主义牢牢占领意识形态阵地，必须大力宣传中国特色社会主义理论体系的重大意义、历史地位和指导作用。中国特色社会主义理论体系是在新的历史条件下对马克思列宁主义、毛泽东思想的继承和发展，在当代中国，坚持中国特色社会主义理论体系，就是真正坚持马克思主义。我们要积极宣传中国特色社会主义理论体系这一当代中国马克思主义，要积极宣传科学发展观这一中国特色社会主义理论体系的新成果。要引导干部群众认识中国特色社会主义理论体系是同马克思列宁主义、毛泽东思想既一脉相承又与时俱进的科学理论，科学发展观是对党的三代中央领导集体关于发展的重要思想的继承和发展，是马克思主义关于发展的世界观和方法论的集中体现，是我国经济社会发展的重要指导方针，是发展中国特色社会主义必须坚持和贯彻的重大战略思想。在当代中国，坚持中国特色社会主义理论体系在意识形态的指导地位，就是坚持马克思主义在意识形态的指导地位；坚持科学发展观在意识形态领域的指导地位，就是坚持中国特色社会主义理论体系在意识形态领域的指导地位，就是坚持马克思主义在意识形态领域的指导地位。

其次，要坚持重在建设的方针，妥善处理意识形态领域的问题。意识形态领域的问题政治性、政策性很强。要加强党对意识形态工作的领导，自觉从政治上观察和处理问题，密切关注社会思想动态和文化发展趋势，着力提高驾驭意识形态复杂局面、引导社会思潮的能力，提高建设大众媒体、引导社会舆论的能力。要坚持用社会主义核心价值体系引领多样化的社会思潮，既要旗帜鲜明地坚持马克思主义指导地位不动摇，不能缺位、不能含糊，有力抵制各种错误思想的影响，又要坚持既尊重差异、包容多样，努力在多元中立主导、在多样中谋共识，在最大限度扩大共识上取得最佳社会效果。要全面贯彻落实“百花齐放、百家争鸣”的方针，正确区分学术问题、思想认识问题和政治问题，具体问题具体分析，是什么问题就解决什么问题，在什么范围发生就在什么范围解决，无论处理什么问题，都要有利于维护改革发展稳定的大局。要努力营造生动活泼、求真务实的学术环境，提倡不同学术观点、学术流派的争鸣和切磋，提倡说理充分的批评与反批评。要鼓励大胆探索，在实践中不断认识真理、发展真理，既要破除对马克思主义的错误的和教条式的理解，又要抵制各种否定马克思主义的错误观点。

第三，要坚持一手抓管理，一手抓繁荣的方针。既要抓阵地又要抓载体，既要充分发挥大众传媒、文艺作品、出版物和各种创建活动的教育引导作用，又要不断加大宣传思想文化基础设施的建设和管理力度。要坚决打击严重危害社会的封建迷信和伪科学活动。要依法加强对文化市场的管理，认真清理各种宣传愚昧迷信和非法的出版物。同时，大力发展和繁荣社会主义的文化事业和文化产业，不断丰富人民群众的文化生活。要认真研究新形势下人民群众在精神需求方面发生的变化和发展趋势，努力创造更多更好的精神产品，不断满足人民群众日益增长的精神文化需求。广泛运用讲台、报刊、电台、电视台、出版物等多种形式的大众传媒和各种文化场所，针对各个层次、各年龄段群众的特点，组织开展健康有益、积极向上、生动活泼、为群众喜闻乐见的文体活动，吸引群众广泛参与，在参与中受到教育，提高全民族的思想道德素质和科学文化素质。各级党委要牢固树立政治意识、大局意识、责任意识，坚持“守土有责”的工作方针，做好自己的工作，管好自己的阵地。

三、马克思主义坚持和发展的辩证法

马克思主义作为开放的科学体系，不仅要随着科学、时代和实践的发展而发展，而且要随着不同民族、不同国家的发展而发展。坚持和发展马克思主义，就必须不断解决马克思主义与各国实际的“结合”问题，就必须不断解决马克思主义的基本原理与基本原理的运用问题，就必须不断解决马克思主义与时代、马克思主义与国情、马克思主义的中国化时代化大众化等一系列问题。而要做到这些，最基本的问题是要掌握坚持与发展马克思主义的方法论，搞清楚什么是坚持与坚持什么、什么是发展与怎样发展的基本问题。

1. 马克思主义是与时俱进的开放体系

马克思主义发展创新必须搞清楚什么是坚持与坚持什么。马克思主义必须坚持，这是发展马克思主义的理论前提。所谓坚持马克思主义有两个基本含义：一是坚持马克思主义的基本原理，对马克思主义作科学的理解，掌握其理论的精神实质并保持理论体系的统一性；二是坚持运用马克思主义的世界观、方法论去分析实践和生活中的具体问题。一般来说，马克思主义的基本原理大致可分为以下几个层次：一是马克思主义哲学的基本原理，其核心是唯物史观，构成马克思主义的世界观和方法论，是马克思主义全部学说的方法论基础；二是马克思主义政治经济学的基本原理，是关于人类社会生产方式的发展规律、特别是资本主义社会生产方式发展规律的科学，其核心是剩余价值理论，是对唯物史观的延伸和科学论证；三是马克思主义科学社会主义的基本原理，是关于无产阶级解放运动发展规律的科学，其核心是无产阶级专政的理论，是对资本主义必然灭亡、社会主义必然胜利的科学揭示。这三个方面是互相联系、不可分割、不断发展的。列宁曾经深刻指出：“我们决不把马克思的理论看作某种一成不变的和神圣不可侵犯的东西；恰恰相反，我们深信：它只是给一种科学奠定了基础，社会党人如果不愿落后于实际生活，就应当在各方面把这门科学推向前进。我们认为，对于俄国社会党人来说，尤其需要独立地探讨马克思的理论，因为它所提供的只是总的指导原理，而这些原理的应用具体地说，在英国不同于法国，在法国不同于德国，在德国又不同于俄国。”① 比如，列宁根据资本主义在各个国家发展不平衡的规律，创造性地提出了社会主义革命不可能在一切国家同时胜利，而将首先在一个或几个国家内获得胜利。这个理论成为他领导十月革命的重要指导思想。他还根据资本主义市场不断扩大，导致殖民地国家民族矛盾尖锐的特点，创造性地提出殖民地国家的民族革命将成为无产阶级社会主义革命的一个部分的理论。这个理论成为他领导国际共产主义运动的重要指导思想。这就是说，马克思主义的基本原理不是抽象的、一成不变的。它既要在时间上随着时代的发展而发展，又要在空间上随着国家的不同而发展。随着时间和空间的不同，会产生一个新的理论，从而丰富和发展旧的基本原理。新理论与旧的基本原理之间，既有继承的因素，又有扬弃的因素。从认识论上说，马克思主义的基本原理不能脱离具体实际而孤立存在。认识从个别开始，逐渐上升到一般。一般寓于个别之中，个别包含着一般。这也是相对与绝对的辩证关系。相对是绝对的，绝对是相对的。马克思主义的基本原理，也是一定历史条件下认识的产物。就它的真理性而言，它既是相对的（没有穷尽真理），又是绝对的（揭示了客观真理）。

马克思主义发展创新必须搞清楚什么是发展与怎样发展。马克思主义创始人强调：“我们的理论是发展着的理论”。② 所谓发展马克思主义，也就是运用马克思主义的基本原理与具体的实际相结合进行理论创新，不断得出新的科学结论。因此，只有把马克思主义的基本原理同现实生活紧密结合起来，才能有效地做到这一点。马克思主义究竟要不要发展？马克思主义将朝着什么方向发展？马克思主义如何去发展？这些理论界曾经争论的老问题，对这些问题需要结合新的形势加以重新研究，才能澄清一些模糊的认识。马克思主义需要有新的大发展，这是时代发展的大趋势。要破除对马克思主义教条式的理解和附加到马克思主义名下的错误观点，要鼓励在实际工作中大胆探索、勇于开拓，在理论研究上坚持“百花齐放、百家争鸣”，实行“三不主义”。这些观点是十分正确的，也是指导理论工作者研究马克思主义与现实问题的基本方

① 《列宁选集》第1卷，人民出版社1995年版，第274—275页。
② 《马克思恩格斯选集》第4卷，人民出版社1995年版，第681页。

针。当然，不可否认，在过去曾有一些人企图利用马克思主义的“发展”问题大做文章，其主旨是为了否定马克思主义的指导地位，得出“马克思主义过时了”的错误结论。但要看到更多的人的目的并不是为了否定马克思主义，而仅仅是对马克思主义与现实关系的理解上存在片面性。譬如，在坚持与发展马克思主义的问题上，曾出现所谓“坚持论”与“发展论”之争。他们不理解坚持与发展是有机地统一在改革开放和现代化建设的实践之中。坚持决不排斥发展；发展也决不排斥坚持。恰恰相反，真正意义上的坚持必须包含着发展，发展也包含着坚持。因为马克思主义是一门发展的科学，不能离开实践抽象地谈论何为坚持，何来发展。因此，发展马克思主义必须坚持具体情况具体分析。这既是辩证法的要求，也是唯物史观的要求。“唯物主义历史观首先具有方法论上的意义”。[①] 我们学习马克思主义，一定要掌握马克思主义经典作家观察问题、解决问题的立场和方法，学会对新的情况作出具体的科学的分析，这样才能发展马克思主义。真理是具体的，不是抽象的，这是辩证法的一条基本原理。所以，马克思主义对事物的看法都是具体分析的，同样，对马克思主义本身也要具体分析。一方面，要勇于随着时代的进步修正马克思主义中某些落后于实际生活的个别判断；另一方面，要研究新的实际、新的情况、新的生活材料以作出马克思主义的新概括。而这些正是我们今天进一步推动改革开放和现代化建设所需要的。

马克思主义发展创新必须把坚持与发展统一起来。坚持马克思主义与发展马克思主义是辩证的统一。我们既不能离开坚持谈发展，也不能脱离发展谈坚持。坚持，就要坚持马克思主义具有普遍意义的基本立场、观点和方法；发展，就要紧密结合新的时代、新的情况提出新的理论，对马克思主义进行丰富、发展和创新。这就要求我们坚持一切从实际出发而不能从所谓的原则出发，就要科学地把握实践与理论的辩证关系，在实践中坚持和发展马克思主义，实现理论上的创新和突破，从而做到坚持与发展马克思主义的统一。应当明确，从事实出发而不是从原则出发，这是马克思恩格斯反复强调的观点。马克思主义是以彻底的唯物主义为基础的。在他们创立马克思主义的初期，他们就选择了唯物主

① 《普列汉诺夫哲学著作选集》第 3 卷，生活 · 读书 · 新知三联书店 1962 年版，第 157 页。

义并把它运用到社会领域来观察社会问题。在《德意志意识形态》这部较早的著作中，马克思恩格斯明确指出："我们不是从人们所说的、所设想的、所想象的东西出发，也不是从口头说的、思考出来的、设想出来的、想象出来的人出发，去理解有血有肉的人。我们的出发点是从事实际活动的人，而且从他们的现实生活过程中还可以描绘出这一生活过程在意识形态上的反射和反响的发展。"① 在这部科学的著作中，他们第一次系统地阐述了唯物史观的基本原理，并对共产主义作了科学的论证。为了与当时形形色色社会主义派别划清界限，马克思恩格斯鲜明地打出共产主义的旗帜，强调共产主义立足于现实的运动，而不是抽象的教义。1847 年，恩格斯在批判卡尔·海因岑时说："海因岑先生异想天开地认为，共产主义是一种从一定的理论原则即自己的核心出发并由此得出进一步的结论的教义。海因岑先生大错特错了。共产主义不是教义，而是运动。它不是从原则出发，而是从事实出发。共产主义者不是把某种哲学作为前提，而是把迄今为止的全部历史，特别是这一历史目前在文明各国造成的实际结果作为前提。共产主义的产生是由于大工业以及由大工业带来的后果，是由于世界市场的形成，是由于随之而来的不可遏止的竞争，是由于目前已经完全成为世界市场危机的那种日趋严重和日益普遍的商业危机，是由于无产阶级的形成和资本的积聚，是由于由此产生的无产阶级和资产阶级之间的阶级斗争。共产主义作为理论，是无产阶级立场在这种斗争中的理论表现，是无产阶级解放的条件的理论概括。"② 马克思恩格斯的这些论述确立了共产主义的现实基础，进一步使科学社会主义与空想社会主义区别开来，从而为促进马克思主义与无产阶级的结合提供了强大的思想武器。当然，马克思主义强调从事实出发而不是从原则出发，不等于不要原则。原则是建立在事实基础上得出的结论，而不是作为任意裁剪事实的教条。恩格斯在批判杜林时曾经指出，杜林所谓的原则，就是从思维而不是从外部世界得来的那些形式的原则，这些原则应当被运用于自然界和人类，因而自然界和人类都应当适应这些原则。这样一来，全部关系都颠倒了：原则不是研究的

① 《马克思恩格斯选集》第 1 卷，人民出版社 1995 年版，第 73 页。
② 《马克思恩格斯选集》第 1 卷，人民出版社 1995 年版，第 210—211 页。

出发点，而是它的最终结果。① 这就告诉我们，在研究任何问题时都要坚持唯物主义的基本观点，正确处理原则与事实的关系。由于世界和社会是发展变化的，人的认识不可能一下子穷尽客观真理，也不可能先验地构造未来社会的发展图景。1886 年，恩格斯在写给费边社会主义领导人爱德华·皮斯的信中说："无论如何应当声明，我所在的党没有提出任何一劳永逸的现成方案。我们对未来非资本主义社会区别于现代社会的特征的看法，是从历史事实和发展过程中得出的确切结论；脱离这些事实和过程，就没有任何理论价值和实际价值"。② 因此，我们研究马克思主义关于未来社会的设想，要坚持实践是检验真理的唯一标准。因为那些在当时事实基础上所作出的理论上的设想是否正确，不可能由当时的实践加以检验，只能由现在或将来的实践加以检验。对的就要坚持，错的就要改正。这是我们对待马克思主义的态度，也是对待一切科学理论的基本态度。

2. 坚持和发展马克思主义充满着矛盾和斗争

历史的进步不是一条直线。马克思主义发展创新不是一帆风顺的，而是充满着矛盾和斗争。这种矛盾和斗争，一方面表现为同外部的反马克思主义思潮作斗争，另一方面表现为同内部的各种错误观点作斗争。没有理论勇气和政治勇气就没有马克思主义发展创新。

马克思主义发展创新必须有理论勇气和政治勇气。马克思主义不是书斋里的学问。它的发展和创新需要在马克思主义基本原理的指导下，紧密结合实践进行创造性地探索和革新。这是一个带有风险的事业，是一个不能计较个人得失的事业，是一个需要理论工作者献身的事业。没有坚持真理的勇气，没有承担责任的意识，没有为人民献身的精神，是不能够解放思想、大胆探索，不断地进行理论上的创新，发展马克思主义的。马克思主义的发展史表明，正是革命导师所具有的巨大理论勇气和政治勇气，才能不断推动着马克思主义发展创新。拿列宁主义的产生来说，19 世纪末 20 世纪初，随着世界资本主义发展到帝国主义阶段，西方资本主义国家之间的矛盾日益尖锐，阶级斗争和民族解放运动蓬勃发展，俄国处于革命的中心。面对当时错综复杂的形势，如果不是列宁

① 参见《马克思恩格斯选集》第 3 卷，人民出版社 1995 年版，第 373—374 页。

② 《马克思恩格斯全集》第 36 卷，人民出版社 1974 年版，第 419—420 页。

的远见卓识、理论勇气和政治勇气，在理论上突破社会主义不可能在经济文化落后的国家内取得胜利的传统观念，就很难在理论上进行创新、在政治上有所作为，创立列宁主义并领导建立世界上第一个社会主义国家。同样，毛泽东思想和邓小平理论的产生也是如此。如果不是毛泽东同志率先突破“城市暴动”的革命模式，开辟以农村包围城市最后夺取城市的新民主主义革命道路，也就很难取得革命的成功；如果不是邓小平同志率先提出“社会主义也可以搞市场经济”的论断，开辟一条改革开放的社会主义现代化道路，也就很难取得今天这样的伟大成就。因此，坚持和发展马克思主义需要有过人的理论勇气和政治勇气，这是一个带有普遍性的规律。没有过人的理论勇气和政治勇气，就无法在各种复杂的形势面前，排除各种干扰，坚持和发展马克思主义；只有有了这种过人的理论勇气和政治勇气，才能够敢于力排众议，顶住各种压力，更好地坚持和发展马克思主义。恩格斯曾经指出：“德国人的理论兴趣，只是在工人阶级中还没有衰退，继续存在着。在这里，它是根除不了的。在这里，对职位、牟利，对上司的恩典，没有任何考虑。相反，科学越是毫无顾忌和大公无私，它就越符合工人的利益和愿望。”①令人欣喜的是，恩格斯所说的这种忘我牺牲精神没有被湮灭，广大马克思主义理论工作者保持了这种可贵的品格，这正是马克思主义能够永葆生命力的希望所在。

马克思主义发展创新必须反对教条主义和其他的错误观点。马克思主义从来不是僵化的教条。事实上，马克思恩格斯是极端反对教条主义的。马克思生前以“不是马克思主义者”来嘲弄那些假马克思主义者；恩格斯也不同意把马克思的历史哲学教条化为代替具体研究的教义。他们不止一次地说过，不主张竖起任何教条主义的旗帜，认为他们的学说不是教条，而是行动的指南。他们对新社会的设想总是抱着谨慎的、实事求是的、历史唯物主义的态度。比如，在马克思恩格斯的著作中，他们对社会主义社会只是在批判资本主义时提出某些原则的设想，马克思恩格斯没有领导社会主义建设的实践经验，因而他们的某些设想仍属于理论范畴，属于观念形态，其正确与否必须接受实践的检验。这就要求我们对那些设想绝不能抱着教条化的“以马克思之是为是，以马克思之

① 《马克思恩格斯选集》第4卷，人民出版社1995年版，第258页。

非为非”的错误态度。不仅如此，我们还要结合新的历史发展，有勇气地抛弃对科学社会主义某些原理教条式的理解；抛弃对科学社会主义不科学甚至扭曲的认识；抛弃超越社会主义初级阶段的不正确思想。惟其如此，我们才能够得到马克思恩格斯著作中的“精髓”，用他们的科学世界观、方法论指导我们的行动，而不是用他们的“只言片语”束缚我们的手脚。当然，我们在反对教条主义的倾向时，也要反对否定马克思主义的各种错误倾向。近几年来，由于国际国内种种原因，我国的意识形态领域还存在各种错误的思想政治观点。比如，有的公开鼓吹“全盘西化”，即在政治上主张西方式的多党制和议会民主，走民主社会主义道路，在经济上主张私有化，在思想文化上主张取消马克思主义的指导地位，在价值观上主张极端个人主义的错误观点；有的歪曲党和人民的奋斗历史，诋毁马克思主义，煽动对党和政府不满的错误观点；有的对改革开放持怀疑和否定的态度，从“左”的方面反对党的现行路线方针政策的错误观点。这些错误的思想政治观点，不仅会扰乱人们的思想，而且会干扰全党全国的工作大局。我们要坚持和发展马克思主义理论，就必须同各种反马克思主义的错误观点作坚决的斗争。大量事实证明，思想文化阵地，马克思主义、无产阶级的思想不去占领，各种非马克思主义、非无产阶级的思想甚至反马克思主义的思想就会去占领。马克思主义是批判的、战斗的。战斗性是马克思主义与生俱来的品格，是马克思主义永葆青春活力的源泉。马克思主义要在斗争中发展，也必须在斗争中才能得到发展。这是早已被历史证明了的马克思主义发展规律。我们要继续高举马克思主义的战斗旗帜，拿起马克思主义的批判武器，旗帜鲜明地批判各种错误的思想政治观点。如果对那些错误的思想政治观点不闻不问，不批评、不斗争，那就是马克思主义理论工作者的严重失职。这就要求我们坚持唱响主旋律，打好主动仗，一方面科学生动地宣传马克思主义，另一方面自觉主动地运用马克思主义观点对各种错误的观点进行严肃地、充分说理地、实事求是地批评。当然，这种批评一定要坚持中央确定的方针原则，注意摆事实，讲道理，不无限上纲，不搞大批判。要严格区分政治和学术问题的界限。有什么问题就解决什么问题，是什么性质的矛盾就按什么性质来解决。只有这样，才能引导广大干部群众分清什么是真理，什么是谬误；什么是先进，什么是落后，不断抵制错误的、落后的、腐朽的思想文化的影响与侵蚀，在实践中坚持和发展马克思主义。

3. 坚持和发展马克思主义必须开展民主讨论与批评、自我批评

民主是社会主义革命的一个基本目标。在党内开展民主讨论与批评、自我批评，是马克思主义发展创新的一个重要途径。恩格斯指出："首先无产阶级革命将建立民主的国家制度，从而直接或间接地建立无产阶级的政治统治。"① 在《共产党宣言》中，马克思恩格斯再次强调：工人革命的第一步就是使无产阶级上升为统治阶级，争得民主。按照马克思主义创始人的设想，无产阶级的民主高于资产阶级的民主，因为这是多数人的民主代替少数人的民主。它表现为两个基本方面：一是从社会权力的运行体系上说，无产阶级的民主废除了旧的官僚体系，代之以广泛的普选制来选举人民"公仆"。他们认为，"用等级授职制去代替普选制，那是最违背公社精神不过的"，"而政府应执行的合理职能，则不是由凌驾于社会之上的机构，而是由社会本身的负责任的勤务员来执行"。② 二是从党内的政治运行体系上说，共产党应当成为民主的典范，为推进社会民主作出贡献。恩格斯在《关于共产主义者同盟的历史》中说：党"组织本身是完全民主的，它的各委员会由选举产生并随时可以罢免"。③ 他们还特别强调："在党内绝对自由地交换意见是必要的"，"工人运动的基础是最尖锐地批评现存社会。批评是工人运动生命的要素，工人运动本身怎么能避免批评，想要禁止争论呢？难道我们要求别人给自己以言论自由，仅仅是为了在我们自己队伍中又消灭言论自由吗？"④ 胡锦涛同志在党的十七大报告中指出：人民民主是社会主义的生命。发展社会主义民主政治是我们党始终不渝的奋斗目标。社会主义愈发展，民主也愈发展。在发展中国特色社会主义的历史进程中，中国共产党人和中国人民一定能够不断发展具有强大生命力的社会主义民主政治。改革开放 30 多年来，我国的社会主义民主政治建设不断取得新的成就，为马克思主义在中国的发展创新奠定了坚实的政治基础。必须看到，现实的社会主义是在经济文化比较落后的国家率先取得

① 《马克思恩格斯选集》第 1 卷，人民出版社 1995 年版，第 239 页。
② 参见《马克思恩格斯选集》第 3 卷，人民出版社 1995 年版，第 57、122 页。
③ 《马克思恩格斯选集》第 4 卷，人民出版社 1995 年版，第 200 页。
④ 《马克思恩格斯全集》第 37 卷，人民出版社 1971 年版，第 435、324 页。

胜利的，由于各种复杂的历史和社会的原因，发展社会主义民主不能一蹴而就。建设社会主义民主政治，是逐步发展的历史过程，需要从我国的国情出发，在党的领导下有步骤、有秩序地推进。我们要在实践中积极探索规律，不断推进中国特色社会主义民主政治的发展，使它在21世纪展现出更加蓬勃的生命力。这样，建立更加健全的民主制度，广泛开展民主讨论与批评和自我批评，就一定能够进一步促进马克思主义在中国的发展创新。

第六章　建设社会主义核心价值体系与提高国家文化软实力

文化软实力是综合国力的重要组成部分，是衡量一个国家综合国力强弱的重要尺度。文化软实力是由包括政治、外交、文化以及价值观构成的精神力量，它在国家的意识形态特别是核心价值体系中占据重要位置。建设社会主义核心价值体系对于提高国家文化软实力具有重要的战略意义。

一、文化软实力是综合国力的重要组成部分

胡锦涛同志在党的十七大报告中指出：当今时代，文化越来越成为民族凝聚力和创造力的重要源泉、越来越成为综合国力竞争的重要因素，丰富精神文化生活越来越成为我国人民的热切愿望。要坚持社会主义先进文化前进方向，兴起社会主义文化建设新高潮，激发全民族文化创造活力，提高国家文化软实力，使人民基本文化权益得到更好保障，使社会文化生活更加丰富多彩，使人民精神风貌更加昂扬向上。这一论述既借鉴了国外研究的新成果、体现了更加宽广的世界眼光，又进行了中国化的改造、赋予了马克思主义的新内涵，深刻揭示了提高国家文化软实力的重要意义和作用。

1. 什么是文化软实力

一般来说，“软实力”是相对于“硬实力”而言的，它不同于军事、经济、科技等可以用物质手段衡量的国家实力，而是包括政治、外交、文化以及价值观等在内的难以用物质手段衡量的国家实力。一个国家的综合国力，是一个国家所拥有的包括物质与精神各种因素在内的力量之总和。

“软实力”这个概念，最早是美国哈佛大学教授约瑟夫·奈提出的。1990 年，他在《谁与争锋》一书中驳斥了所谓“美国衰落论”，首次将国家的综合国力划分为硬实力和软实力。他认为，资源实力、经济

实力、军事实力和科技实力四大因素构成硬实力，这是有限的实力，真正具有无限力量的是软实力。美国以硬力量制造了军事遏制战略，用软力量瓦解了社会主义制度和人的思想，借助了软硬力量的结合，赢得了冷战的胜利。他强调，一个国家的软实力主要来自文化、政治价值观以及外交政策等资源。同年，他又在《政治学季刊》上发表《变化中的世界力量的本质》等一系列论文，正式定义"软实力"是用以指称相对于国家、民族、边界、领土等"硬实力"而言的文化、生活方式、意识形态、国民凝聚力和国际机制等，也就是指意图通过吸引力、感召力、同化力来影响、说服别人相信和同意某些行为准则、价值观念和制度安排等，从而获得理想结果的能力。1999 年，约瑟夫·奈对"软实力"概念予以重新定义：软实力是一个国家的文化与意识形态吸引力，它通过吸引力而非强制力获得理想的结果，它让其他人遵循你所制定的行为标准或制度，按照你的设想行事。2004 年，约瑟夫·奈将软实力简化为通过吸引力而非威逼或利诱达到目的能力，这种吸引力来自一国的文化、政治价值观和外交政策。在不少场合，约瑟夫·奈认为软实力就是文化影响力、意识形态影响力、制度影响力和外交影响力，它通过与硬实力不同的方式发挥作用。国家软实力的概念，最初是为了适应美国在世界确立领导地位的需要提出的。但是这个概念具有高度的概括性，它不仅概括了世界历史上国与国竞争的一个重要现象，而且将这场竞争引向更深层次：软实力的竞争就是国家与国家之间争夺人心的竞争。2009 年 10 月 17 日，日本《东洋经济》周刊刊登了约瑟夫·奈《"美国衰落论"并没有切中要害》的文章，认为"在隐藏电脑危险的信息社会，权力的分散或成为比移交权力更大的威胁。""不要只从对其他国家的统治能力这一观点去思考实力问题，而要从实现目标的观点去思考实力问题，这一点至关重要。为应对跨国界的问题而对其他国家提供支持，也有利于达到自己的目的。在这个世界上，网络与联系是力量的重要源泉"。①

我们党提出国家文化软实力有明确的内容：文化软实力是国家软实力的重要组成部分。它包括文化凝聚力、文化创造力、文化影响力、文化竞争力，其核心是一个国家的价值体系，而其外延则包括物质文化和

① 《参考资料》2009 年 10 月 27 日第 203 期，第 36 页。

精神文化的方方面面，涉及软实力构成中的生活方式、意识形态、制度文化和外交机制，其最终的结果是国家的整体综合国力和每个国民的文化创造能力和科学文化素质的提高。应当注意的是，文化软实力的建设与一个国家硬实力密不可分，硬实力依然是软实力的强大的后盾和基础。在全球化时代，文化与经济、军事、科学技术的联系日益深刻，已经是不可分割的整体，尤其在构成经济和军事的核心竞争力的科学技术方面，文化的力量已经无所不在，而广义的文化产业已经是硬实力的重要方面。因此，文化软实力的提高必须是与硬实力的发展同时进行，才能相得益彰，相辅相成。这也是符合唯物辩证法的基本原理的。唯物辩证法认为，物质可以变精神，精神也可以变物质，在一定条件下，精神的力量甚至能够起到关键的作用。文化是一个国家进步的灵魂和动力，是一个民族凝聚的精神纽带。江泽民同志多次说过，一个民族、一个国家，如果没有自己的精神支柱，就等于没有灵魂，就会失去凝聚力和生命力。有没有高昂的民族精神，是衡量一个国家综合国力强弱的一个重要尺度。综合国力，主要是经济实力、技术实力，这种物质力量是基础，但也离不开民族精神、民族凝聚力，精神力量也是综合国力的重要组成部分。① 中华民族具有强大的凝聚力，民族凝聚力也是综合国力的重要组成部分。有了这种凝聚力，我们就能勇往直前地战胜一切艰难险阻。当今世界，文化与经济、政治相互交融，包括经济实力、国防实力和民族凝聚力在内的综合国力的较量和竞争日趋激烈，文化软实力在综合国力竞争中的地位和作用越来越突出。随着世界多极化、经济全球化深入发展，世界范围内各种思想文化交流、交融、交锋更加频繁，进一步凸显了文化软实力在综合国力竞争中的战略地位和作用。世界现代化的历史表明，一个民族只有站在时代前列，保持文化的活力和创造性，发挥文化软实力的作用，才能够自立自强。而没有文化根基的民族、丧失文化独立性的民族，在当今激烈竞争的国际环境中，都将无法自立于世界民族之林。毛泽东同志曾经说过："我们承认总的历史发展中是物质的东西决定精神的东西，是社会的存在决定社会的意识；但是同时又承认而且必须承认精神的东西的反作用，社会意识对于社会存在的反作用，上层建筑对于经济基础的反作用。这不是违反唯物论，正是避免了

---

① 参见《江泽民论社会主义精神文明建设》，中央文献出版社 1999 年版，第 145 页。

机械唯物论，坚持了辩证唯物论”。[①] 我国作为世界上历史文明悠久的最大的发展中的社会主义国家，要在激烈的国际竞争中立于不败之地，就不仅要加强经济和国防等硬实力建设，而且要加强文化软实力建设，充分发挥文化在国家软实力、民族凝聚力方面的作用。只有这样，我们才能使璀璨的中华民族文化与时俱进，再现辉煌，把全民族的精神力量转化为促进经济社会全面发展的动力，不断提高包括文化软实力在内的综合国力，展示中华民族独特的文化风采和精神风貌，使中国成为对外更加开放、更加具有亲和力、为人类文明作出更大贡献的富强民主文明和谐的社会主义现代化国家。

2. 文化软实力是国家文化形象的体现

文化软实力表现为国家的感召力和吸引力，是国家文化形象的体现。一个文化软实力强大的国家，其文化必然有强大的感召力和吸引力。一个良好的国家文化形象，其国民必然具有高尚的文明素质和精神风貌。中华民族具有悠久的文明史和丰富的文化资源，是提升我国文化软实力取之不尽、用之不竭的源泉。新中国成立以来特别是改革开放以来，随着社会主义文化的繁荣和发展，我国文化软实力又有了新的长足发展。正如胡锦涛同志在中国文联第八次全国代表大会、中国作协第七次全国代表大会上的讲话中所指出的那样：中华民族历来以悠久而丰富的文化著称于世。在五千多年的历史演进中，在祖国这片广阔神奇的土地上，勤劳智慧的我国各族人民自强不息、百折不挠，在改造山河、改善生活的不懈奋斗中，创造了饱蕴中华民族思想精髓和价值追求的灿烂文化。文艺是中华文化史册中色彩瑰丽的篇章。从我国秦汉以前的诗经、楚辞到汉赋、唐诗、宋词、元曲以及明清小说，从五四运动时期兴起的新文化到新中国成立以来的社会主义文艺，我国人民创造的形式多样的优秀文学艺术，描绘了我国人民壮阔而又艰辛的奋斗历程，展示了我国人民细腻而又丰满的艺术情趣，记录了我国人民充实而又多彩的社会生活，是中华文化宝库中的瑰宝。中华民族的优秀文化，生生不息，绵延不绝，是我国人民几千年来克服艰难险阻、战胜内忧外患、创造幸福生活的强大精神力量。每一个中华儿女都为我们伟大的民族拥有这样

---

① 《毛泽东选集》第1卷，人民出版社1991年版，第326页。

源远流长、博大精深的文化而感到自豪。

3. 文化是价值观的载体和反映

文化的含义十分丰富。据专家考证，全世界关于文化的定义有 200 多个。一般来说，文化是经过人加工和创造的产物。因此，文化与价值密切相关。国外有的学者认为，“文化可以被定义为一个‘主导价值加解释’的体系”。① 还有的认为，文化与价值密不可分。“在一切文化现象中都体现出某种为人所承认的价值，由于这个缘故，文化现象或者是被产生出来的，或者是即使早已形成但被故意地保存着……关于价值，我们不能说它们实际上存在着或不存在，而只能说它是有意义的，还是无意义的。文化价值或者事实上被大家公认有效的，或者至少被文化人（与自然人相对——译者注）假定为有效的”。② 尽管这种文化价值观存在相对主义的偏差，但他们把文化与价值密切联系起来认识是有一定的合理成分的。从一定意义上说，文化是人类作为社会主体的能动创造，必然与一定的价值观相联系。“文化”（Culture）一词的拉丁文原意含有“耕作”的意思。就是说，凡是经过人加工的东西，都是文化的；凡是没有经过人加工的东西，都是自然的。1871 年，英国学者泰勒首次将“文化”界定为人类整个生活方式的总和。

随着清末西学东渐，前辈学人开始用“文化”一词来翻译英文 Culture，其含义包括知识、信仰、道德、法律、文艺和风俗等内容，这样，文化就成为和文明具有同等意义的概念。人类的文明活动都带有文化的色彩。而从价值的角度看，“文化是满足人的需要的创造活动和价值体系”。③ 从这个意义上说，文化是人类的能动创造，发生在人类活动的一切领域，林林总总，包罗万象。我国著名学者黄楠森先生在《站在人类先进文化发展的潮头》文章中对文化作过系统地归纳，他认为文化大致可分以下种类：第一类文化现象就是科学技术（这里指的主要是自然科学技术），这是一个社会的物质生产水平的直接反映并直接推动生产的发展。第二类的文化现象是经济思想和经济理论，它是经济制度的直接反映并直接推动和指导经济制度的变化。第三类文化现象是政治

① 弗雷德·英格利斯：《文化》南京大学出版社 2008 年版，第 159 页。

② H·李凯尔特：《文化科学与自然科学》涂纪亮译，商务印书馆 1986 年版，第 21 页。

③ 衣俊卿：《文化哲学》云南人民出版社 2001 年版，第 61 页。

法律思想和理论，它诚然是一个社会的政治活动的反映，但首先却是社会经济制度的反映。第四类文化现象是语言文字，语言文字是人类文化的重要组成部分，是人类生产劳动和全部社会实践的产物，服务于全部社会实践，贯穿于人类社会的一切领域。第五类文化现象是道德伦理观念、善恶标准和道德伦理理论。道德伦理现象是文化的重要组成部分，也是观念上层建筑的重要组成部分。第六类文化现象是宗教现象。宗教是唯心主义的，但它作为人类传统文化的重要组成部分已深深地生长在现代社会中，成为现代文化的重要组成部分。第七类文化现象是文学艺术。文学艺术是具有最广泛群众性的文化现象，可能没有人不欣赏文学艺术，因而文学艺术对于人的观念、思想、情感具有最强大的感染作用。第八类文化现象是哲学和社会学说。哲学和各种社会学说（包括前面所说的经济理论和政治法律理论）也是文化的重要组成部分，它们的性质比较复杂，一方面是知识，因而可以成为科学，一方面是意识形态，表现了一定的阶级利益。第九类文化现象是教育和教育思想。以上八个文化领域彼此可以相对地分开，但作为文化的一个重要领域教育却无法与这些领域分开。教育活动本身诚然是一种特殊的文化活动（知识、技能的传授与学习、品德的陶冶与修养、身体的锻炼等），但教育的内容却离不开上述各个领域。因此，教育在文化中具有综合性、代表性，教育水平的高低能够代表一个国家的文化水平的高低，要提高文化水平，加强教育是唯一途径。第十类文化现象是新闻出版事业。新闻出版事业是另一个具有综合性的文化因素。第十一类文化现象是公共文化设施及其活动，它是由政府或社会设立的面向社会大众的文化设施及其活动，也是一种综合性的活动。第十二类文化现象是民间文化。民间文化也是一个具有综合性的文化领域，即自发地流行于民间的通俗的素朴的文化，缺乏自觉性、理论性、系统性，然而为广大群众所喜闻乐见，对群众具有潜移默化的作用，有强大的影响力。①

文化作为人类的能动创造，必然随着人类社会的不同发展阶段而表现出巨大的差异。在五千多年的历史发展中，中华民族的古代文化一直处于世界领先地位，人们对这种文化差异认识还不深。只是到了近代，

① 参见黄楠森：《站在人类先进文化发展的潮头》，《北京林业大学学报（社会科学版）》2002 年第 4 期。

由于旧中国被动挨打一步步沦为半殖民地半封建社会后，人们才逐步对传统文化进行反思。1922 年 2 月，梁启超在《五十年中国进化概论》中说："近五十年来，中国人渐渐知道自己的不足了。这点子觉悟，一面算是学问进步的原因，一面也算是学问进步的结果。第一期，先从器物上感觉不足。这种感觉，从鸦片战争后渐渐发动……觉得有舍己从人的必要，于是福建船政学堂、上海制造局等等渐次设立起来……第二期，是从制度上感觉不足。自从和日本打了一个败仗下来，国内有心人，真像睡梦中着了一个霹雳，因想道，堂堂中国为什么衰败到这田地，都为的是政制不良，所以拿'变法维新'做一面大旗，在社会上开始运动……第三期，便是从文化根本上感觉不足。第二期经历的时间比较的很长，——从甲午战役起到民国六七年间止……这二十年间，都是觉得我们政治、法律等等，远不如人，恨不得把人家的组织形式，一件件搬进来，以为但能够这样，万事都有办法了。革命成功将近十年，所希望的件件都落空，渐渐有点废然思返，觉得社会文化是整套的，要拿旧心理运用新制度，决计不可能，渐渐要求全人格的觉悟。恰值欧洲大战告终，全世界思潮都添了许多活气，新近回国的留学生，又很出了几位人物，鼓起勇气做全部解放的运动。所以最近两三年间，算是划出一个新时期来了"。① 20 世纪 90 年代以来，我国学术界再次兴起"文化热"。人们在反思鸦片战争之后的落后原因、寻找中国与西方的差距时，较为赞同梁启超"器物、制度、文化三不足"的见解。比如，我国有学者指出：价值观是文化的灵魂。文化是一种极其复杂的社会现象，它包括了所有人为的创造物。一般来说，文化包括一个民族、国家的历史地理、风土人情、传统习俗、生活方式、文学艺术、行为规范、思维方式、心理情感、价值观念等。我们可以把文化分为器物、制度和观念三个层面。器物层面的文化处于文化的最表层，指人们在物质生产活动中所创造的全部物质产品，以及创造这些产品的手段、方法、工艺等；制度层面的文化处于文化的中层，它是人们为确立一定的社会关系并对其进行整合、调控而建立的各种规范体系；观念层面的文化则处于文化的最里层，它包括人们的心态、心理、观念、思想、信念、信仰以及理论化对象化的思想理论体系等。需要说明的是，文化的器物、制度和观念

① 李华兴，吴嘉勋编：《梁启超选集》，上海人民出版社 1984 年版，第 833—834 页。

三个层面划分是思维中的抽象。实际生活中，文化的三个层面或三个层面的文化是相互交织、渗透在一起的，彼此不能分开。例如，一所房子，是在一定设计理念指导下建起来的，并且是在一定的制度组织条件下完成的。也就是所说，这所房子既内含了一定的制度，又内含了一定的观念。三个层面中，器物层面最活跃，变动最频繁；制度层面则规定着文化整体的性质，变动缓慢；观念层面处于最深层、最核心的位置，最为稳固。价值观作为观念的“观念”，又是观念的核心。马克思主义认为，主客体关系是人类社会最普遍的现实关系。价值作为反映主客体之间关系的范畴，标示客体的存在、作用及其变化对一定主体需要及其发展的某种适合、接近或一致。价值观作为关于价值的观念系统，是对一系列价值关系和普遍性价值问题所持的立场、观点和态度的总和。由于国情的不同、民族和文化传统的差异，不同时代，不同民族、国家的价值观往往各不相同。有什么样的文化就有什么样的价值观，反过来说，有什么样的价值观就会有什么样的文化。任何价值观都不可能脱离一定的文化而独立存在；同样，没有价值观的文化也是不存在的。因而，价值观建设对于文化建设来说至为根本。①

二、社会主义核心价值体系是国家文化软实力的核心内容

任何一个社会都要确立自己的核心价值体系作为赖以生存和发展的精神支柱，都要把自己的核心价值体系建设作为国家文化软实力的重要内容。社会主义国家也不例外。社会主义核心价值体系是国家文化软实力的核心内容，提高国家文化软实力必须建设社会主义核心价值体系。

1. 社会主义核心价值体系能够提升中华民族创新力

文化具有教育、启迪、陶冶、审美、愉悦等功能和作用，文化软实力包括理论指导力、理想凝聚力、道德教化力、舆论导向力、艺术熏陶力等内容。这些内容构成了一个社会的主流意识形态。意识形态是文化软实力的核心。而在意识形态中，最集中体现意识形态本质的是其核心价值体系。在社会生活中，核心价值体系以其价值的整合、导向和认同

---

① 参见上海市中国特色社会主义理论体系研究中心：《建设社会主义核心价值体系的文化意义》，《光明日报》2009 年 7 月 7 日。

功能对全体社会成员发挥着积极的引导和凝聚作用，它渗透于社会生活的各个方面，影响着人们的思维方式和行为方式，成为民族生命力、创造力和凝聚力的重要源泉。①

社会主义核心价值体系是一个有机联系的整体：它以马克思主义为指导思想，以中国特色社会主义共同理想为主题，以民族精神和时代精神为精髓，以社会主义荣辱观为基础。社会主义核心价值体系作为社会主义意识形态的本质体现，对提高国家文化软实力和维护意识形态安全具有重大战略意义。党的十七大提出“提高国家文化软实力”的战略任务，就是要在马克思主义指导下，不断推进社会主义核心价值体系建设，建设社会主义先进文化和社会主义精神文明，增强社会主义意识形态的吸引力和凝聚力；就是要弘扬中华文化，建设中华民族共有精神家园，建立适合我国基本国情，与社会主义市场经济相适应、与中华民族传统美德相承接、与当代人类文明发展相一致的民族精神、时代精神、道德规范、行为准则，打造中华民族屹立于世界民族之林的精神支柱；就是要建设和谐文化、培育文明风尚，推进文化创新、增强文化活力，发展文化事业、创新文化产业，增强中华民族的文化创造力，提高中国文化的国际影响力。实践证明，建设社会主义核心价值体系有利于提升中华民族创新力。人类历史的发展说明，先进文化在人类文化之林中，顺应历史潮流，反映时代精神，是推动人类文明和社会前进的精神动力。社会主义核心价值体系是社会主义先进文化的集中体现。建设社会主义核心价值体系是提升中华民族创新力的必然要求。早在《新民主主义论》中，毛泽东同志就指出：“我们共产党人，多年以来，不但为中国的政治革命和经济革命而奋斗，而且为中国的文化革命而奋斗；一切这些的目的，在于建设一个中华民族的新社会和新国家。在这个新社会和新国家中，不但有新政治、新经济，而且有新文化”。② 新中国成立后，我们党领导社会主义革命、建设和改革开放的伟大事业，前无古人、史无先例，需要不断解放思想、开拓创新。江泽民同志说过，创新是一个民族的灵魂，是一个国家兴旺发达的不竭动力，也是一个政党永

① 参见张传开：《社会主义核心价值体系是当代中国人民的主心骨》，《求是》2009 年第 15 期。

② 《毛泽东选集》第 2 卷，人民出版社 1991 年版，第 663 页。

葆生机的源泉。创新，包括理论创新、体制创新、科技创新、文化创新及其他创新。理论创新是其他创新的思想基础。我们进行理论创新，就是要使我们党的基本理论在继承的基础上不断吸取新的实践经验、新的思想而向前发展。体制创新是推动各项事业创新的制度保证。我们进行体制创新，就是要不断完善适应发展社会主义市场经济、全面建设有中国特色社会主义要求的各方面的体制。科技创新是推动经济发展和社会进步的强大动力。我们进行科技创新，就是要使科学技术成为我国跨世纪发展的强大推动力量。文化创新为经济发展和社会进步提供智力支持。我们进行文化创新，就要坚持先进文化的前进方向，全面建设和繁荣我国的文化事业。所有这些方面的创新，都离不开建设社会主义核心价值体系。建设社会主义核心价值体系，有利于弘扬改革创新精神，树立科学创新理念，培育先进创新文化，激发事业创新热情，迸发实践创新活力，共同推进建设中国特色社会主义伟大事业。

2. 社会主义核心价值体系能够增强中华民族凝聚力

文化软实力对于增强民族凝聚力具有重要作用。纵观人类历史，一个国家，一个民族要兴旺发达，要自立自强于世界民族之林，必须有一种自强不息的民族精神。有了这种民族精神，才能具有民族凝聚力和向心力，才能激发民族成员的归属意识、进取意识、奋斗意识，形成推动社会发展和进步的强大精神动力。民族凝聚力从哪里来？一个重要方面是来自于一个国家和民族的国民对于本国、本民族核心价值体系的认同。国家和民族是历史形成的。人们在长期共同的认识和实践活动中，由于使用共同语言，生活在共同地域，必然要形成以共同文化和共同心理为基础的价值观念。其中居核心地位、起主导和统领作用的就是核心价值体系。这种核心价值体系，不仅内在植根于一个国家和民族社会成员意识深处、为社会成员所普遍接受，而且外在表现为一个国家和民族的社会习俗和道德秩序，进而调节社会关系和人们的行为规范。这种对核心价值体系认同所形成的民族凝聚力，是一个国家和民族重要的文化软实力。

现在，世界上许多国家都十分重视核心价值体系的灌输和民族精神的培养。比如，独立后的新加坡，在发展经济的同时，以各种方式向国民灌输“我是新加坡人”的民族精神和国家意识，尤其注重培养国民的社会责任和效忠国家的品格，以增强国家和民族的凝聚力。正是这种民族精神的凝聚，新加坡人不分种族、语言、宗教，团结一致，在短短的几十年内，就将一个昔日殖民地建设成为一个繁荣昌盛的现代化国家。中华民族更是如此。在数千年的历史发展和文明创造活动中，形成以爱国主义为核心的伟大的中华民族精神，这是中华民族生生不息、发展壮大的强大精神动力。新中国成立以来，我们党领导人民在探索中不断奋进，新的时代丰富了伟大的中华民族精神。在当代中国，这种伟大的中华民族精神已成为社会主义核心价值体系的重要内容。我们必须大力培育中华民族精神，不断提高全体人民的国家意识和团结意识，增强民族自尊心、自信心和凝聚力。要把热爱祖国、忠于祖国作为公民的最基本要求，强化公民对国家的认同感、归属感，牢固树立国家利益高于一切的观念，自觉将个人的荣辱得失与国家、民族的盛衰强弱紧密结合在一起。要把民族的团结作为中华民族根本利益所在，大力倡导各民族团结和睦、平等互助、共同发展，自觉维护民族团结、维护国家统一、维护社会稳定，坚决反对任何形式的民族分裂、危害祖国统一、危害社会稳定的言行。要弘扬中华民族独立自主、自强不息的奋斗精神，敢于迎接各种挑战，经受任何风浪考验，艰苦创业，奋发图强。要以热爱祖国，贡献全部力量建设祖国为最大光荣，以损害祖国利益、尊严和荣誉为最大耻辱，以文明、开放、自信、和平的精神风貌自立于世界民族之林。

3. 社会主义核心价值体系能够扩大中华文化影响力

文化影响力是国家文化软实力的重要体现。一个国家和社会的核心价值体系，是与一个国家和社会的文化形态密切联系在一起的。世界上不同的国家和民族都有不同于其他国家和民族的文化形态，不仅成为有别于其他国家和民族的文化标志，而且成为有别于国家和民族凝聚力的精神源泉。

建设社会主义核心价值体系，有利于扩大中华文化影响力。中华文化具有五千年的悠久历史，是建设社会主义核心价值体系的文化源头。而渊源于中华五千年文明、植根于现代化建设伟大实践的中国特色社会主义文化，就是当代的中华民族新文化，是团结和凝聚中国人民和中华民族的文化旗帜。在当代中国，社会主义核心价值体系与中国特色社会主义文化是一个统一的整体。我们党领导建设的社会主义先进文化，是以马克思主义为指导的，面向现代化、面向世界、面向未来的，民族的科学的大众的中国特色社会主义文化。这种社会主义先进文化是社会主义经济、政治的反映，又为社会主义经济、政治的发展提供思想保证、精神动力和智力支持。它要求必须坚持和巩固马克思列宁主义、毛泽东思想、邓小平理论、“三个代表”重要思想和科学发展观在文化建设中的指导地位；必须全面贯彻党的文化建设的方针、政策，坚持为人民服务、为社会主义服务的方向和百花齐放、百家争鸣的方针，弘扬主旋律，提倡多样化，必须坚持用先进文化引领各种社会文化的发展，用社会主义核心价值体系引领和整合多样化社会思想，大力支持健康有益文化，努力改造落后文化，坚决抵制腐朽文化。总之，发展中国特色社会主义文化，最重要的是：把握“一个方向”，就是牢牢把握社会主义先进文化前进方向；建设“一个体系”，就是大力推进社会主义核心价值体系建设；坚持“两手抓”，就是一手抓公益性文化事业，一手抓经营性文化产业；达到“三个更加”的目标，就是兴起文化建设新高潮，提高国家文化软实力，推动社会主义文化大发展大繁荣，使人民基本文化权益得到更好保障，使社会文化生活更加丰富多彩，使人民精神风貌更加昂扬向上。[①] 建设社会主义核心价值体系，就要在发展社会主义文化的基础上，继承和发扬一切优秀的文化，充分体现时代精神和创造精神，不断提升中华民族创新力，把亿万人民紧紧吸引在中国特色社会主义的伟大旗帜下。

新中国成立以来特别是改革开放以来，随着国家文化软实力的提高，中华文化影响力不断扩大。“目前，我国已同 145 个国家签订政府间文化合作协定和近 800 个年度文化交流执行计划，与上千个文化组织保持密切的合作关系。从中央到地方、从政府至民间，文化交流的规模和范围空前扩大，内容和形式日益丰富，渠道和层次日趋多样。在大力推动、实施中华文化走出去，开展对外文化援助项目的同时，积极引进世界优秀文化。自上世纪 90 年代起，先后举办‘国际交响乐音乐年’、‘国际歌舞年’、‘国际美术年’等国际艺术主题年活动，集中引进世界一流的文化产品。进入新世纪，搭建了‘北京国际音乐节’、‘亚洲艺术节’、‘中国国际民间艺术节’等国际文化交流平台，架设了中外人民和艺术家沟通的桥梁，同时也奠定了中国作为亚洲国际文化活动中心

---

① 参见刘云山：《毫不动摇地高举中国特色社会主义伟大旗帜》，《求是》2008 年第 2 期。

国的地位。通过开展双边、多边、地区间和国际间的文化合作，强化了我在国际多边文化事务中的话语权”。① 现在，随着经济与文化相互联系的密切，中华文化影响力表现出巨大的经济影响力。比如，2009 年 5 月 15 日至 18 日，第五届中国国际文化产业博览交易会在深圳举行。短短几天时间，文博会交易额高达 877. 62 亿元，比上届增加 175. 3 亿元。其中出口交易额 87. 66 亿元，占成交总金额的近 10%。在金融危机持续蔓延的大背景下，文博会可观的交易量和出口额，让人眼前一亮。文博会好像一个窗口，生动展现了近年来我国文化软实力不断提高的喜人局面：一批具有开拓国际文化市场能力的文化企业不断壮大，一批具有民族特色、自主知识产权和原创性的知名文化品牌不断涌现；公共文化服务体系不断健全，精品佳作迭出，人民群众精神文化生活更加丰富；文化产品出口大幅增长，开始占据国际文化市场“一席之地”；中国文化年、文化周、文化节等国际文化交流活动蓬勃开展，孔子学院迅速发展，中华文化影响力不断扩大……②

三、大力提高国家文化软实力

在新世纪新阶段，文化越来越成为国家软实力的重要内容，成为调节社会关系、影响可持续发展和国家竞争力的重要因素。中国要发展、富强，就必须建设社会主义核心价值体系，发展中国特色社会主义文化，大力提高国家文化软实力。

1. 提高国家文化软实力的重大意义和作用

提高国家文化软实力，对于提升国家形象和国际地位具有重大意义。从国际上看，西方发达国家在文化软实力方面仍然具有强大的优势。比如，美国在影视业方面生产制作了世界 75%的电视节目，在世界 125 个主要市场播出。美国电影在世界 150 多个国家地区放映，现已占欧洲票房的 70%。以版权业为例，2001 年美国版权产业创造的增加值为 7912 亿美元，占美国 GDP 的 7. 75%，成为重要支柱产业，为 471 万人提供了就业机会，占整个劳动力的 3. 5%。同年美国版权外贸收入达

---

① 蔡武：《新中国 60 年对外文化工作发展历程》，《求是》2009 年第 15 期。

② 参见中共中央宣传部理论局：《理论热点面对面 2009》学习出版社 人民出版社 2009 年版，第 132 页。

889 亿美元，再度领先于其汽车制造、航天等产业。西方其他国家文化产业发达迅速。英国文化产业年产值超过 600 亿英镑，占 GDP 的 4%，超过所有传统产业；2000 年日本文化产业规模为 85 万亿日元，占 GDP 的 17%，其游戏软件产值占全球第一。① 美国把自己的价值观寓于文化产品之中，向全世界推销西方的民主、自由、人权等思想观念，从而提高国家文化软实力，维护其霸权和强权的大国地位。

一个国家文化软实力是一个国家核心竞争力的体现和标志。有学者提出，“软实力”产生于一个国家的文化吸引力、政治行为准则和政策。一个国家的政策在别国眼里看起来合法合理，那么该国的“软实力”就会得到提升；一个国家的文化、价值体系有吸引力，那么其他国家就会追随；一个国家能够用自己的文化和价值体制塑造世界秩序，它的行为在其他国家眼里就更具有合法性，它也可以通过自己的价值和制度力量来规范世界秩序，而不需要诉诸武力和经济制裁。据研究，美国的“软实力”主要体现在：美国几乎吸引了 6 倍于德国的全球移民，居世界第一。德国为世界上第二大移民国；美国是世界上最大的电影和电视节目出口国；在全球 160 万留学生中，在美国留学的外国学生占 28%，英国以 14%居第二；2002 年，有 86000 名外国学者在美国的教育机构工作。另外，美国的出版物居世界首位；美国的音乐制品是日本的两倍，后者居世界第二位；美国的电子网址是日本的 13 倍，后者居世界第二位；美国的物理、化学和经济学诺贝尔奖居世界首位；文学诺贝尔奖居法国之后，位于世界第二位；在科学杂志上发表的文章是日本的四倍，后者位居世界第二。约瑟夫·奈还认为，美国的“软实力”还体现在对于各种文化的包容、社会的责任和人们之间的诚实与信任。这也是这个民族的吸引力所在。发达的非营利组织、志愿组织也是国家软实力的标志。志愿组织和志愿者的发展是一个国家和民族社会责任感的重要体现。②

与发达国家相比，我们在文化软实力的输出与影响方面还有一定的距离。这就要求我们不断提高国家文化软实力，充分发挥文化在塑造国

① 参见《中国文化产业发展报告》，社会科学文献出版社 2001 年版，第 252、286 页。
② 参见丁元竹：《“软实力”产生于文化吸引力》，《文汇报》2006 年 10 月 9 日。

家形象方面的重要作用，进一步用中国的文化亲和力来提升我国的国际亲和力和大国地位。一个国家有没有国际亲和力，是一个国家有没有文化软实力的体现。人不是经济动物，国家也不是经济机器。在经济全球化条件下参与国际经济合作和竞争，离不开文化的交流合作与支撑。在全方位开放条件下把握对外开放主动权，也离不开文化的交流合作与支撑。我们要通过提高国家文化软实力，增强中华民族文化的国际影响力，增强我国文化产业的国际竞争力，更好地展示中华民族睦邻友好、以和为贵、雍容大度的优秀传统，展示我国推动和谐发展、和平发展和构建和谐世界的文化理念，展示我国面向现代化、面向世界、面向未来的国际形象。

2. 提高国家文化软实力是一个系统工程

提高国家文化软实力是一个综合的系统工程，涉及经济、政治、文化、社会建设的方方面面。一个国家的文化软实力，不仅包括一个国家的核心价值观，还包括一个国家的文化事业和文化产业。提高国家文化软实力，首先要提高国家核心价值观的影响力。从国家的层面上看，社会主义核心价值体系作为国家核心价值观，决定着中国特色社会主义的发展方向，决定着中华民族伟大复兴的光明前景。提高国家文化软实力，必须着力建构国家核心价值观，使国民能够科学把握国家的前途和命运。

恩格斯说过，一个没有理论思维的民族，是不可能站在科学的最高峰的。哲学作为时代精神的精华和人类文明的活的灵魂，对于提升一个民族的理论思维能力至关重要。提高国家文化软实力，必须提高人们的理论思维能力和理论创新能力。我们党作出实施马克思主义理论研究和建设工程的重大决策，强调用马克思主义中国化的理论成果武装头脑，就是提高国家文化软实力的重大举措。在经济体制深刻变革，社会结构深刻变动，利益格局深刻调整，思想观念深刻变化的条件下，社会意识越是出现多样化倾向，就越要有统一的指导思想，就越要加强社会主义核心价值体系建设，使之成为当代中国人民的主心骨。社会主义核心价值体系，只有得到全国人民的广泛认同，才能在实践中显现出鲜活生命力，才能在中华民族的大家庭中焕发出强大凝聚力。社会主义核心价值体系作为国家文化软实力的核心内容，必须寓于社会主义先进文化建设之中。在这方面，有学者提出了很好的见解。总的来说要从以下几个方面入手：一是增强文化凝聚力。历史经验表明，任何一个国家要把全社会的意志和力量凝聚起来，都必须有一套与经济基础、政治制度相适应的核心价值体系。我国是一个拥有13亿多人口、56个民族的大国，靠什么统一人们的思想、凝聚人们的力量呢？必须靠统一的指导思想、共同的理想信念、强大的精神支柱和基本的道德规范，也就是社会主义核心价值体系。如果没有这样的核心价值体系作统领，就会失去团结一致、共同奋斗的思想道德基础，就会导致人心涣散、社会混乱。为此，我们必须把建设社会主义核心价值体系作为提高我国文化软实力的核心任务，坚持不懈地用马克思主义中国化最新成果武装全党、教育人民，用中国特色社会主义共同理想凝聚力量，用以爱国主义为核心的民族精神和以改革创新为核心的时代精神鼓舞斗志，用社会主义荣辱观引领社会风尚。二是激发文化创造力。创新是文化的本质特征，是推动文化繁荣发展、提高国家文化软实力的不竭动力。要充分发挥人民群众在文化建设中的主体作用，充分调动广大文化工作者的积极性，进一步激发人民群众的文化创造潜能，使文化大发展大繁荣拥有广泛而坚实的群众基础。要积极营造宽松和谐的文化发展环境，动员党政各部门、社会各方面共同参与文化建设，让一切文化创造的活力竞相迸发，让一切文化创造的源泉充分涌流，让一切有志于文化创造的建设者的积极性得到充分发挥。三是强化文化传播力。在当今这个信息社会，谁的传播能力强大，谁的文化理念和价值观念就能广为流传。文化的传播能力已经成为国家文化软实力的重要因素。提高我国文化软实力，一方面要不断丰富和创新文化内容形式，同时还必须花大力气提高文化传播能力。要把提升主流媒体影响力作为提高文化传播能力的战略重点，形成与我国国际地位相称的舆论力量。同时要高度重视互联网在文化传播方面的巨大潜能和不可估量的作用，高度重视互联网的运作和管理，把发展积极健康的网络文化作为提高我国文化软实力的新引擎，努力使互联网成为传播社会主义先进文化的新阵地和人们健康精神文化生活的新空间。四是扩大文化影响力。文化影响力是衡量和展示一个国家文化软实力的重要因素。2006年5月，美国《新闻周刊》评选出进入21世纪以来世界最具文化影响力的一些国家文化及其形象符号，其中代表中国的文化形象主要有：汉语、北京故宫、长城、苏州园林、孔子、道教、孙子兵法、兵马俑、丝绸、瓷器、京剧、少林寺、功夫、西游记、针灸、中国烹饪等。由此可以看出，外国人对中国文化形象的了解更多的还是中国传统文化。为了扩大中国现当代文化的影响力，我们必须借助现代化的文化艺术形式和现代文化传播手段，创造出更多富于时代气息、体现中国特色的文化标志、文化符号和文化品牌，使现代中国文化尽快走出国门，影响世界。①

3. 提高国家文化软实力要大力发展文化事业与文化产业

大力发展文化事业和文化产业是提高国家文化软实力的必由之路。党的十六大以来，我国对发展文化事业和文化产业提出了不同的要求，强调在始终把社会效益放在首位的前提下大力发展各类文化事业和文化产业。

发展文化事业，是满足人民群众基本文化需求和保护人民群众基本文化权益的需要。文化事业面向社会，具有公益性、服务性，不能完全采取市场化的经营管理方式，只能采取国家在投入上予以保障、在政策上予以扶持的方针，为公众提供基本的文化产品和服务。这是实现人民群众基本文化利益的基本保证。现在，国家已把文化公益事业纳入基本财政开支的范畴，加大投入力度，扩大人民群众的文化生活空间，提高全社会的文化生活质量。比如，对科技馆、文化馆、博物馆、图书馆、科教网络和青少年活动场所等公益文化单位，给予必要的经费保障。对有一定经营能力的宣传文化单位，如党报、党刊、电台、电视台等，区分情况，给予一定的财政补贴。同时，完善和落实文化经济政策，扶持党和国家的重要媒体、社科研究机构，扶持重大公共文化设施建设特别是代表国家和地区形象的标志性文化工程建设，扶持优秀民族文化遗产和民间艺术的保护，扶持老少边穷地区和中西部地区的文化发展。

发展文化产业，是推动文化事业进步和提高国家文化软实力的重要途径。文化产业面向市场，具有商业性、经营性，需要采取市场化的经营管理方式，为消费者提供合适的文化产品和服务。当今世界，随着文化产业在社会生活和国民经济中的地位迅速上升，文化产业越来越成为重要的支柱产业和新的经济增长点。历史地看，我国文化产业发展起步较晚，近几年来国家不断制定和完善文化产业政策，对指导我国文化产业发展起到了重要作用。比如，国家运用财税金融等手段支持文化产业

① 参见韩振峰：《提高国家文化软实力》，《中国文化报》2008 年 8 月 27 日。

的发展，提高文化产业在国民经济中的比重。对容易形成规模的产业给予优先安排，重点发展新闻传媒业、图书音像业、文化娱乐业、文化信息业、文化演出业、艺术品业。按照专业分工和规模经营要求，组建大型文化集团，实现跨地区跨媒体的发展与经营，提高产业集中度，形成我国文化产业走向世界和参与国际竞争的主体力量。同时要求各地从本地实际出发，注意利用比较优势的文化资源，科学规划，合理开发，把资源优势转化为文化产品优势、产业优势、竞争优势。运用先进技术，加快技术改造，增强创新能力，推动产业升级。把扩大开放、引进技术与引进资金、调整文化产业结构结合起来，提高文化产品和服务的科技含量。这些政策和措施有力地促进了我国文化产业的发展。

2009 年 7 月 22 日，国务院常务会议原则通过了《文化产业振兴规划》，对发展我国文化产业作出了系统地规划和部署。《规划》以文化创意、影视制作、出版发行、印刷复制等为重点，旨在加大文化产业政策扶持力度，完善产业政策体系，推动中国文化产业实现跨越式发展。文化产业包括范围很广，其中文化创意、文化传播渠道、文化资源整合、文化产业基地、骨干文化企业、新兴文化业态、对外文化贸易、重大文化产业项目等方面具有重要作用，从某种意义上说，它们引领着中国文化产业发展的未来方向，也是衡量国家文化软实力的重要方面。有人认为，文化创意阐释了文化产业对创新意识、创意精神的推崇。文化传播渠道在过去被重视得不够，这一次振兴规划明确提出要建设传输快捷、覆盖广泛的文化传播渠道，具体来说，就是发展文艺演出院线、推进有线电视网络、电影院线、数字电影院线和出版物发行的跨地区整合。文化资源整合即坚持以结构调整为主线，在重点任务中无论是培育骨干文化企业还是建设文化传播渠道，明确提出要推动文化资源的整合和结构调整，特别是提出跨地区、跨行业、跨所有制的发展。文化产业基地的建设是文化产业发展的必经阶段，产业基地的功能主要有两项：集聚效应和孵化功能。骨干文化企业。我们要努力推动一批跨地区、跨行业经营，有较强市场竞争力、产值超百亿的骨干文化企业，在重点任务中明确提出坚持政府引导、市场运作、科学规划、合理布局，选择部分成长性好、竞争力强的大型国有或国有控股集团公司培育成骨干文化企业。新兴文化业态。文化发展具有双动力，即坚持体制改革和科技进步为动力；在具体的政策措施中明确提出要研究制定文化产业支撑技术的具体范围，发展新兴文化业态就是指推动文化与科技的融合。对外文化贸易中我们坚持以企业为主体，推动中华文化走出去，特别强调的是以企业为中心，重点是扶持体现民族特色的文化产品和服务的出口，同时明确提出要抓好国际营销网络的建设，鼓励文化企业到境外设立研发生产基地，生产和开发适合当地文化消费特点的文化产品，真正使中华文化走出去。①

4. 提高国家文化软实力要深化文化体制改革

深化文化体制改革是不断解放和发展文化生产力，提高国家文化软实力的根本出路。党的十六大以来，我国文化体制改革的力度逐步加大，改革的领导体制和工作机制不断健全，配套政策体系日益完备，改革的重点任务和难点问题取得重大突破，各地、各部门积累了一系列有益经验、涌现出一大批先进典型。但我们也要清醒地看到，与经济社会发展水平和人民群众的期待相比，文化体制改革的步伐还相对滞后，还存在一些制约文化事业和文化产业发展的因素。比如，沿袭计划经济体制的做法管文化、办文化的现象依然存在，单纯依靠政府投入而不讲经济效益的现象比较突出，一部分文化企事业单位活力不足、缺乏市场竞争力；该保护、扶持的有些得不到保护和扶持，该淘汰的有些不能在竞争中被淘汰，该管住管好的没有完全管住管好；还有许多经营性文化单位游离于市场之外，没有通过体制创新培育大批新型市场竞争主体；文化产品和服务在数量和质量上都还不能充分满足人民群众的需求；具备"走出去"能力的文化企业还为数较少，我国文化的整体实力和竞争力还不强。这表明，必须进一步解放思想，统筹兼顾，把文化体制改革同经济体制改革放在同等重要的位置，以更开阔的思路、更有效的政策、更得力的措施，加大力度，加快进度，推动文化体制改革不断取得新的实质性进展。

深化文化体制改革，必须在思想观念上有新的转变。文化体制改革在思想观念上，就是要实现从计划经济体制下的文化观念到社会主义市场经济体制下的文化观念转变，从政府主管部门主要微观办文化向主要宏观管文化的转变，从主要用行政办法管文化到主要依靠法律法规管文化转变。当前，制约文化建设发展的思想观念仍然存在，深化文化体制

① 参见李舫：《十年磨一剑——中国文化产业发展备忘录》，《人民日报》2009年8月28日。

改革就要进一步破除思想认识上的障碍。比如，一些地区和单位对文化建设环境发生的深刻变化，特别是对社会主义市场经济体制为文化发展提供的新动力新条件认识不足，崇“事”恐“企”思想严重，缺乏市场意识和群众观念，把单位性质视为评价其地位、水平的唯一标准，将转企改制简单片面地理解为甩包袱、推责任，因此，在推动经营性文化事业单位转企改制这一文化体制改革的关键环节上犹豫不决、裹足不前。要解决这一问题，就必须以新的文化发展理念为遵循，大力宣传和确立三个观念。一是无论是文化事业单位还是文化企业，都要面向市场、面向群众。公益性事业单位也要具有市场意识、尊重市场规律，其产品和服务也必须符合群众的需要、经受群众的评判。二是文化单位的事业性质或企业性质，与其地位、水平的高低并无直接对应的关系。对文化单位进行评价，关键要看对社会做出多大的贡献、产生多大的影响、在文化市场上具有多大的竞争力，而不是单位的性质。三是转企改制绝不是政府“卸包袱”，而是为了使文化单位更好更快地发展壮大。因此，并不是陷入困境的文化单位才需要转企改制。转企改制、成为市场主体，是一切经营性文化单位的改革方向，是利用市场机制的作用加快自身发展的必经之路，是发展文化产业的客观需要。①

深化文化体制改革，必须在体制机制上有新的突破。文化体制改革在体制机制上，就是要建立和完善由党委统一领导，政府有关部门监督管理，行业管理与属地管理相配合，发挥行业组织积极作用的管理体制；就是要从根本上消除束缚文化生产力发展的体制性障碍，逐步建立起有利于调动文化工作者积极性，推动文化创新，多出精品、多出人才的文化管理体制和运行机制。当前，制约文化建设发展的体制机制仍然存在，深化文化体制改革就要进一步破除体制机制上的障碍。一是要着力创新公共文化服务运行机制。建立健全公共文化服务体系是保障人民群众基本文化权益的主要途径，是推动社会主义文化大发展大繁荣的必然要求。按照公益性、基本性、均等性、便利性的原则，不断提高公共文化产品的供给和服务能力，既是公益性文化事业的根本任务，也是深化文化体制改革的重要内容。实践证明，凡是保留事业性质的公益性文化单位，已经不能再按照过去的模式和机制来运营，必须在资源利用、

---

① 参见欧阳坚：《推动文化体制改革向纵深发展》，《求是》2009 年第 8 期。

资金筹集、业绩考评、运营方式等方面进行改革创新。二是要大力塑造新型文化市场竞争主体。培育合格市场主体，是文化体制改革的中心环节，也是衡量改革是否取得实质性进展的重要标志。文化产品和服务既具有一般的商品属性，又具有意识形态属性。因此，在积极吸引民营资本、境外资本参与文化建设的同时，必须保证文化产业的核心资源、核心领域主要由国有文化企业来运营。要实现这一目标，根本途径就是通过加快经营性事业单位转企改制，培育出一批国有骨干文化企业和战略投资者。这既解决了文化市场国有资本缺位的问题，又确保了国家的文化安全。三是要积极推进文化行政管理体制和方式创新。创新文化行政管理的体制和方式，是依法执政、依法行政的必然要求，是提高党领导意识形态工作能力和水平的迫切需要。我们要在坚持宣传文化工作基本要求的同时，适应文化发展的新形势，加快建立党委领导、政府管理、行业自律、企事业单位依法运营的文化管理体制，形成职责明确、反应灵敏、运转有序、统一高效的宏观调控体系。四是要完善文化体制改革的保障体系。文化体制改革政策性强、涉及面广、情况复杂、工作难度大。实践证明，改革的力度大小、成效如何，关键在于组织协调是否有力，在于保障体系是否完善。因此，要切实加强组织领导，充分调动各方面参与改革、支持改革的积极性，建立起完备的保障体系，使文化单位想改、愿改、敢改，由“要我改”变为“我要改”，通过体制机制创新焕发青春，迸放活力。①

① 参见欧阳坚：《推动文化体制改革向纵深发展》，《求是》2009 年第 8 期。

第七章　建设社会主义核心价值体系要大力推进和谐文化建设

建设和谐文化，是构建社会主义和谐社会的重要任务，也是建设社会主义核心价值体系的迫切需要。我们党提出以社会主义核心价值体系为根本的和谐文化建设，目的就是为构建社会主义和谐社会提供强大的思想道德力量和科学文化支撑，进一步形成全社会共同的理想信念和道德规范，巩固全党全国各族人民团结奋斗的共同思想基础。可以说，把建设社会主义核心价值体系与建设和谐文化统一起来，标志着我们对中国特色社会主义文化的认识达到了新的文化自觉。

一、建设和谐文化是构建社会主义和谐社会的重要任务

党的十六届六中全会指出：建设和谐文化，是构建社会主义和谐社会的重要任务。胡锦涛同志在党的十七大报告中进一步强调，建设社会主义核心价值体系，增强社会主义意识形态的吸引力和凝聚力。要巩固马克思主义指导地位，坚持不懈地用马克思主义中国化最新成果武装全党、教育人民，用中国特色社会主义共同理想凝聚力量，用以爱国主义为核心的民族精神和以改革创新为核心的时代精神鼓舞斗志，用社会主义荣辱观引领风尚，巩固全党全国各族人民团结奋斗的共同思想基础。

1. 实现社会和谐是人类孜孜以求的社会理想

人类一个崇高的社会理想是实现社会和谐，建设美好社会。《礼记·礼运》说过，大道之行也，天下为公，选贤与能，讲信修睦。故人不独亲其亲，不独子其子，使老有所终，壮有所用，幼有所长，矜、寡、孤、独、废、疾者皆有所养。历史上，这个社会理想尽管无法实现，但是始终激励着一代又一代的理想主义者为之奋斗。

社会和谐是人类共同的价值追求。在中国，从墨子提出“兼相爱”、“爱无差等”的社会理想，到孟子描绘“老吾老以及人之老，幼

吾幼以及人之幼”的社会关怀；从洪秀全提出要建立“务使天下共享”，“有田同耕，有饭同食，有衣同穿，有钱同使，无处不均匀，无人不饱暖”的社会方案，到康有为在《大同书》中提出要建立一个“人人相亲，人人平等，天下为公”的社会目标。这些思想虽然打上不同时代和不同阶级的烙印，但都在一定程度上反映了广大人民群众对未来美好生活的追求和向往。在西方，从古希腊毕达哥拉斯提出“和谐最美”和赫拉克利特强调“对立和谐观”，到苏格拉底、柏拉图、亚里士多德等把“和谐”理念引入政治和社会领域；从空想社会主义代表人物圣西门、傅立叶批判现存不合理的资本主义制度，呼唤理想的“和谐制度”，到欧文在美国印第安纳州进行的共产主义“新和谐”的试验以及魏特林在《和谐与自由的保证》一书中把社会主义社会称为“和谐与自由”的社会……这些思想成果都极大地丰富了人类关于社会和谐的认识和理解。

社会和谐是社会主义的价值理想和我们党不懈的奋斗目标。马克思恩格斯依据唯物史观和剩余价值学说创立的科学社会主义理论，不仅旗帜鲜明地批判了资本主义社会的种种弊端，而且指明了未来社会和谐发展的美好前景以及人的自由个性得到全面发展的设想和实现途径。他们认为，未来理想社会是社会生产力高度发达和人的精神生活高度发展的社会，是每个人自由而全面发展的社会，是人与人和谐相处、人与自然和谐共生的社会。社会和谐是科学社会主义的应有之义，也是我们党不懈奋斗的目标。新中国成立后，我们党为促进社会和谐进行了艰辛探索。在如何认识社会和谐、怎样实现社会和谐的问题上，也发生过严重失误和曲折，教训是深刻的。但总的来说，我们党坚持把马克思主义基本原理同中国具体实践相结合，坚持走人民当家做主的社会主义道路，把实现社会和谐作为中国特色社会主义的本质属性。1954 年，毛泽东同志主持制定了新中国第一部社会主义类型的《宪法》，其中明确规定，一定要坚持民主原则和社会主义原则，坚持原则性与灵活性的统一，完成社会主义改造，实现国家的社会主义工业化。人民当家做主和社会主义基本制度的建立，为新中国发展进步和实现社会和谐奠定了根本政治前提和制度基础。1957 年，毛泽东同志还指出，我们的目标，是想造成一个又有集中又有民主，又有纪律又有自由，又有统一意志、又有个人心情舒畅、生动活泼，那样一种政治局面，以利于社会主义革命和社会主义建设，较易于克服困难，较快地建设我国的现代工业和现代农业，党和国家较为巩固，较为能够经受风险。总题目是正确处理人民内部矛盾和正确处理敌我矛盾。方法是实事求是，群众路线。这里所说的建设目标和政治局面，就是建立在社会主义应该是和谐社会的认识基础上的。尽管后来我们在建设社会主义的征途中走了不少弯路，但不可否认的历史事实是：新中国成立 60 多年来特别是改革开放 30 多年来，我们党领导人民经过艰苦奋斗和艰难探索，创造性地开辟了一条适合我国特点的社会主义改造的道路，成功开辟了建设中国特色社会主义的新道路，把昔日贫穷落后、满目疮痍的旧中国变成了一个蒸蒸日上、阔步走向繁荣富强的新中国。今天，中国人民的面貌、社会主义中国的面貌、中国共产党的面貌发生了历史性变化，一个面向现代化、面向世界、面向未来的社会主义中国巍然屹立在世界东方。实践证明，我们党提出构建社会主义和谐社会，把社会更加和谐作为全面建设小康社会的一个重要目标，符合马克思主义的基本原理，符合中国社会主义初级阶段基本国情，符合中国社会发展的趋势和最广大人民的根本利益。把社会和谐明确为中国特色社会主义的本质属性，有利于更全面地坚持科学社会主义的基本原理，有利于更全面地体现党的奋斗目标和全国各族人民的共同理想，从而也有利于更好地建设中国特色社会主义，更好地实现最广大人民的根本利益。

2. 和谐文化是维系社会发展的精神纽带

文化是一个民族的血脉和灵魂，是推动经济发展的强大动力，是综合国力的精神体现，是社会文明程度和发展水平的重要标志。当今世界，文化与经济、政治相互交融，在综合国力竞争中的地位和作用越来越突出。从总体上看，文化可分为物质文化与非物质文化两种形态。它是一个门类众多、层次不同、性能各异、包容性极大的领域，具有教育、启迪、陶冶、审美、愉悦等功能和作用。“文化”一词，从字面上说就是“文而化之”。“文明以止，人文也。观乎天文，以察时变；观乎人文，以化成天下。”（《易经・贲卦・彖辞》）在这里，“人文”与“天文”相对，“人文”代表着人的创造，即以人类文明化成天下，也就是文化。

和谐是中国传统文化的思想精髓和价值追求。到过故宫的人都会被其核心建筑三大殿（太和殿、中和殿、保和殿）的名称所吸引。这三个大殿的名字，集中反映了中国传统的和谐文化观念。太和殿的含义是天地祥瑞，象征着人与自然和谐；中和殿的含义是中庸平和，象征着人世和谐；保和殿的含义是心态和顺，身体安适，象征着人的身心和谐。这三个殿的名称反映了中国传统文化的价值取向，就是化矛盾为和谐，实现“天、地、人”的合一。据专家考证，和谐一词，最早源于音乐的韵律和谐，后泛化为人伦关系，比喻夫妻和悦为“琴瑟和谐”，最终引申到政治领域，所谓“协和万邦”。从字面上看，“和”是从“龢”简化为“咊”，再从“咊”转化而来的。“龢”的字义是人们期待着有一天能够在庄稼旁边听听音乐看看书，过上安定康乐的生活。这反映了农耕社会中人们丰衣足食、自娱自乐的生活追求。也有人对和谐作了这样的解读：“和”由“禾”和“口”组成，即人人要有饭吃；“谐”由“言”和“皆”组成，即人人要有话说。这当然是望文生义，但的确反映了人们追求和谐的美好理想。

老子说过，“道生一，一生二，二生三，三生万物。万物负阴而抱阳，冲气以为和。”（《道德经》第四十二章）就是说，老子把道、阴阳、和上升到宇宙万物发生论的高度，认为万物是由阴阳两种对立因素形成和谐状态而应运生成的。“和”不仅体现在自然界，更体现在社会和人际关系上。古人所谓“保合大和，乃利贞”，（《周易·乾·彖传》）“和则一，一则多力”（《荀子·王制》），说的是，只有“和”才能阴阳合德，四时协调，万物一体，合力共赢。现在“和”的理念越来越受到人们重视。2009年3月，在无锡召开的第二届世界佛教论坛以“和谐世界，众缘和合”为主题，并提出“和”是一种承认与尊重，追求人心和善、人际和顺、社会和谐、世界和平；“合”是一种凝聚与合作，倡导和而不同、相互包容、求同存异、共生共长。“和合”境界是各美其美、美人之美、美美与共、天下和美。因此，我国有学者指出，“和”是中国传统文化的核心概念，也是和谐社会重要的文化内涵。作为传统哲学范畴的中庸，其完整意义包括中、和两个方面。“中”表示采取正确的方法，“和”反映达到理想的目的。《中庸》说：“致中和，天地位焉，万物育焉。”所谓“执中致和”，就是通过正确方法，实现美好理想，达到事物发展的最佳境界。故此，和谐社会应该是社会的各种要素相互协调，社会结构合理，社会运行有序，社会中的各种事物具有良好的生长和发展环境的社会。孔子的学生有若说：“礼之用，和为贵。”从有若的话来看，以“和”为原则的人际关系在尊尊、长长和男女有别的前提下，融入了亲亲意识，在身份和等级不能完全消除的情况下，不同身份、不同等级的人之间，用亲情、友情、温情连接着。所以从伦理的角度看，和谐社会又应该是一种充满仁爱，到处洋溢着温情、善良和互相帮助的社会。虽然古代的“和”没有反对等级和差别，也没有指望消灭不平等，反而在一定意义上肯定了等级和差别的合理性。但孔子又说“君子和而不同”，用“和”与“同”相对立，否定了单一排他所造成的发展机能萎缩。所以“和”又有反对绝对同一，反对简单服从，主张思想文化上的多元化的意义。因此，和谐社会应该是一个思想活跃，包容万物，多种文化共存的社会。①

和谐文化是文化的重要组成部分。所谓和谐文化，就是以崇尚和谐、追求和谐为价值取向，以倡导和谐理念、培育和谐精神为基本内容的文化。这种文化形态，融思想观念、思维方式、行为规范、社会风尚为一体，不仅反映了人们对和谐社会的总体认识、基本理念和理想追求，而且体现了人们对构建和谐社会的制度安排、政策导向和实践基础。和谐文化既是和谐社会的重要特征，也是实现社会和谐的文化源泉和精神动力。无论是经济社会的协调发展、人与自然的和谐相处，还是人与人的团结和睦，乃至人自身的心理和谐，都离不开和谐文化的支撑。没有和谐文化，就没有社会和谐的思想根基，也就不可能有建设和谐社会的实践追求。构建社会主义和谐社会，不仅内在地需要而且必将催生出与之相适应的和谐文化。建设和谐文化，就是要培育和谐精神，倡导和谐理念，在全社会形成共同的理想信念和道德规范，不断增强中华民族的凝聚力、向心力、亲和力，为构建和谐社会创造良好的人文环境和文化生态。

和谐文化是和谐社会在文化上的体现，也就是说，社会的和谐必然表现为文化的和谐。建设和谐文化是实现科学发展和促进社会和谐的需要。科学发展的实质是又好又快地发展，社会和谐是中国特色社会主义的本质属性。我们党提出科学发展观和构建社会主义和谐社会等重大战略思想，就是要坚持以人为本、实现经济社会全面协调可持续发展，促进人与自然和社会的和谐。实现科学发展和促进社会和谐，既需要经济

① 参见谈传生：《继承优秀传统文化　构建和谐社会》，《光明日报》2005年7月20日。

社会的发展，也需要和谐文化的支撑。如果说，经济社会的发展，为社会和谐奠定坚实的物质基础，那么，和谐文化的发展则为社会和谐提供维系发展的精神纽带。和谐文化强调人类、社会、自然的共生与和谐，不仅包含着协调发展、均衡发展的理念，而且蕴涵着科学发展的思想方法、思维方式和实践逻辑。我们党倡导的和谐文化与科学发展、社会和谐是一致的。科学发展，不仅是经济的发展，还包括政治、文化、社会的发展；社会和谐，不仅是人与社会的和谐发展，还包括人与自然的和谐相处。而要做到这些，就需要建设和谐文化来推动。建设和谐文化，有利于帮助人们牢固树立科学发展观，转变发展观念，创新发展模式，提高发展质量，正确处理经济发展与人口、资源、环境的关系，实现文明发展、和谐发展、又好又快的发展；有利于推动人们按照中国特色社会主义事业总体布局的要求，在坚持以经济建设为中心的同时，把构建社会主义和谐社会摆在更加突出的地位，实现经济建设、政治建设、文化建设与社会建设协调发展、相互促进。

3. 和谐文化是中国特色社会主义文化的重要内容

我们所说的和谐文化是在社会主义条件下发展的和谐文化，也就是社会主义和谐文化。社会主义和谐文化，是以社会主义核心价值体系为根本，以崇尚和谐、追求和谐为价值取向的思想文化。它融思想观念、思维方式、行为规范、社会风尚为一体，反映着人们对和谐社会的总体认识、基本理念和价值追求，体现了人们对构建和谐社会的制度安排、政策导向和实践基础，是建设中国特色社会主义的重要组成部分。构建社会主义和谐社会，内在地需要并将催生出与之相适应的社会主义和谐文化。在当代中国，建设和谐文化就是建设面向现代化、面向世界、面向未来的，民族的科学的大众的社会主义先进文化，即中国特色社会主义文化。社会主义和谐文化是社会主义性质的文化。社会主义和谐文化以马克思主义为指导，以人的全面发展为目标，以共产主义为发展方向，是社会主义意识形态的重要组成部分。社会主义和谐文化作为一种以和谐为核心价值理念的文化形态，反映了人们对和谐现象、和谐本质以及和谐规律的总体思考和认识，包含着对社会主义和谐社会的总体认识和评价，是维系社会发展的精神支柱和纽带。社会主义和谐文化，继承和弘扬了和谐文化关于和而不同、尊重差异、包容多样的优良传统，强调人类社会的不同文明要相互借鉴，取长补短，求同存异，共同发展。“夫物之不齐，物之情也。”（《孟子·滕文公上》）现在，世界上有200多个国家和地区，2500多个民族，他们信仰着不同的宗教，保持着不同的习俗。如果强求一律，消灭差异，这不仅违反社会公道，而且违反客观规律。和而不同，是社会事物和社会关系发展的一条重要规律，也是人们处世行事应遵循的准则，是人类各种文明协调发展的保证。和谐文化是社会发展规律的反映，揭示了不同文化传承之间差异的合理性、人类追求和谐、和平、合作的正义性。

总之，社会主义和谐文化反映了人与自然、人与社会、人与人的关系以及人自身的发展。从人与自然的关系来看，社会主义和谐文化是追求人与自然协调发展的文化。和谐文化蕴涵人与自然和谐发展的理念，是社会可持续发展的必然要求，这种和谐强调人与自然和谐相处，要求生产发展、生活富裕、生态良好，在维护人类利益的同时，又维护自然的平衡，确保社会系统和生态系统的协调发展。从人与社会的关系来看，社会主义和谐文化是实现个性发展与社会发展相统一的文化。马克思主义认为，人的本质不是单个人所固有的抽象物，在其现实性上，它是一切社会关系的总和。人是社会的人，社会是人的社会，人的发展离不开社会的发展，而社会的发展最终要归结到人的全面而自由的发展。因此，社会主义和谐文化蕴涵人与社会发展相统一的理念，推进人的全面发展同社会全面发展是互为前提和基础的，是同一个历史过程的两个方面。从人与人的关系来看，社会主义和谐文化是强调人与人之间平等的文化。在社会主义社会，人与人之间关系的和谐发展主要包括社会分工的和谐和各阶层之间的和谐。我们所要构建的社会主义和谐社会，是民主法治、公平正义、诚信友爱、充满活力、安定有序、人与自然和谐相处的社会，它为人与人关系的和谐发展奠定了基础。正因为社会主义和谐文化蕴涵人与人和谐相处、优势互补、共同进步的理念，主张在劳动平等、社会生活平等的基础上，提倡人与人之间相互尊重、相互信任、相互帮助，引导人们用和谐的思想认识事物，用和谐的态度对待问题，用和谐的方式处理矛盾，因而有助于化解矛盾，最大程度减少思想冲突，增进社会共识，从而形成我为人人、人人为我的良好社会风尚。从人自身的发展来看，社会主义和谐文化是促进人的全面而自由发展的文化。马克思主义认为，社会发展的终极目标是建立在自由个性发展基础上的人的全面发展。社会主义和谐社会是以人为本的社会，把促进人的全面发展作为根本目标，把实现最广大人民的根本利益作为出发点和落脚点，从而最大程度地促进人的内在精神上的和谐发展。①

4. 和谐文化是全体人民团结进步的重要精神支撑

社会主义和谐社会，是经济建设、政治建设、文化建设、社会建设协调发展的社会，是人与人、人与社会、人与自然整体和谐的社会，需要促进社会公平正义、建设和谐文化、完善社会管理、增强社会创造活力，走共同富裕道路，推动社会建设与经济建设、政治建设、文化建设协调发展。胡锦涛同志在党的十七大报告中指出，和谐文化是全体人民团结进步的重要精神支撑。要积极发展新闻出版、广播影视、文学艺术事业，坚持正确导向，弘扬社会正气。重视城乡、区域文化协调发展，着力丰富农村、偏远地区、进城务工人员的精神文化生活。加强网络文化建设和管理，营造良好网络环境。大力弘扬爱国主义、集体主义、社会主义思想，以增强诚信意识为重点，加强社会公德、职业道德、家庭美德、个人品德建设，发挥道德模范榜样作用，引导人们自觉履行法定义务、社会责任、家庭责任。加强和改进思想政治工作，注重人文关怀和心理疏导，用正确方式处理人际关系。动员社会各方面共同做好青少年思想道德教育工作，为青少年健康成长创造良好社会环境。深入开展群众性精神文明创建活动，完善社会志愿服务体系，形成男女平等、尊老爱幼、互爱互助、见义勇为的社会风尚。弘扬科学精神，普及科学知识。广泛开展全民健身运动。

和谐文化是社会和谐的思想根基，是构建和谐社会必须具备的文化生态环境。社会和谐，很大程度上取决于全体社会成员的思想道德素质和文化素质。道德是调整社会关系、规范人们行为的基本准则，是形成良好社会风尚和人际关系的重要保证。没有共同的道德规范，失去了普遍遵循的行为准则，就无法有效提升人们的精神境界，协调不同利益主体的相互关系，也就无法实现社会和谐。现在，部分社会成员道德失范、诚信缺失，已经成为影响社会和谐的突出问题。因此，要把加强公民道德建设作为构建和谐社会的基础工作和建设和谐文化的中心环节，摆在重要位置。要按照重在实际行动、重在持之以恒、重在形成机制的

① 参见教育部邓小平理论和“三个代表”重要思想研究中心：《社会主义核心价值体系是建设和谐文化的根本》，《求是》2007 年第 17 期。

要求，大力倡导和弘扬社会主义荣辱观，使之家喻户晓、人人皆知，成为普遍奉行的价值准则和行为规范，在全社会形成知荣辱、讲正气、促和谐的风尚。要增强公民的社会责任意识，引导人们树立正确的世界观、人生观、价值观，正确处理国家利益、集体利益和个人利益的关系，自觉履行社会责任和法律义务，做一个对国家、对人民、对社会负责任的公民。要广泛倡导爱国、敬业、诚信、友善等道德规范，开展社会公德、职业道德、家庭美德教育，形成男女平等、尊老爱幼、扶贫济困、礼让宽容的人际关系。要引导人们牢固树立节约资源、保护环境的意识，树立科学发展、可持续发展的意识，推动整个社会走上生产发展、生活富裕、生态良好的文明发展道路，促进人与自然的和谐。诚信是市场经济健康发展的道德基础，是良好人际关系的道德基石，和谐社会离不开诚信道德的规范和维护。要把诚信建设作为公民道德建设的重点，深入开展“共铸诚信”活动，加强政务诚信、商务诚信、社会诚信建设，培养诚信观念和规则意识，推动社会信用体系建设，形成诚信为本、操守为重、守信光荣、失信可耻的社会氛围。

二、社会主义核心价值体系是建设和谐文化的根本

党的十六届六中全会指出：社会主义核心价值体系是建设和谐文化的根本。必须坚持马克思主义在意识形态领域的指导地位，牢牢把握社会主义先进文化的前进方向，弘扬民族优秀文化传统，借鉴人类有益文明成果，倡导和谐理念，培育和谐精神，进一步形成全社会共同的理想信念和道德规范，打牢全党全国各族人民团结奋斗的思想道德基础。这是指导建设和谐文化的一个极其重要的观点。

1. 建设和谐文化是实现文化多样性发展的需要

建设和谐文化，有利于文化的丰富和繁荣，实现文化的多样性发展。随着经济全球化、世界多极化和改革开放的深入发展，我们正处在一个思想大活跃、观念大碰撞、文化大交融的时代。在正确思想和错误思想、主流意识形态和非主流意识形态相互交织，各种思想文化有吸纳有排斥，有融合有斗争的历史条件下，国内外思想文化的交流、交融、交锋日益增强，不同文化之间的冲突、碰撞、摩擦日益增多，文化建设面临着新情况新课题。和谐文化正是着眼于国内外形势的发展变化提出的，强调各种健康思想文化相互借鉴、相得益彰，主张在坚持社会主义

核心价值体系的基础上，尊重文化的多样性，推动不同文化相互学习、取长补短，实现弘扬主旋律与提倡多样化的有机统一。

2005 年 9 月，胡锦涛同志在联合国成立 60 周年首脑会议上指出：文明多样性是人类社会的基本特征，也是人类文明进步的重要动力。在人类历史上各种文明都以自己的方式为人类文明进步做出了积极贡献。存在差异，各种文明才能相互借鉴、共同提高；强求一律，只会导致人类文明失去动力、僵化衰落。各种文明有历史长短之分，无高低优劣之别。历史文化、社会制度和发展模式的差异不应成为各国交流的障碍，更不应成为相互对抗的理由。从世界发展的格局来看，文化多样性发展越来越具有重要意义。1994 年，联合国教科文组织通过的《世界文化多样性宣言》庄严宣告：对人类来说，文化多样性就像生物多样性对维护生态平衡那样必不可少。1997 年 11 月，在联合国教科文组织第九届大会上，联合国教科文组织总干事明确指出：人类的身体健康离不开保护生物多元化，同样，人类的精神也离不开保护文化—语言、意识形态和艺术的多元化。对于发展中国家来说，文化生态作为一个国家长期形成的生存与发展的全部文化条件的总和，是维系民族社群生存发展的“生命线”，一旦遭到毁灭性破坏，那么失去的不仅是文化“生物链”的有机性，而且也使民族存在失去了“文化基因”的谱系依据。中国作为世界上最大的发展中国家，我们必须保持和发展中华文化的多样性。而建设和谐文化，不仅有利于社会主义核心价值体系和主流意识形态的发展壮大，在多元中立主导，在多样中谋共识，减少思想冲突、增进社会认同，有效避免因认识差异引发社会动荡，形成百花齐放、百家争鸣的生动局面，而且有利于发展以中华传统文化为基础的社会主义文化，进一步使先进文化得到发展，健康文化得到支持，落后文化得到改造，腐朽文化得到抵制，使民族文化与外来文化、传统文化与现代文化、高雅文化与通俗文化在交流比较中互动融合、相互促进，使各种文化形式、文化门类、文化业态各展所长、共同发展，保持我国和民族的文化身份、文化个性、文化特色，推动世界文化的多样性发展。

2. 建设和谐文化必须以社会主义核心价值体系为根本

我们党提出的社会主义核心价值体系，包括马克思主义指导思想、中国特色社会主义共同理想、以爱国主义为核心的民族精神和以改革创新为核心的时代精神、社会主义荣辱观为基本内容，反映着中国社会的客观实际和发展趋势，体现着社会主义本质和社会和谐的本质属性，规定着和谐文化的性质和方向。这种和谐文化，坚持立足时代、面向世界、继承传统、开拓未来，具有先进性、民族性、时代性、开放性等特征；这种和谐文化，立足于改革开放和现代化建设的实践，着眼于世界文化发展的前沿，植根于中华民族和谐文化的传统，是与社会主义基本制度相统一、与社会主义和谐社会要求相吻合、与改革创新时代精神相一致的社会主义先进文化。

我们所要建设的和谐文化，是以社会主义核心价值体系为根本的和谐文化。在和谐文化建设中，只有抓住社会主义核心价值体系这个根本，才能形成全社会共同的理想信念，增强全社会的凝聚力；才能在全社会树立和谐理念，培育全社会的和谐精神；才能形成全社会的良好道德风尚，形成全社会的和谐人际关系；才能营造全社会的和谐舆论氛围，塑造全社会的和谐心态。

建设和谐文化必须以社会主义核心价值体系为根本，这既是由我们党在国家政权中的领导地位、执政地位决定的，也是由马克思主义在社会主义意识形态领域的指导地位决定的。中国共产党作为中国特色社会主义事业的领导核心，马克思主义作为我们党的根本指导思想，这就决定了建设和谐文化必须高扬社会主义核心价值体系的旗帜，巩固马克思主义的指导地位。社会主义核心价值体系作为社会主义制度的精神象征，集中体现了社会主义意识形态的本质要求，在所有社会主义价值目标中处于统摄和支配的地位，是建设和谐文化必须遵循的根本原则。只有用社会主义核心价值体系来引领和主导，我国的和谐文化建设才不会迷失方向、失去根本；只有深刻认识和正确把握社会主义核心价值体系，才能抓住社会主义价值需要、价值创造和价值实现的关键，也才能在和谐文化建设中突出重点、抓住根本。因此，和谐文化建设必须毫不动摇地坚持以马克思主义在意识形态领域的指导地位，坚持为人民服务、为社会主义服务的方向和百花齐放、百家争鸣的方针，弘扬主旋律、提倡多样化，始终坚持正确的政治方向；必须把社会主义核心价值体系融入国民教育和精神文明建设的全过程，融入经济、政治、文化、社会建设的各个领域，使之成为全民族奋发向上、团结和睦的精神纽带；必须不断增强党的思想理论工作的创造力、说服力、感召力，坚持用社会主义核心价值体系引领多样化的思想观念和社会思潮，在尊重差异中扩大社会认同，在包容多样中增进思想共识，团结不同阶层、不同认识水平的人们共同前进。

建设和谐文化必须以社会主义核心价值体系为根本，这既是应对意识形态领域国内外敌对势力对我“西化”、“分化”挑战的正确之策，也是整合、引领意识形态领域多样化的思想观念和社会思潮的主动之举。我们所处的世界是一个开放的世界。在开放的条件下，我国的意识形态领域不可能关起门来搞建设。我们必须在吸取国外先进的科技文化成果的同时，采取必要的措施来防止西方腐朽的价值观念、政治模式的影响和渗透，积极应对意识形态领域出现的新挑战。我们必须在看到我国意识形态领域的主流是积极健康的同时，清醒认识意识形态领域斗争的长期性、复杂性和出现的新情况、新问题，特别是随着科学技术的快速发展，随着互联网、手机等新兴传媒的迅猛兴起，思想文化交流呈现出分散性、便捷性和跨国界的特点。世界范围内社会主义与资本主义在意识形态领域的渗透和反渗透的斗争将是长期的、复杂的，有时甚至是非常尖锐的。在这种情况下，我们更要采取切实措施，以社会主义核心价值体系为根本，建设和谐文化，进一步巩固全党全国人民团结奋斗的共同思想基础。

3. 在实践中推进社会主义核心价值体系与和谐文化建设

社会主义核心价值体系是社会主义制度的内在精神和生命之魂，在所有社会主义价值目标中处于统摄和支配的地位。没有社会主义核心价值体系的引领和主导，和谐文化建设就会迷失方向、失去根本。建设和谐文化既是长期的战略任务，也是紧迫的现实课题。必须立足于我国社会主义初级阶段的实际，以建设社会主义核心价值体系为根本，以培育和谐精神、树立和谐理念为目标，继承和发扬我国优秀传统文化，吸收和借鉴世界优秀文明成果，努力营造良好的思想舆论氛围，丰富人们的社会文化生活，在构建和谐社会的实践中推进社会主义核心价值体系与和谐文化建设。

社会主义核心价值体系的四个方面是一个相互联系、相互贯通的统一整体。马克思主义指导思想，是我们立党立国的根本指针，是社会主义意识形态的灵魂；中国特色社会主义共同理想，是实现中华民族伟大复兴的必由之路，是全国各族人民团结奋斗的强大动力；以爱国主义为核心的民族精神和以改革创新为核心的时代精神，是中华民族生生不息、薪火相传的精神支撑，是当代中国人民不断创造崭新业绩的力量源泉；以“八荣八耻”为主要内容的社会主义荣辱观，是中华民族传统美德、优秀革命道德与时代精神的完美结合，是市场经济条件下判断行为得失、确定价值取向、做出道德选择的基本准则。在当前，我们要努力建设社会主义核心价值体系，使之成为我们党团结带领全国各族人民开拓前进的精神旗帜。

社会主义核心价值体系与和谐文化建设是一致的。只有深刻认识和正确把握社会主义核心价值体系，才能抓住社会主义价值需要、价值创造和价值实现的关键，也才能在和谐文化建设中突出重点、抓住根本。建设社会主义核心价值体系，就是要把这些要求融入国民教育和精神文明建设的全过程，融入经济、政治、文化、社会建设的各个领域，使之成为全民族奋发向上、团结和睦的精神纽带。要坚持用马克思主义中国化的最新成果武装全党、教育人民，用民族精神和时代精神凝聚力量、激发活力，倡导爱国主义、集体主义、社会主义思想，深入进行理想信念教育、国情教育和形势政策教育，不断增强人们对中国共产党领导、社会主义制度、改革开放事业、全面建设小康社会目标的信念和信心。要加强马克思主义理论研究和建设，增强党的思想理论工作的创造力、说服力、感召力，坚持用社会主义核心价值体系引领多样化的思想观念和社会思潮，在尊重差异中扩大社会认同，在包容多样中增进思想共识，团结不同阶层、不同认识水平的人们共同前进。

三、建设和谐文化要以培育和谐精神和树立和谐理念为目标

建设和谐文化，说到底是培育和谐的精神理念、和谐的文化精神。而社会一旦形成了和谐的精神理念、和谐的文化精神，就越有利于调整社会利益关系、化解社会矛盾、促进社会和谐发展。

1. 建设和谐文化要贯彻新的文化发展观

党的十六大以来，以胡锦涛同志为总书记的党中央坚持以邓小平理论和“三个代表”重要思想为指导，全面贯彻落实科学发展观，不断深化对文化的地位和作用、发展目的、发展方向、发展动力、发展思路、发展格局的认识，形成了一系列新的文化发展观念。一是在文化地位和作用上，明确文化建设是中国特色社会主义事业总体布局的重要组

成部分，文化越来越成为民族凝聚力和创造力的重要源泉、越来越成为综合国力竞争的重要因素，丰富精神文化生活越来越成为我国人民的热切愿望。二是在文化发展方向上，明确要牢牢把握社会主义先进文化前进方向，建设社会主义核心价值体系，发展面向现代化、面向世界、面向未来的，民族的科学的大众的社会主义文化。要大力发展先进文化，支持健康有益文化，努力改造落后文化，坚决抵制腐朽文化。三是在文化发展目的上，明确要坚持以人为本，满足人民群众日益增长的精神文化需求，保障人民基本文化权益，丰富人民精神文化生活。四是在文化发展动力上，明确要坚持改革创新和科技进步，破除制约文化发展的体制性障碍，不断解放和发展文化生产力。五是在文化发展思路上，明确要一手抓公益性文化事业、一手抓经营性文化产业，一手努力构建覆盖城乡、惠及全民的公共文化服务体系，一手壮大文化产业、繁荣社会主义文化市场，一手抓繁荣、一手抓管理，推动文化全面协调健康发展。六是在文化发展格局上，明确要积极吸引民营资本、海外资本参与文化建设，形成以公有制为主体、多种所有制共同发展的文化产业格局，以民族文化为主体、吸收外来有益文化的文化对外开放格局。七是在文化发展战略上，明确要提升国家文化软实力，提高全民族的思想道德素质和科学文化素质，促进人的全面发展，实施文化“走出去”战略，增强中华文化国际影响力。八是在文化发展领导力量和依靠力量上，明确要始终坚持党对文化工作的领导，充分发挥人民群众在文化建设中的主体作用，最大限度地发挥广大文化工作者的积极性、主动性、创造性。这些重要的文化发展理念，初步回答了新世纪新阶段我国社会主义文化发展的一系列重大问题，是科学发展观在文化建设领域的具体体现，是新的历史条件下文化发展规律的客观反映，一定要贯彻落实到文化建设的各个方面，并在实践中不断发展和完善。①

建设和谐文化，必须牢固树立新的文化发展观。要坚持“重在建设”和贴近实际、贴近生活、贴近群众的方针。文化建设是一个逐步积累的过程。建设和谐文化，要着眼于在全社会培育和谐精神，树立和谐理念。要妥善处理思想文化领域里的问题，注重用交流疏导、民主讨

① 参见李长春：《深入学习实践科学发展观推动社会主义文化大发展大繁荣》，《求是》2008年第22期。

论、说服教育等方法解决思想认识问题，坚持是什么问题就解决什么问题，在什么范围内发生的问题就在什么范围内解决，不管处理、解决什么问题，都要立足于促进社会的团结和谐，维护改革发展稳定的大局。

和谐文化是人民群众创造的文化，也是由人民群众共享的文化。建设和谐文化要坚持以人为本，把满足人民群众精神文化需求作为出发点和落脚点，尊重人民群众的主体地位和首创精神，充分调动人民群众参与的积极性、主动性、创造性，使全体公民在“文化享有”上各得其利，在“文化创造”上各尽其能，使建设和谐文化的过程成为提高人的素质、促进人的全面发展的过程。要坚持把发展公益性文化作为保障人民文化权益的主要途径，推动文化事业和文化产业共同发展。要正确处理社会效益与经济效益的关系，始终把社会效益放在首位，努力实现社会效益和经济效益的统一，任何时候、任何情况下都要严肃认真地考虑精神文化产品的社会效果，做到对人民负责、对社会负责、对未来负责。一切思想文化阵地，一切精神文化产品，都要坚持正确导向，宣传科学真理，传播先进文化，塑造美好心灵，弘扬社会正气、倡导科学精神。

2. 建设和谐文化要培育良好的文明风尚

建设和谐文化，培育文明风尚，是胡锦涛同志在党的十七大报告中提出的一个重要观点。风尚，也叫风气，是一种重要的社会文化现象，古人原指风土气候影响下人们所形成的习俗，它大致上是与风俗、风习近似的一种文化状态。而关于风俗，前人曾经说过，它是“社会上众人行为一致的趋向”，“是世代相传做事或行动的社会习惯”。如果说风尚风气与风俗、风习有什么区别，那么显然应当是广狭之别：即后者范围更广，包括宗教、审美、生活习惯等，而前者则更多是指社会道德风气，而风尚的外延似乎更为狭窄，是指有一定影响的道德风气。总之，风尚至少包括三个方面的内容：一是一定的价值观，这是风尚的本质和灵魂；二是传播流行，及社会上的响应、拥护和支持，这是风尚的凭借和依托；三是在一部分人之中传承、传袭下来，形成精神氛围和道德习惯，这是风尚的力量和体现。孟子提到的“故家遗俗，流风善政”，（《孟子·公孙丑上》）大约就是指风尚而言的。①

建设和谐文化，有利于培育良好的文明风尚。和谐文化是形成良好

---

① 参见陈瑛：《论“风尚”》，《求是》2008 年第 11 期。

人际关系、促进人的发展和自身和谐的文化基础。"人"是个体与群体的统一。就个体而言，是指每一个活生生的具体的个人；就群体而言，主要是指社会大多数人，即最广大的人民群众。每一个活生生的个体，都按照一定社会关系生活在群体之中，都要处理周围的人际关系。人作为社会的主体，不仅需要人与人之间的融洽相处，而且需要人自身的健康和谐。由于经济条件、社会地位、个体背景的差异，各阶层之间、各种社会组织之间，乃至人与人之间不可避免地会发生一些矛盾和冲突。建立良好的人际关系，实现人自身的健康和谐，一方面需要社会的努力，建立有效的利益协调机制、健全的法律调解机制；另一方面，也需要思想文化的引导和道德规范的约束。建设和谐文化对于形成良好人际关系和促进人自身的和谐具有重要的作用。和谐文化强调和而不同、以和为贵，主张人与人之间相互尊重、相互信任、相互帮助，反对相互敌视、相互欺诈、相互对抗；和谐文化倡导和合包容、身心和谐，强调人的自身修养、自我完善，塑造健全的人格和良好的意志品质，是实现人的心理健康、心理和谐的文化源泉。要着眼于促进人际和谐和人自身的心理和谐，注重人文关怀和心理疏导，健全心理咨询网络，加强心理健康教育，引导人们正确对待自己、他人和社会，正确对待困难、挫折和荣誉。

建设和谐文化，有利于在全社会大力倡导和谐理念、培育和谐精神。人是有理想、有理性的。和谐的思想观念能够形成解决社会矛盾的新认识、处理社会关系的新方法，引导人们用和谐的思想认识事物，用和谐的态度对待问题，用和谐的方式处理矛盾，使崇尚和谐、维护和谐内化为人们的思维方式和行为习惯；有利于培育与人为善、乐于助人的道德情感和见利思义、顾全大局的处事准则，在处理利益关系和各种矛盾时，互谅互让、友好协商，形成我为人人、人人为我的社会风尚；有利于有效调节人自身的情感和心理，塑造自尊自信、理性平和、积极向上的良好心态和健全人格，以开阔的心胸和积极的心境看待一切，用理性合法的方式表达利益诉求，更好地促进人际关系的和谐。和谐的文化氛围是人们放松心情、温润心灵的"润滑剂"和"减压阀"。我们要发挥和谐文化提高人们精神境界、舒缓心理压力、促进社会和谐不可替代的独特作用。要努力满足人民群众多层次、多方面、多样化的精神文化需求为目标，为人民群众提供内容丰富、形式多样的精神文化产品和服务。要按照乐于参与、便于参与的要求，广泛开展各种形式的群众性文化活动，大力发展社区文化、企业文化、村镇文化、校园文化、军营文化，鼓励群众自编自演、自娱自乐，让人们在多姿多彩的文化活动中享受美好生活。

3. 建设和谐文化要继承和发扬我国优秀传统文化

2006 年 4 月，胡锦涛同志在美国耶鲁大学发表重要演讲中指出：为了实现我们的发展目标，中国根据本国国情和时代要求明确了自己的发展理念，这就是树立和贯彻以人为本、全面协调可持续发展的科学发展观。科学发展的理念，是在总结中国现代化建设经验、顺应时代潮流的基础上提出来的，也是在继承中华民族优秀文化传统的基础上提出来的。中华民族在漫长历史发展中形成的独具特色的文化传统，深深影响了古代中国，也深深影响着当代中国。现当代中国强调的以人为本、与时俱进、社会和谐、和平发展，既有着中华文明的深厚根基，又体现了时代发展的进步精神。中华文明历来注重以民为本，尊重人的尊严和价值；中华文明历来注重自强不息，不断革故鼎新；中华文明历来注重社会和谐，强调团结互助；中华文明历来注重亲仁善邻，讲求和睦相处。

我国有着丰厚的和谐文化资源和传统，经过数千年的积淀和发展，已经深深地融入中华民族的血脉之中，成为中华文明的基本特性和重要价值取向。2001 年，一件“太阳神鸟”金饰在四川成都金沙遗址出土。这件又被称为“四鸟绕日”的金饰构图严谨、线条流畅、极富美感。图案中环绕太阳飞翔的四只神鸟反映了先民们对美好生活的向往，体现了自由、美好、团结向上的寓意；十二道太阳光芒表达了先民们对自然规律的深刻认识；整体的圆形图案寓意民族团结、和谐包容，圆形的围合也体现了保护的概念。2005 年 8 月 16 日，“太阳神鸟”图案作为中国文化遗产标志被正式启用。同年 10 月，一方用金丝绣着四只绕日神鸟的蜀绣搭载神舟六号在太空遨游了 5 天，昭示了中国政府和人民保护祖国文化遗产的强烈责任心和神圣使命感。许多专家认为，从“太阳神鸟”图案可以看出，中华民族自古就有着强大的凝聚力、向心力，就有着自强不息、昂扬向上的精神品格，就有着追求光明、团结奋进、和谐包容的优良传统。事实也是如此。在五千多年的发展中，中华民族形成了以爱国主义为核心的团结统一、爱好和平、勤劳勇敢、自强不息的伟大民族精神，培育了以和谐文化为标志的天人合一、以和为贵、睦邻友好、协和万邦的文化传统。这些宝贵的精神财富至今仍然得到广大人民群众的认同和遵循，仍然是我们今天建设和谐文化宝贵的思想资源。

建设和谐文化必须批判地继承我国传统文化宝贵的思想资源，对之进行马克思主义的去粗取精、去伪存真、由此及彼、由表及里的科学分析，融入今天的时代精神而加以利用、改造和发展。毛泽东同志特别重视中国的文化传统，明确指出："今天的中国是历史的中国的一个发展；我们是马克思主义的历史主义者，我们不应当割断历史。从孔夫子到孙中山，我们应当给以总结，承继这一份珍贵的遗产。这对于指导当前的伟大的运动，是有重要的帮助的。"① 他还强调："清理古代文化的发展过程，剔除其封建性的糟粕，吸收其民主性的精华，是发展民族新文化提高民族自信心的必要条件；但是决不能无批判地兼收并蓄。"② 这是正确对待传统文化资源的科学方法论。我们要牢固树立马克思主义的立场、观点和方法，坚持用唯物史观和唯物辩证法对我国传统文化进行批判继承，大力弘扬和发展中华民族的伟大民族精神，深入挖掘我国传统文化中有利于促进社会和谐的内容，汲取其合理的思想养分，并赋予新的时代内涵，体现新的时代精神，使之与当代社会相适应，与现代文明相协调，在构建社会主义和谐社会的实践中创造出更加灿烂的和谐文化，以便更好地发展中国特色社会主义文化，更好地为社会主义现代化建设服务。

4. 建设和谐文化要吸收和借鉴世界优秀文明成果

建设和谐文化不仅要汲取中华民族优秀传统文化，还要吸收世界优秀文明成果，充分体现和谐文化和社会主义核心价值体系巨大的包容性、亲和力。

从字面上看，中文"和谐"一词在许多语种中都能找到对应的词汇，比如，塞尔维亚语中"和谐"一词具有"相适应、吻合；和睦、友好相处"的解释；在阿拉伯语里，"和谐"一词含有"一致"、"和睦"、"融洽"、"协调"等意思。从内容上看，实现社会和谐，是人类孜孜以求的共同理想。古希腊的毕达哥拉斯提出"和谐最美"、赫拉克利特提出"对立和谐观"、柏拉图提出"公正即和谐"，进一步把"和

① 《毛泽东选集》第2卷，人民出版社1991年版，第534页。
② 《毛泽东选集》第2卷，人民出版社1991年版，第707—708页。

谐”理念引入政治和社会领域。空想社会主义者圣西门、傅立叶，把他们设计的理想制度称为“和谐制度”；欧文甚至进行“新和谐公社”的共产主义试验，对实现社会和谐充满了美好的憧憬；魏特林还提出未来社会主义是“和谐而自由”的社会，等等。马克思恩格斯批判地继承了这些思想成果，明确指出“提倡社会和谐”是关于未来社会的积极主张，并进一步把人的自由和全面发展作为科学社会主义的一个重要观点。

列宁曾经指出：“要继承黑格尔和马克思的事业，就应当辩证地探讨人类思想、科学和技术的历史”。① 科学是人类认识自然、社会和人自身运动客观规律的知识体系，是全人类共同的精神文化财富。科学包括自然科学和社会科学，哲学则是自然科学和社会科学的概括和总结。历史地看，中国古代科学文化一直走在世界前列，但是到了近代中国一步步沦为半殖民地半封建社会，我们在科学文化方面与西方相比大大落后了。所以，五四新文化运动高举“民主”与“科学”两面旗帜，提出向西方学习的历史任务。当然，由于帝国主义、殖民主义、“冷战”等历史的各种原因，中国人向西方学习并不顺利，像九曲黄河一样走了很大的“之”字。今天情况不同了。当代中国同世界的关系发生了历史性的变化，中国的前途和命运日益紧密地同世界的前途和命运联系在一起。怎样在不同制度和意识形态并存的情况下，不断在文化上相互借鉴、求同存异，尊重世界多样性，共同促进人类文明繁荣进步，这是一个需要研究和解决的新课题。我们党提出高举和平、发展、合作的旗帜，奉行独立自主的和平外交政策，坚定不移地走和平发展道路，既通过维护世界和平来发展自己，又通过自身的发展来促进世界和平的基本国策。这就要求我们发挥和谐文化的独特作用和魅力。

建设和谐文化，需要加大与世界文化的交流和对话的力度，学习与借鉴世界各国有益文化成果。费孝通先生晚年在展望人类学前景时，曾用“各美其美，美人之美，美美与共，天下大同”16 个字来概括世界文化的多元和谐共存。他说：“作为一个人类学者，我希望这门学科自觉地探讨文化的自我认识、相互理解、相互宽容问题，确立世界文化多元共生的理念，促进天下大同的到来。实际上，这也是中国的传统经验

---

① 《列宁全集》第 55 卷，人民出版社 1990 年版，第 122 页。

里面一直强调的‘和而不同’的思想所主张的倾向。对于中国人来说，‘天人合一’是一种理想的境界。天与人之间的社会规范就是‘和’。这个‘和为贵’的观念，是中国社会内部结构各种社会关系的基本出发点。在与异民族相处时，把这种‘和’的观念置于具体的民族关系中，出现了‘和而不同’的理念。这一点与西方的民族观念很不相同。我认为，‘和而不同’这一古老的观念仍然具有强大的活力，仍然可以成为现代社会发展的一项准则和一个目标。承认不同，但是要‘和’，这是世界多元文化必走的一条道路，否则就要出现纷争”。[①] 应当说，经过学术界和全党的多年的共同努力，‘和为贵’、‘和而不同’的思想观念又重新在我们的头脑中深深扎根。2002 年 10 月江泽民同志在美国乔治·布什总统图书馆的演讲中说：“两千多年前，中国先秦思想家孔子就提出了‘君子和而不同’的思想。和谐而又不千篇一律，不同而又不相互冲突。和谐以共生共长，不同以相辅相成。和而不同，是社会事物和社会关系发展的一条重要规律，也是人们处世行事应该遵循的准则，是人类各种文明协调发展的真谛。”[②] 2006 年 4 月胡锦涛同志在耶鲁大学演讲中也指出，中华文明历来注重以民为本，尊重人的尊严和价值；中华文明历来注重自强不息，不断革故鼎新；中华文明历来注重社会和谐，强调团结互助；中华文明历来注重亲仁善邻，讲求和睦相处。他强调，一个音符无法表达出优美的旋律，一种颜色难以描绘出多彩的画卷。世界是一座丰富多彩的艺术殿堂，各国人民创造的独特文化都是这座殿堂里的瑰宝。人类历史发展的过程，就是各种文明不断交流、融合、创新的过程。人类历史上各种文明都以各自的独特方式为人类进步作出了贡献。历史经验表明，在人类文明交流的过程中，不仅需要克服自然的屏障和隔阂，而且需要超越思想的障碍和束缚，更需要克服形形色色的偏见和误解。意识形态、社会制度、发展模式的差异不应成为人类文明交流的障碍，更不能成为相互对抗的理由。[③] 我们要以更加开放的心态、更加开阔的视野，充分借鉴世界上一切有利于促进我国和谐文化建设的有益经验，充分吸收世界上一切有利于增强人们和谐精神的文

① 《费孝通九十新语》重庆出版社 2005 年版，第 133 页。
② 《江泽民文选》第 3 卷，人民出版社 2006 年版，第 522 页。
③ 《人民日报》2006 年 4 月 22 日。

化成果，使和谐文化不仅深深植根于中华文化的沃土，而且适应世界发展进步的潮流，具有强大的吸引力和感召力。

第八章　建设社会主义核心价值体系与建设中华民族共有精神家园

“弘扬中华文化，建设中华民族共有精神家园”，是胡锦涛同志在党的十七大报告中提出的一个新观点。报告强调，中华文化是中华民族生生不息、团结奋进的不竭动力。要全面认识祖国传统文化，取其精华，去其糟粕，使之与当代社会相适应、与现代文明相协调，保持民族性，体现时代性。加强对各民族文化的挖掘和保护，重视文物和非物质文化遗产保护，做好文化典籍整理工作。加强对外文化交流，吸收各国优秀文明成果，增强中华文化国际影响力。这个重要论述宣示了我们党对传承中华文化的文化自觉，对发展中华文化的历史责任，对建设中华民族共有精神家园的历史使命。

一、中华文化是中华民族共有精神家园

文化是一定社会的经济、政治在观念形态上的反映，是维系一个国家和民族生存与发展的精神命脉。一个民族的发展离不开文化的创造，一个国家的强盛离不开文化的支撑。古往今来，任何一个伟大国家和民族无不重视自己的文化创造，把文化作为推动经济社会发展的重要力量。发展中华文化必须坚持以中华优秀文化传统为根基，以外来健康有益文化为补充，大力繁荣发展具有中国特色、中国风格、中国气派的优秀文化，不断提高中华民族的文化创造力和自信心，不断增强中华文化的魅力和生命力。

1. 精神家园是人类特有的精神需求和归宿

人是需要精神寄托和心灵归宿的。2009 年，原山西省省长孟学农同志所写的《心在哪里安放?》打动了不少人的心，诗中写道：

默默地思量：心在哪里安放？总想总想把她遗忘——京畿西面的屏障，黄河，太行，汾水吕梁，五台云冈……还有那

3700万老乡！

心在哪里安放？在烈火熊熊的太钢炉旁，在黑金滚滚的大同煤矿，在晋南改造黄土地的村庄，或是，在雁北那啃着光秃秃草根的牛羊……

心在哪里安放？曾在江南水乡，塞外山梁，袅袅烟绕的庙宇，萋萋青草的毡房，或是，伴着大城市的美味佳酿，在妻子柔软细腻的胸膛，生活本来就惬意舒畅……

心在哪里安放？流转的时光，叩拜着敬畏的上苍，即使是农田、工厂，即使是商店、学堂，莽莽苍苍，过过往往，民主文明富强，那是人类最终的理想。

我多想多想，让窑洞传出书声朗朗，孩子们挥就健壮的臂膀，遨游在知识的海洋。

我多想多想，让母亲充沛的乳浆，缓缓地滴入孩子的口腔，婴儿在温暖的怀抱中成长。

我多想多想，让干涸土地得到灌溉，淙淙之水在贫瘠的高原上流淌，泥土的芬芳、晨曦的阳光，绿色的情景成为并不苛求的向往。

我多想多想，让鬓角斑白的老人，该吃饭吃饭，该上炕上炕，手中有余钱，家里有口粮。

我多想多想，手拿把攥着命运的人们，事该干，福该享，冲就冲，浪就浪，舞就舞，唱就唱，五千年文明史再不让我们悲怆。

哦，北国风光，吕梁太行，民族脊梁，铜壁铁墙。黄河拍岸的浊浪，一代代生生不息的愿望，在三晋大地闪射出后发的光芒。

融入吧，像细小灰尘一样，冉冉升起悄然落下，覆盖在祖国的土地上，心，不需要安放，只要在难忘的地方，有山在呼唤，有水在荡漾，心，就在挥洒的过程中——发光、闪亮！

人类的发展进步离不开物质生产和文化创造，离不开物质生活需求和精神文化需求。物质生活需求和精神文化需求作为人类的两大基本需求，对于推动人类社会的进步和发展具有重大作用和意义。如果说，物质家园是人的物质生产和生活的栖息地，那么，精神家园就是人的精神生产和生活的栖息地。党的十七大报告提出“弘扬中华文化，建设中华民族共有精神家园”的主张，体现了我们党对繁荣发展民族文化的强烈历史责任感，体现了我们党代表中国先进文化前进方向的要求，体现了我们党高举中华文化的旗帜团结和凝聚全国各族人民的宽广胸怀。建设中华民族共有精神家园与建设社会主义核心价值体系是一致的，二者都是对中华文化的继承和发展。建设社会主义核心价值体系就是在新的历史条件下建设中华民族共有精神家园。建设社会主义核心价值体系必须以中华民族优秀传统文化为根基，以中国特色社会主义文化为主体，以外来健康有益文化为补充，大力弘扬具有中国特色、中国风格、中国气派的优秀文化，不断增强中华文化的民族性、包容性和时代性。

毛泽东同志说过，人是要有一点精神的。一个民族也是如此，也应该有自己共同的精神家园。民族共有的精神家园，是维系民族的凝聚力、向心力和生命力的根本和纽带。如果说，个人的精神家园是指一个人的精神支柱、情感寄托和心灵归宿，那么，民族共有的精神家园是指民族共同的精神支柱、情感寄托和心灵归宿。“人不仅有物质生活需要，还有精神生活需要。有了精神家园的支撑，人就有了安顿感、温馨感和光明感，人的生活才有意义；失去精神家园，人就会感到精神空虚而不知所措，甚至发生心灵扭曲和变形。人是社会性的动物，总是生活在一定的民族之中，个体的精神总是要走向沟通。因而，个体的精神家园也应座落在民族精神家园的‘村落’里，形成民族共有的精神家园。作为民族独特精神气质和价值取向的共有精神家园，是民族安身立命的所在、生存发展的支撑、身份归属的标志，是维系民族共同生命的最根本力量。民族共有精神家园对于增强民族生命力、创造力和凝聚力具有巨大的作用，它是民族生命力的精神之母、民族创造力的精神之源、民族凝聚力的精神纽带、民族团结奋进的精神动力。”①

---

① 广东省邓小平理论和“三个代表”重要思想研究中心：《建设中华民族共有精神家园》，《光明日报》2007 年 12 月 4 日。

2. 建设中华民族共有精神家园

建设中华民族共有精神家园是中华民族自立于世界民族之林的需要。我国有学者提出，一个人，如果没有精神家园，即使物质家园再好，也不会幸福。一个民族，如果精神家园陈旧甚或缺失，即使经济成就斐然，也很难跻身于世界现代民族之林。中华民族之所以能够历经数千年而不断繁荣兴盛，其重要原因之一就是我们的一代又一代先人创造了绵延不断的符合社会发展趋势的核心价值体系，并以此为精神支柱创造了我们民族生生不息的精神家园。在中华民族的精神家园里，从古代的儒、道、释，到今天的和谐文化，丰富多彩，博大精深。它们就像阳光、空气和水分一样时时刻刻滋润着我们民族的生命，更新着我们民族的文化基因和精神生活。① 还有的学者指出：中华民族共有精神家园是整个中华民族可以共同依托、愿意共同传承、乐于共同发扬的文化精神、价值观念和情感态度的总和，是中华民族赖以生存和发展的精神财富，是中华民族生生不息、团结奋进的精神动力。中华民族共有的精神家园由共同的文化根基、共同的时代精神和共同的价值目标所构成。共同的文化根基、共同的时代精神和共同的价值目标，依托过去的优秀文化传统，顺应现时代的精神追求，追求未来的价值希望，三者交相辉映、相互支持，构成中华民族共有精神家园的三个维度。这三个“维度”是构成中华民族共有精神家园必不可少的三个因子，缺一不可。中华民族共有精神家园是中华民族从过去到现在再到未来所形成和体现的民族文化和民族精神复合而成的，它不仅凝练了中华文化和中华民族精神发展的历史，而且反映了中华民族自强不息、奋发图强的精神气质和精神风貌。中华民族共有精神家园具有如下显著特征：第一，它是历史性、现实性和可能性的有机统一。它连通中华民族的优秀文化传统、现实实践精神和未来理想追求，通过过去、现在和未来三个维度铸造了中华民族的精神血脉，使之成为炎黄子孙一脉相承、代代相传的精神财富。第二，它是稳定性、动态性和发展性的有机统一。它不仅承载着中华民族精神的优秀传统和伟大本质，而且体现着中华民族精神动态发展的生机活力。第三，它是广泛性、个体性和先进性的有机统一。它鼓励广大炎黄子孙拥有广泛性精神追求，培养最广泛的民族认同感、民族自

---

① 参见杨金海：《建设中华民族共有精神家园》，《人民日报》2007 年 11 月 16 日。

豪感和民族责任心，结成最广泛的精神共同体；鼓励个人拥有个体性精神追求，培养与中华民族的文化传统、时代精神和价值目标相一致的文化观和价值观，使个人成为推动中华民族兴旺发达的重要精神力量；鼓励人们拥有先进性精神追求，特别是鼓励人们培养先进的社会主义文化思想和社会主义核心价值观，使之在中华文化建设过程中发挥强有力的主导作用。中华民族共有精神家园代表的是一种无比强大的民族精神合力。①

建设社会主义核心价值体系和建设中华民族共有精神家园，是我们党在新的历史条件下对繁荣发展民族文化的高度自觉，是我国社会主义建设总体布局的一项战略任务。中华文化博大精深、源远流长，具有鲜明的民族性，在世界各种文明中独树一帜，是中华民族数千年来得以发展延续的血脉和灵魂。中华民族在自己漫长的发展中历经磨难而绵延不绝，一个重要原因就是中华文化有着深厚的文化积淀和强烈的文化认同。中华文化深深熔铸在中华民族的血脉之中，成为中华民族生存发展和国家繁荣振兴取之不尽、用之不竭的力量源泉。中华民族的文化，凝聚着中华民族对世界和自身的历史认知和现实感受，积淀着中华民族最深层的精神追求和行为准则。我们今天建设社会主义核心价值体系，必须在既有文化传统基础上进行文化传承、变革与创新。如果离开传统，割断血脉，就会迷失自我、丧失根本。中华民族在几千年的历史长河中，创造了灿烂的中华文明，形成了优良的文化传统，不仅成为凝聚中华民族的精神纽带，而且对世界文明作出了重大贡献。我们要在新的历史起点上铸造中华文化新辉煌，必须依托历史、立足现实，尊重过去、面向未来，批判地继承中华民族的优秀传统文化，通过挖掘整理和科学扬弃，使中华民族的精神血脉得以延续，始终保持中华文化的鲜明个性和独立品格，使中华文化在社会主义制度下焕发出蓬勃生机和强大活力。

3. 信仰在精神家园中的位置

人为什么要有信仰？怎样对待信仰？这些都是现实生活中不断提出而又迫切需要予以解答的重大问题。信仰是人所特有的一种精神现象。所谓信仰，从字面上说是指对某人对某种主张、主义、宗教极度相信和

---

① 参见向玉乔：《中华民族共有精神家园的构成与特征》，《光明日报》2008 年 4 月 1 日。

尊敬，并拿来作为自己行动的榜样或指南。在《不列颠百科全书》中，信仰被释作“在无充分理智认识足以保证一个命题为真实的情况下，就对它予以接受或同意的一种心理定式（或态度）”；“信仰因其肯定的程度不同而有所差别，如推测、主张或坚信”。尽管这些定义尚有商榷之处，但它基本上揭示了信仰所固有的内涵。如果进一步从哲学上加以分析，信仰也可以说是认识主体对认识客体所产生的某种价值判断。这种价值判断涉及包括认识、情感、价值在内的各种复杂的关系。它是人们基于有限、此在和未知的基础上对所崇拜的事物产生的一种强烈的坚定信念。人类和社会为什么要产生信仰，原因是复杂的。概括地说，它表现为两个方面：一是人们为了满足自身精神生活的需要。二是统治阶级为了维护自身统治的需要。惠特曼说过，没有信仰，就没有名副其实的品行和生命；没有信仰，就没有名副其实的国土。这充分说明了信仰所蕴涵的巨大的社会作用。历史上，不同国家、不同民族的统治者为了凝聚人心、稳定社会秩序，无不重视在自己的国家和民族中建立统一的信仰。而一旦有人亵渎了这种信仰，就会加以惩罚。

在漫长的社会发展中，人类的信仰经历了从宗教信仰到科学信仰的演变过程。一般来说，信仰可分为两种基本形式：一是宗教的信仰，即信仰某种宗教教义；二是科学的信仰，即信仰某种科学学说。如果对宗教的信仰与科学的信仰加以比较，大体上有以下区别：第一，信仰的对象不同。可以说，宗教信仰的对象是超验的、虚幻的，是自然界根本不存在的现象；而科学信仰的对象是自然界存在但还没有被人们认识的现象。科学信仰的对象将逐渐转化为科学认识的对象。正如恩格斯所言，在科学的推进下，一支又一支部队放下武器，一座又一座堡垒投降，直到最后，自然界无边无沿的领域全都被科学征服，不再给造物主留下一点立足之地。① 第二，信仰的主体不同。宗教信仰的主体除了宗教徒之外，还包括那些信教的群众。而科学信仰的主体则是掌握着先进的科学知识、并用科学的理论武装起来的先进阶级和人民群众。在当代，它首先指工人阶级及其先锋队，其次还包括一切追求科学真理的进步人士。随着科学的普及和科学理论深入人心，作为科学信仰主体的人数将越来越多。这也是科学最终战胜迷信的一个重要原因。第三，信仰的目的不

① 参见《马克思恩格斯选集》第 4 卷，人民出版社 1995 年版，第 309 页。

同。简单地说，人们建立宗教信仰的目的有二：一是统治阶级出于巩固自身的统治需要；二是信教者寻求精神上的解脱。而科学信仰的目的总的来说是为了造福于人类。科学技术是第一生产力，是推动社会进步的革命性力量。不仅自然科学是如此，社会科学也是如此。人们要改造自然、改造社会，必须发挥科学理论的指导作用，这样才能统一思想、形成合力，达到推动社会全面进步的目的。第四，信仰的手段不同。列宁曾经指出："信仰主义"是一种以信仰代替知识或赋予信仰以一定意义的学说。[①] 一般来说，宗教信仰是盲目的、非理性的，这种信仰往往把某种主观的幻想当做真实的存在。比如，宗教教义无不宣称上帝存在、灵魂不朽。它要求人们相信这些无法证实的东西，从而在精神上得到某种满足和安慰。科学的信仰则不同。它是建立在理性的、实践的基础上的信仰。它要求人们对未知的事物不要盲从、不要迷信，而要抱着科学的态度加以研究和探讨。这种研究和探讨究竟对不对，不能以主观的想象为是非标准，而要以实践为检验真理的唯一标准，接受实践的检验和判决。

1990 年 12 月 7 日，江泽民同志在《一定要做好宗教工作》的讲话中指出："宗教问题是很复杂的。从世界历史看，它往往同政治问题联系在一起。统治阶级总要利用宗教来加强统治。而就每个信教者来说，他的宗教信仰也许并没有什么政治企图，而只是一个信仰问题：由于苦难的生活，或是由于对现实的不满，或是由于个人遭受这样或那样的挫折，希望超脱。但是，纵观世界历史，有一点要肯定，统治阶级总要利用宗教来加强统治。我国历代佛教昌盛时期，皇帝对佛教也很尊重。正因为宗教问题具有一定的群众性，而且总是与政治问题结合得很紧，所以我们不能用简单的办法去处理复杂的宗教问题。马克思主义宗教观认为，宗教的发生、发展和消亡有一个过程，想用行政的办法或强制手段消灭宗教是不可能的。在我国，随着剥削制度和剥削阶级的消灭，宗教存在的阶级根源已经基本消失。但是，旧社会遗留下来的旧思想、旧习惯不可能在短期内彻底消除。我们解决宗教问题的根本途径只能是发展

---

① 参见《列宁全集》第 37 卷，人民出版社 1959 年版，第 361 页。

社会主义的物质文明和精神文明，逐步消除宗教赖以存在的根源。”① 应当说，在中华民族共有精神家园中，宗教信仰和科学信仰都有自己的位置。对于广大人民群众来说，有信仰宗教和不信仰宗教的自由；有信仰这种宗教和信仰那种宗教的自由。正如 1952 年 10 月毛泽东同志在《接见西藏致敬团代表谈话的要点》所说的那样：“共产党对宗教采取保护政策，信教的和不信教的，信这种教的或信别种教的，一律加以保护，尊重其信仰。今天对宗教采取保护政策，将来也仍然采取保护政策”。② 但是，对于共产党员来说，我们必须坚定马克思主义的科学信仰。我们共产党人的根本政治信仰是社会主义和共产主义，世界观是马克思主义的辩证唯物主义和历史唯物主义，这是任何时候都丝毫不能动摇的。一个党员特别是领导干部，如果在思想上动摇了这些根本的东西，也就动摇了共产党人的根本政治立场，就必然会偏离正确的政治方向。当然，坚定马克思主义信仰，不能把马克思主义等同于某种宗教教义。马克思主义创始人多次说过，我们的学说不是宗教教义，而是行动的指南。在创立科学社会主义的过程中，他们曾研究了基督教与空想社会主义之间的联系，强调“即使圣经里有些地方可以做有利于共产主义的解释，但是圣经的整个精神是同共产党、同一切合理的创举截然对立的”。③ 然而，自从马克思主义传播以来，西方确有一些人把马克思主义与基督教相提并论，把马克思主义误解为一种“新宗教”。说什么马克思是“救世主”、“一个新现世宗教的创始人”、“马克思主义是工业化世纪的宗教”，云云。这不是别有用心，就是肤浅之见。对于这种混淆黑白的歪曲伎俩，我们要理直气壮地予以批判。另一方面，共产党员坚定马克思主义的科学信仰，必须把马克思主义作为自觉的行动。就信仰的程度而言，可分为盲目的信仰和自觉的信仰。盲目的信仰，是以迷信和无知为基础的；而自觉的信仰，则是建立在理性和科学基础上的。盲目的信仰会导致狂热；而自觉的信仰能焕发出无穷的力量。我们要发扬理论联系实际的优良学风，言必行，行必果，而不能说一套做一套。

---

① 《马克思、恩格斯、列宁、斯大林、毛泽东、邓小平、江泽民论唯物论和无神论》中央文献出版社 1999 年版，第 96—97 页。

② 《毛泽东文集》第 6 卷，人民出版社 1999 年版，第 239 页。

③ 《马克思恩格斯全集》第 1 卷，人民出版社 1956 年版，第 583 页。

要努力掌握马克思主义的立场、观点和方法，在改造客观世界的同时改造自己的主观世界。最后，坚定马克思主义的科学信仰，必须加强马克思主义的理想信念教育。应当承认，由于各种复杂的原因，在现实生活中，确有一些人对党和国家的前途信心不足，对社会主义、共产主义的理想信念有所动摇。在这种情况下，我们一方面要从实践上不断推进改革开放和现代化建设的伟大事业，用事实来证明社会主义制度的优越性；另一方面，要从思想上发挥党的思想政治工作优势，不断加强理想信念教育。要以理想信念教育为核心，大力开展党的基本理论、基本路线、基本纲领的宣传教育，大力开展爱国主义、集体主义、社会主义的宣传教育，大力开展世界观、人生观、价值观的宣传教育，大力开展科学知识、科学思想、科学方法、科学精神的宣传教育。这对于坚定马克思主义的信仰、坚定对社会主义的信念、增强对改革开放和现代化建设的信心、增强对党和政府的信任，具有十分重要的意义。

这里还要强调，共产党员不信仰宗教但必须研究宗教和进行无神论的宣传教育。在这方面，我们党的几代领导人都做过重要论述。早在新民主主义革命时期，毛泽东同志就指出："共产党员可以和某些唯心论者甚至宗教徒建立在政治行动上的反帝反封建的统一战线，但是决不能赞同他们的唯心论或宗教教义。"① 他还强调，要老百姓不敬神，就要有科学的发展和普及。科学不发展、不普及，敬神在他们是完全需要的。1961 年 1 月 23 日，毛泽东同志同班禅额尔德尼·确吉坚赞谈话时说：我赞成有些共产主义者研究各种宗教的经典，研究佛教、伊斯兰教、耶稣教等等的经典。因为这是个群众问题，群众有那样多人信教，我们要做群众工作。1941 年 5 月，邓小平同志指出："提倡科学，宣扬真理，反对愚昧无知、迷信落后，加强马列主义的宣传。这不管对人民群众或部队，都是同等重要的。"② 1979 年 10 月 15 日，邓小平同志同英国知名人士代表团谈话时说："我们建国以来历来实行宗教信仰自由。当然，我们也进行无神论的宣传。马克思主义者认为，像宗教这样的问题不是用行政方法能够解决的。林彪、'四人帮'破坏了我们一贯的宗教政策，我们现在开始恢复老的政策。宗教信仰自由涉及到民族政策，

---

① 《毛泽东选集》第 2 卷，人民出版社 1991 年版，第 707 页。

② 《邓小平文选》第 1 卷，人民出版社 1994 年版，第 25 页。

特别是我们中国，一般都是少数民族在宗教信仰方面问题最多。我们要实行正确的民族政策，必须实行宗教信仰自由。”① 江泽民同志多次指出：共产党人是无神论者，共产党人的世界观应该是马克思主义的世界观。共产党员不但不能信仰宗教，而且必须要向人民群众宣传无神论、宣传科学的世界观。共产党员必须是无神论者，这并不违反宗教信仰自由政策。不能说因为宗教信仰自由，就对共产党员信教问题缩手缩脚，不敢进行教育。胡锦涛同志也强调，要发挥宗教工作在构建社会主义和谐社会中的重要作用，全面理解和认真贯彻党的宗教工作基本方针，进一步做好民族地区的宗教工作，努力使信教群众与不信教群众、信仰不同宗教群众团结起来，共同致力于建设中国特色社会主义伟大事业。这些重要论述对于我们正确认识和处理宗教信仰问题，在社会主义新的历史条件下建设中华民族共有精神家园具有重要的指导作用。

二、正确认识博大精深、源远流长的中华文化

文化可作广义和狭义的两种理解。广义的文化，是指人类创造的包括物质文化和精神文化在内的一切成果。狭义的文化，主要是指人类所创造的有文字记载和没有文字记载的精神文化。从这个观点看中华文化，可以说广义的中华文化，是指中国各民族有史以来所创造的包括物质文化和精神文化在内的一切成果。狭义的中华文化，主要是指中国各民族有史以来所创造的有文字记载和没有文字记载的精神文化，包括政治、经济、文艺、军事、史学、教育、哲学、道德、宗教、科技、文物古迹和民风民俗，等等。

1. 中华文化是中国各民族创造的文化

中华民族具有五千多年文明史。在漫长的历史发展中，中华民族创造了丰富多彩、辉煌灿烂的文化。中华民族文化特别是非物质的精神文化是中华民族精神家园的集中体现。2007 年温家宝总理在参观“中国非物质文化遗产专题展”时指出，非物质文化遗产是民族文化的精华、民族智慧的象征和民族精神的结晶。“非物质文化遗产也有物质性……物质性就是文象，非物质性就是文脉。人之文明，无文象不生，无文脉

① 《邓小平思想年谱》（1975–1997），中央文献出版社 1998 年版，第 134 页。

不传。无文象无体，无文脉无魂。”①

中华文化具有自己鲜明的民族特性：

——历史性。中华文化是历史形成的。水有源，树有根。汉字作为中华文化的一个重要标志和载体，不是一朝一夕形成的，而是经历了几千年的漫长的发展过程。据专家考证，汉字从成熟的殷商甲骨文字算起，迄今已有3000年以上的历史。如果从龙山出土的黑陶尊外部表示太阳初升景象的合体字来看，汉字最晚在距今约5000年的新石器时代晚期就已经创造出来了。汉字历史的悠久性是中华文明历史悠久性的最直接、最有力的证明。汉字的起源之早，足以表明我们的民族早在5000年以前就已经从茹毛饮血、穴处野居的蛮荒状态进入世界文明之林。② 至于中华文化的内在思想和精神，更不是一两代人的创造就完成了的，而是经过一代又一代人的努力才建立起来的。

——多元性。中华文化是多元一体的。1988年，费孝通先生在香港中文大学发表了著名的“中华民族多元一体格局”的演讲，提出中华民族是“多元一体”的重要观点。他认为，中国是一个统一的多民族国家。在历史上，民族是不断发展变化的。现在，“中华民族”是指在中国疆域里生活的包括汉族在内的56个民族。从各民族来说，它们是多元的，但从整体来说，中华民族是一体的。他强调，“中华民族作为一个自觉的民族实体，是近百年来中国和西方列强对抗中出现的，但作为一个自在的民族实体则是在几千年的历史过程中形成的。中华民族的主流是许许多多分散独立的民族单位，经过接触、混杂、连接和融合，同时也有分裂和消亡，形成一个你来我去，我来你去，我中有你，你中有我，而又各具个性的多元统一体”。③ 这一观点的提出，引起了国内外学术界的广泛关注。近年来，学术界进一步深化了这个认识，认为中华文化起源是多元一体的。这就是说，中华文化的起源，在史前时期是多地区和多元的，后来随着民族的迁徙和交流而逐渐汇聚、融合走向统一。中华民族多元一体和中华文化统一性与各民族文化的多样性的

① 转引自田源：《建设中华民族共有精神家园——访国家文化部副部长周和平》，《解放军报》2007年12月11日。

② 参见鲁毅：《汉字——中华文明的历史丰碑》，《光明日报》2007年4月21日。

③ 麻国庆：《论中华民族的多元一体格局》，《北京日报》，1999年12月29日。

观点，越来越得到了更多学者的赞同。我国是一个统一的多民族国家，中华文明具有鲜明的多元一体特征。中华文化理所当然地包括少数民族文化。正是各少数民族文化与汉文化之间的相互交流，才共同创造和发展了中华民族的灿烂文化，共同构建了多姿多彩、博大精深的中华文明。另一方面，即使是以汉文化为主体的中华文化自身也是多元的。历史上的中华文化不仅包括儒家文化，还包括儒家之外的道家、法家、墨家以及佛教等各种文化思想。因此，中华文化越来越成为我国的文化身份象征，代表着国家的文化形象。特别是我国非物质文化遗产的多样性、丰富性与独特性，不仅对于提升我国的文化软实力和增强我国的国际影响力有重要作用，而且对于世界文化的发展和人类文明进步有重要作用。

——开放性。中华文化是开放包容的。历史上，从西汉张骞出使西域，晋法显和唐玄奘到印度取经，大规模的佛教传入和西域乐舞的输入，以及近代一些西方优秀文化和科学技术的传入，转化为我们民族文化的有机组成部分，都极大地促进了中华文化的更新，丰富和充实着中华民族的精神家园。新中国成立之后，随着社会主义基本制度的建立，文化方面也发生了许多新的变化，中华文化进一步获得了新生。比如，在音乐舞蹈方面，我们大胆引进、吸收外国的交响乐、芭蕾舞，并结合中国的文化传统、民族精神和审美原则，使这种西方的艺术形式赋予中国特色，成为深受人民群众欢迎和喜爱的高雅艺术。在绘画方面，以徐悲鸿为代表的一大批画家成功地创作了融中西画法于一炉的艺术精品，开辟了中西合璧的艺术道路。改革开放以来，我们立足于改革开放和现代化建设的实践，着眼于世界文化发展的前沿，按照“以我为主、为我所用”的原则，进一步发扬民族文化的优秀传统，扩大与世界各国的文化交流，吸收其他民族的优秀文化成果，使中华文化在发展壮大的同时也扩大了在世界上的影响。

——辩证性。中华文化是辩证发展的。历史上，由于中国长期处于封建社会，这就决定了封建时代所创造的文化在中华文化中占主体地位。因此在中华文化之中，既有催人奋进的思想精华，也有阻碍历史进步的糟粕；既有激励民族团结奋斗的进取精神，也有束缚个人身心发展的保守倾向。比如，中华文化中“和而不同”的哲学思想，“民为邦本”的民本思想，“尊师重教”的教育思想，“己所不欲，勿施于人”

的社会伦理思想等，就是宝贵的精华部分；而“礼不下庶人，刑不上大夫”的等级观念，“天不变，道亦不变，祖宗之法不可变”的保守思想，崇拜鬼神，听天由命的封建迷信等，就是其中的糟粕成分。所以，我们对中华民族的传统文化既不能全盘肯定，也不能全面否定。而要像毛泽东同志指出的那样，对待古代文化必须用科学的方法论加以分析，决不能无批判地兼收并蓄。既要剔除其封建性的糟粕，又要吸收其民主性的精华；既要批判古代封建统治阶级的一切腐朽的东西，又要继承古代优秀的人民文化即多少带有民主性和革命性的东西。就是说要站在民族的科学的大众的立场上来审视传统文化。

2. 辩证认识中华文化的精华与糟粕

建设中华民族共有精神家园，还必须区分中华文化传统中的精华与糟粕，使民族精神获得新的生机与活力。中华民族具有悠久的历史文化传统，其中既有精华，又有糟粕。我们要正确对待传统的文化遗产和美德，剔除落后的封建主义残余和丑德。同时，在改革开放的新形势下，还必须注意吸收、借鉴世界各国的优秀文化，以提高民族的生机与活力，提高中华民族的自尊心、自信心和自豪感。民族的自尊心、自信心和自豪感，是中华民族复兴的精神动力，它是民族精神的结晶。就传统文化的精华一面而言，有许多值得重视和发掘的宝贵思想。有的学者认为，儒学在历史传承中经过磨炼、积淀、凝聚的民族智慧、美德、精神、传统有着普遍的、永久的价值。这方面计其大者有：（一）统一团结、独立自由；（二）自强不息、刚健有为；（三）厚德载物、民胞物与；（四）经世致用、实事求是；（五）多思审问，知行合一；（六）和而不同、执两用中；（七）革故鼎新、与时俱进；（八）内省修养、止于至善；（九）公而忘私、心忧兴亡；（十）民贵君轻，以人为本；（十一）协和万邦、爱好和平；（十二）天下为公、大同理想，等等。这些思想、观念、精神是中华文明之所以能延绵五千余年而不中断的最基本的民族精神，它们将随社会的进步而不断丰富和发展。① 这里主要举以下几点：

——民本和廉政的思想。在传统文化中，有许多民本和廉政的思想。如，“民为贵，社稷次之，君为轻”、“民惟邦本，本固邦宁”、“节

① 许全兴：《“儒学复兴”：意识形态与学术流派》，《学习时报》2009 年 10 月 26 日。

用裕民”、“仁民爱物”、“修身为本”、“修己以安人”、“其身正，不令而行；其身不正，虽令不从”、“民不服吾能，而服吾公；公则民不敢慢”、“吏不畏吾严，而畏吾廉；廉则吏不敢欺”、“公生明，廉生威”等等。这里需要说明的是，民本还不是现代意义上的民主。民本是统治者为民做主，民主是人民当家做主。这是我们必须区分的。但尽管如此，古人关于民贵君轻的民本观念和廉政的思想，具有不可抹杀的历史进步意义和积极作用。它有利于引导为官者以清廉为美德，从而合理行使手中的权力，有利于解决人民的基本生活问题，有利于维护国家和社会的安定。所以，这一思想观念历来为志士仁人所提倡并成为中华民族精神的一个重要方面。即使在今天，我们仍要加以继承和弘扬。因为在发展民主的进程中，如果官员没有基本的民本思想和意识，不以民本为价值取向，不倡导廉洁为行政之本，就不可能具备更高层次的民主思想。

——忘我牺牲和积极进取的精神。事物都是一分为二的。在中华民族的民族精神中，既有保守的消极无为思想，也有积极的忘我牺牲和积极进取的精神。在这方面，古人也有许多精彩的论述。诸如，“天下为公”、“务求天下之利，除天下之害”、“富贵不能淫，贫贱不能移，威武不能屈”、“天行健，君子以自强不息”、“地势坤，君子以厚德载物”，等等。这种人生态度和立身情操体现了刚健挺拔和兼容并包的博大精神。正是有了这种精神，中华民族才能自立于世界民族之林，才能在外来侵略面前不屈不挠，才能对邪恶势力决不妥协，才能保持志不可夺的人格尊严。可以说，这种精神直到今天也没有过时。

——道德教化和内省的思想。通过德育来调适人际关系，这是儒家治国的根本思想。孔子提出的仁、义、礼、智、信、忠、孝、恕、勇、诚等道德规范，其中虽然不乏封建的毒素，但对塑造中华民族的整体性格和优秀品德具有重要的作用。道德教化不同于法律的强制约束，而是通过内省实现的。曾子说过，吾日三省吾身。正是通过这种不断的自我修养，人才能使自己的心胸博大，才能不断提升自己的精神境界。这与我们现在强调要加强世界观、人生观、价值观建设是相通的。

——人与自然和谐的观念。在漫长的历史发展中，古人通过生活的实践和观察认识到人与自然和谐的重要性，提出了“天人合一”的观点。尽管这种观点在历史上有消极的作用，在近代西方文明的冲击下一度遭到怀疑和批判，但也不能一笔抹杀。因为在人类改造自然的过程中，不能把人与自然对立起来，简单地“征服自然”，做自然的“主人”。人类既不是自然的主人，也不是自然的奴隶。人类和自然是统一的整体。如果我们吸取古人“天人合一”观念的合理因素，将有助于树立正确的自然观，有助于人们克服人和自然之间的矛盾，从而有效地利用自然、开发自然。上述这几个方面是传统文化中宝贵的进步思想遗产，是我们建设社会主义文化的宝贵资源，可以经过批判地改造，加以继承和弘扬。

当然，传统文化具有两重性，既有精华的一面，也有糟粕的一面。在漫长的封建社会里，由于政治专制、缺少学术自由，占统治地位的儒家思想逐步走向僵化，因此，在传统文化中存在着很多的错误和缺点。

——封建腐朽的宗法制度。这种制度经历了漫长的历史演变，其基本特点是，形成了以父权和族权为特征的宗法性的封建宗族与家族关系。在历史上表现为，以血缘关系为主的封建宗法分封等级关系，以家长制为特征的各种依附和奴役关系，以严密的封建家国合一的专制统治，等等。这种宗法制度经过儒家文化思想的强化，成为中国传统文化的“内核”，根深蒂固，影响深远。我们要用辩证唯物主义和历史唯物主义的观点进行批判。

——崇拜权力，不讲法治。在传统文化中，政治文化的内容相当丰富。这些政治文化与封建社会经济基础相适应，并为维护封建社会的统治服务。其中虽然不乏合理的因素，但存在着大量的糟粕。诸如，“礼不下庶人，刑不上大夫”、以言代法、以权代法的封建等级观念和特权思想；“天不变，道亦不变，祖宗之法不可变”、因循守旧、得过且过、苟且偷安的保守意识；行政包揽司法、重刑轻民、“为尊者讳，为亲者讳，为贤者讳”的“三讳主义”，等等。张荫麟先生曾指出：“三讳主义”是法律的最大仇敌。“三讳主义”之所以能够畅行无阻，内在的原因是崇拜权力，有权就有一切。这个观念是与封建的宗法专制制度相适应的。它严重妨碍了建立现代意义上的法治社会。在中国的古代，虽然也有各种法律制度，但那是用来对付老百姓的。因此，如果我们不破除这些落后的思想观念，势必要影响我国现代化建设的进程。

——迷信鬼神，听天由命。封建迷信作为传统文化的糟粕，存在的历史十分悠久。它的基本特点是相信各种神仙鬼怪的存在，并加以顶礼膜拜。本来，神仙鬼怪都是人们虚构的产物，不是客观的存在。但是，由于历史条件的限制，在古代相信的人很多。特别是在民间，迷信神仙鬼怪的思想占主导地位。当然，在信鬼还是不信鬼之间古代也存在着斗争。据《论语》记载，子不语怪力乱神。但作为儒家对立面的墨家，为了贯彻其“非儒”的政治主张，进一步提出“顺天”、“明鬼”等观点，强化了民间存在的对神仙鬼怪的迷信。古人信鬼，一方面是由于迷信和无知，另一方面，是借助“鬼”来教育当权者和世人。所谓恶有恶报，善有善报，不是不报，时间未到。古人编造的那些地狱和轮回的故事，目的是试图起到劝善惩恶的作用。这当然是徒劳的。现代科学早已证明，地下根本没有什么地狱，没有什么鬼。至于浩渺的太空，也是如此。但是，我们不能忽视各种封建迷信“鬼文化”的消极影响。

从总体上说，传统文化是矛盾的统一体，其中优劣并存，互相渗透。我国传统的思想文化是以农耕小生产的自然经济为基础，以家族宗法社会和封建制度为纽带而发展起来的。它具有不适合时代发展要求的落后因素并不奇怪，问题的关键是怎样正确地认识和对待，怎样真正地“取其精华，去其糟粕”。

第一，要以马克思主义为指导，弘扬传统文化的精华。对传统文化要进行实事求是地分析，既不能一概统统抛弃，也不能把糟粕当做精华。正确区分和对待传统文化要坚持马克思列宁主义、毛泽东思想和中国特色社会主义理论体系作为文化建设根本的指导方针。我们建设中国特色社会主义的新文化，一方面，要坚持马克思主义的指导地位，不能有丝毫的动摇。这就要运用科学的理论观点对传统文化加以批判、继承和改造，正确地理解和把握前人所创造的文化成果；另一方面，要在吸收前人的科学成果的基础上进行“综合创新”。社会主义的新文化不是天上掉下来的，马克思列宁主义、毛泽东思想和中国特色社会主义理论体系与中国传统文化并不矛盾。它们是相通的，是能够结合的。从世界观的角度来说，朴素的唯物主义和辩证思维，是我国古典哲学中的优良传统，是与马克思主义的辩证唯物论相互契合的。例如，古人提出的“以气为本”、“理在事中”等观点，与马克思主义哲学是相通的。这些思想，可以加以新的解释，从而赋予新的意义。因此，我们对于传统文化的反思，要着眼于继往开来、推陈出新。要按照重在建设的方针，结合时代的新发展，吸取其精华，剔除其糟粕。“取其精华，去其糟粕”

不是一句口号，不能搞简单化。批判继承是为了发展创新。要着眼于“扬弃”、吸收前人合理的因素，着眼于“创造性的转化”，着眼于重在建设，不断地推陈出新。这是历史和文化发展的辩证法。

第二，要弘扬传统文化中的科学精神，提高全民族的科学文化水平。科学和迷信是根本对立的。科学，包括自然科学和社会科学，是探索自然、社会和思维规律的学问，是推动历史进步的强大动力。迷信，是对自然、社会和思维的无知，是对自然力量和社会力量的畏惧和屈服。应该看到，我们确立科学观念的历史还不长。我国历史上虽然有经验形态的科学，但没有产生出以实验为基础的近代西方自然科学。“五四”运动提出的科学启蒙还没有完成。陈独秀曾说过，科学者何？吾人对于事物之概念，综合客观之现象，诉之主观之理性而不矛盾之谓也。在启蒙思想家的眼里，科学首先是一种理性的精神。但令人遗憾的是，在社会上还存在着反理性、反科学的种种迷信现象，还存在着一些打着科学的旗号，贩卖伪科学的事情。例如，有的公然宣扬新的有神论，说什么在人类居住的“正宇宙”之外，还存在着由亡灵组成的“负宇宙”。实际上，只要稍有一点现代科学知识的人就不难识破。本来，宇宙是否存在“反物质”是一个科学假说，也是一个未解的科学之谜。20世纪30年代初，英国物理学家狄拉克曾提出“反物质”的假设。按照这个假设，所有的粒子都有对应的反粒子，由此科学家推测，在大约150亿年前宇宙大爆炸的过程中，应产生同样数量的正反两种不同性质的粒子，通常又把它们称为物质和反物质。据报道，1998年4月，在美国弗吉尼亚州威廉斯堡的学术研讨会上，科学家们公布了借助美国6年前发射的康普顿伽马射线观测卫星的新发现，探测到从银河系中心附近喷发出来的巨大的粒子束流是由反物质形成的粒子云。为了寻找宇宙中存在反物质的证据，1998年6月2日，美国“发现”号航天飞机携带我国科学家参与研制的阿尔法磁谱仪进入太空，进一步去寻找、验证宇宙中是否真的存在着“反物质”。宇宙中是否存在着反物质，这是现代科学发展提出的一个新的哲学问题。对这个问题，如果我们掌握现代自然科学知识，就只能作唯物主义的解释，而不能作唯心主义的理解。科学家所说的宇宙中可能存在着反物质与有神论者所说的“负宇宙”，是风马牛不相及的两回事。“反物质”假如存在，也是客观存在的一种形式，而不是那种所谓“由亡灵组成的负宇宙”。所以，我们要破除种种新的迷信，不懂得现代科学知识是不行的。

第三，对传统文化的糟粕要进行批判，并加强教育和管理工作。为什么现在各种迷信和伪科学的现象屡禁不止，有的还十分猖獗？要进行具体的实事求是的分析。一般来说，现代人相信鬼神的存在，原因十分复杂，既有社会历史的原因，也有自身的原因。有的可能是因为对未知的现象无法理解，诉诸超人所能的“鬼斧神工”；有的可能是出于对生活和未来的无助、无奈，盲目地见庙拜佛，迷信鬼神，等等。但更要看到，由于过去存在“一手软，一手硬”的失误，近些年来思想文化界在物质利益的驱动下为封建迷信的泛滥起到了推波助澜的作用。如，有的出版社不分科学文化与迷信文化的是非界限，打着所谓“弘扬传统文化”的幌子，大量出版各种星相学、预测学之书；有的人由于发财心切，专门编造、传播种种神仙怪异的“鬼文化”，结果助长了各种迷信和伪科学现象愈演愈烈。实际上，这些谶纬和占卜之学恰恰是传统文化中的糟粕。比如，过去在民间流传的所谓“推背图”，据说这是我国唐代李淳风和袁天罡所绘制的配有谶诗的60幅图谶。这种秘籍过去在封建社会中因其妖言惑众而被多次查禁，现在却堂而皇之地推出了多种版本。这种畸形的出版热是前所未有、极为罕见的。如果不加强管理，势必导致封建迷信的大蔓延，毒害人民，造成社会的混乱，危害社会的安定。因此，我们对传统文化的糟粕要进行科学的批判，对现实生活中出现的种种封建迷信活动，要加强管理，不能听之任之。要坚持不懈地进行马克思主义世界观和无神论的宣传和教育。当然，这种教育不能搞简单化的说教。要像恩格斯和列宁所说的那样，通过翻译和传播18世纪法国的启蒙著作和无神论著作，帮助群众摆脱落后和愚昧。

3. 大力弘扬以爱国主义为核心的中华民族精神

中华文化包含着许多优秀的精神财富。其中最可宝贵的是，在五千多年的发展中，中华民族形成了以爱国主义为核心的团结统一、爱好和平、勤劳勇敢、自强不息的伟大民族精神。中华民族伟大的民族精神，在中华文化中占主导地位，对其他的文化领域产生很大的影响。

爱国主义是中华民族最可宝贵的光荣传统。爱国主义也是一个历史的范畴。它是一个国家的人民在千百年的漫长岁月中形成的对祖国无比热爱的思想感情。我国古代关于爱国主义的思想内容十分丰富。诸如，“先天下之忧而忧，后天下之乐而乐”、“人生自古谁无死，留取丹心照汗青”、“公而忘私、国而忘家”、“天下兴亡，匹夫有责”、“苟利国家生死以，岂因祸福避趋之”、“一身报国有万死，双鬓向人无再青”，这些宝贵的思想和名言，成为无数志士仁人的价值取向和高尚的思想情操，成为抵御外侮、维护国家独立和民族尊严巨大的精神动力，成为振奋民族精神、增强民族自信心、自尊心的鲜艳旗帜和精神支柱，哺育了一代又一代民族精英为国家和民族的生死存亡而英勇奋斗。

正因为如此，中华民族历来把自己视为“龙的传人”、“炎黄子孙”，把团结统一、爱好和平、勤劳勇敢、自强不息的民族精神作为自己的优良传统。中华民族自古就具有强烈的民族认同感和凝聚力，就具有维护国家统一、反对国家分裂的使命感和责任心。他们十分重视维护民族尊严和国家主权，十分痛恨外来侵略者，十分崇敬爱国仁人志士，十分鄙视卖国求荣的民族败类。尽管中国在漫长的历史发展中分合离乱不断，但作为多民族国家的主体趋向统一始终是历史的发展大势和人心所向。中华民族自古就是举世闻名的“礼仪之邦”，以爱好和平著称于世。“以诚为本、以和为贵、以信为先”，是中华民族代代相传的优良传统。“协和万邦”、“亲仁善邻”、“讲信修睦”，是中华民族处理国家和民族关系的重要原则。这种海纳百川的包容精神和宽宏胸襟，一方面体现为在国内各兄弟民族及其成员之间要互帮互助、共同发展；另一方面体现为在国际上与其他国家和民族要友好交往、和平共处。这种爱好和平的精神，历来为人们所称颂。可以说，和谐、和睦、和平的贵“和”精神，是中华文化的精髓。“德莫大于和”、“君子和而不同”的思想观念，越来越为世界所认识、所接受。

中华民族自古就有着勤劳勇敢、自强不息的传统美德。勤劳勇敢、自强不息，是一个民族生存发展的基本要求，是一个国家兴旺发达的基本保证。勤劳勇敢、自强不息二者是统一的。古人提出的“克勤于邦，克俭于家”、“勤勤恳恳，兢兢业业”的思想，就是要求人们无论做什么事都要忠于职守，不怕辛苦，坚持不懈，善始善终。“天行健，君子以自强不息”，也是要求人们刚健有为，积极进取，努力奋斗，决不半途而废。

几千年来，中华民族靠着伟大的民族精神，不屈不挠，艰苦奋斗，顶住了各种各样的压力，战胜了各种各样的风险，经受住了各种各样的考验，从而创造了独具特色的中华文明，屹立于世界先进民族之林。特别是自 1840 年鸦片战争以来，由于旧中国封建统治者的腐败，在帝国主义列强的武力征伐下，中国人民饱受屈辱，陷入水深火热之中。一方面，国家内部产生了许多的民族败类，他们成为帝国主义的走狗和爪牙；另一方面，无数仁人志士和革命先烈为了中华民族的复兴，前赴后继，英勇战斗，直至洒尽了最后的一滴血。终于，在中国共产党的领导下推翻了压在中国人民头上的“三座大山”，建立了新中国和社会主义基本制度，为民族的振兴打下了坚实的基础。

弘扬中华文化的历史传统，就要继承和发扬中华民族的伟大民族精神。民族精神是中华民族自立于世界民族之林的精神支柱。历史的经验证明：国家的统一，民族的振兴，人民的富裕，事业的发展，没有伟大的民族精神不行。一个人有了精神才能自立自强，一个国家和民族也是如此。如果一个民族没有自己的民族精神，就无法自尊自信、自立自强、团结拼搏、奋发向上，最终必然导致出现一盘散沙、追逐私利、自相残杀、被动挨打的落后局面。因此，我们要把民族精神熔铸到社会主义核心价值体系之中，熔铸到中华文化之中。既要用爱国主义丰富社会主义核心价值体系，弘扬中华文化，建设中华民族共有精神家园，又要在新的实践和历史条件下丰富和发展爱国主义精神。就是说，要使爱国主义融入改革开放新的时代精神。改革开放是决定当代中国命运的关键抉择，是发展中国特色社会主义、实现中华民族伟大复兴的必由之路。我们所说的爱国和爱国主义不是抽象的。我们所说的爱国，就是要热爱中国共产党领导的新中国；我们今天所说的爱国主义，就是和社会主义相统一的爱国主义。在当代中国，爱国和爱社会主义本质上是一致的。建设中国特色社会主义是把爱国主义与社会主义统一起来的伟大事业，是引导中华民族走向全面振兴的必由之路。这是新时期爱国主义的永恒主题。当然，我们今天所说的爱国主义，还必须区分爱国主义的不同层次。在中国共产党领导的祖国大陆地区，爱国主义与社会主义不能分割，必须统一。但对海外侨胞和港澳台地区，又必须尊重那里的实际，不可能要求他们做到爱国主义与社会主义相统一，而只能要求他们爱祖国的山川文化、支持祖国的统一、稳定和繁荣，反对分裂祖国的活动。邓小平同志在谈到这个问题时说，什么叫爱国者？爱国者的标准是尊重自己民族，诚心诚意拥护祖国恢复行使对香港的主权，不损害香港的繁荣和稳定。只要具备这些条件，不管他们相信资本主义，还是相信封建主义，甚至相信奴隶主义，都是爱国者。我们不要求他们都赞成中国的社会主义制度，只要求他们爱祖国，爱香港。这是爱国主义的又一个层次。在这个层次中，我们和台湾同胞、港澳同胞和海外侨胞之间，求爱国与祖国统一之同，存社会制度、意识形态和生活方式之异，只要赞成祖国统一，都要争取和团结。

总之，爱国主义的传统对于推动中华民族和中华文化的发展具有重要作用。它成为无数志士仁人的价值取向和高尚的思想情操，成为抵御外侮、维护国家独立和民族尊严的巨大精神动力，成为振奋民族精神、增强民族自信心、自尊心的鲜艳旗帜和精神支柱，哺育了一代又一代民族精英为国家和民族的生死存亡而英勇奋斗。因此，我们要继承爱国主义的光荣传统，使之在新的历史条件下发扬光大。

三、弘扬中华文化必须进一步肃清封建主义遗毒

中华文化不是静止不变的，而是随着历史的发展不断进步的。在社会主义历史条件下，弘扬中华文化必须进一步加强中华优秀文化传统教育，自觉划清社会主义思想文化同封建主义、资本主义腐朽思想文化的界限，坚决抵制各种错误思想影响。

1. 肃清封建主义残余影响的任务还十分繁重

中华文化在新世纪要大发展取得更大辉煌，就必须用更大力气来批判封建主义。新中国成立后，社会主义基本制度的确立，从根本上消灭了几千年的封建主义制度。但是，由于各种复杂的原因，我们肃清封建主义意识形态的影响的任务还十分繁重。

早在上世纪 80 年代，邓小平同志就指出：“我们进行了二十八年的新民主主义革命，推翻封建主义的反动统治和封建土地所有制，是成功的，彻底的。但是，肃清思想政治方面的封建主义残余影响这个任务，因为我们对它的重要性估计不足，以后很快转入社会主义革命，所以没有能够完成。现在应该明确提出继续肃清思想政治方面封建主义残余影响的任务，并在制度上做一系列切实的改革，否则国家和人民还要遭受

损失。”① 应该说，改革开放以来我们比较注意从制度上肃清封建主义的残余影响，以防止“文化大革命”错误的重演，但对于肃清各种封建迷信的影响，时紧时松，措施不力，以至社会上发生了一些令人触目惊心的反科学、伪科学和封建迷信的愚昧活动和非法活动。对此，我们要认真地进行反思，总结经验教训。亡羊补牢，犹未为晚。痛定思痛，可以使坏事变成好事，使殷鉴为后者鉴之。

为什么封建主义的思想残余在社会上还大有市场，还能招摇过市，甚至批不下去，除了封建主义自身有根深蒂固的势力存在外，还有几个似是而非的说法，也阻碍了对封建主义的批判。其一，借口反对“全盘西化”，限制对封建主义批判。其实，在中国近代史上，真正主张“全盘西化”的只是个别人，而且一经提出就遭到激烈的批判，从来没有形成真正的思潮。而在近代中国利用批判“全盘西化”这个口号来抵制学习西方却是常见的事。其二，国粹主义是抵制批判封建主义的另一张王牌。实际上，国粹派维护的并不是真正的“国粹”，而是维护封建糟粕。这些卫道士已成为历史前进的阻力，是历史惰性力量的一个部分。其三，所谓针对性。主要是一些封建主义思想严重的人，生怕批封建主义会失去他们世袭领地，本能地起来反对批判封建主义。但又必须找个借口，于是他们和历次新旧文化斗争中的卫道士一样，无中生有，造谣生事，胡说批判封建主义就是不要传统文化，鼓动一些不明真相者起来反对批判封建主义。

其实，这些说法和做法都是站不住脚的。鸦片战争以来的历史证明，从太平天国、洋务运动、戊戌变法、辛亥革命，到五四运动，以至当前的社会主义改革和建设，封建主义都是历史进程的阻力。只有充分认识封建主义在当前的危害性，并切实地进行批判，肃清其遗毒，社会主义的民主法制才能健全，社会主义经济才能阔步前进。②

2. 历史上的封建主义有其特点

历史地看，“封建”这个词，原指周朝的封土建国，也就是所谓封建诸侯。秦以后随着国家的统一和中央集权体制的建立，中国封建主义的表现形式发生了很大变化。“封建”这个词随着历史的变化也出现了

---

① 《邓小平文选》第2卷，人民出版社1994年版，第335页。

② 参见葛洪泽：《苏双碧访谈录》，台海出版社2005年版，第356—357页。

不同的变化。总的来看，中国历史上的封建主义有许多特点。

一是政治上的封建专制主义。主要表现为皇权的高度集中。在中国封建社会的几百个皇帝当中，秦始皇影响最大。明代学者称他“千古一帝”，实不过分。秦始皇统一中国，实行书同文、车同轨、统一度量衡等政策，对中华民族的发展作出了很大贡献。但中国的封建专制主义，也是由秦始皇确立的。对秦始皇实行的封建专制主义，也要历史地看。当时或许是必要的，是有积极意义的。因为，政治上没有高度的集权，要把许多分散的诸侯国统一起来是不可能的。而文字和度量衡的统一，又是加强集权的一种手段。当然，秦始皇建立的封建专制制度，进一步强化了封建的皇权世袭制。秦始皇自称“始皇帝”，梦想集“天皇、地皇、泰皇”和上古五帝之大成，传之万世。秦朝尽管二世就灭亡了，但秦始皇确立的封建专制制度影响深远。比如，称皇帝、称朕、称诏，沿袭整个封建社会。对于皇权来说，这些定制是至高无上的。

二是文化上的封建专制主义。主要表现为思想的禁锢和大量的文字狱。秦始皇为维护其封建专制，实行焚书坑儒的文化政策。焚书坑儒在中国历史上是最早的文字狱之一，也是最早实行的文化专制主义。本来，先秦诸子百家，各个学派争相游说，以学问和见识相标榜，形成一个百家争鸣的气氛，学术上也比较民主。秦始皇的焚书坑儒，尽管在当时政治上或许有其积极的一面，但对历史的影响却是很坏的。中国两千多年思想的禁锢，以及文字狱多次兴起，实起于秦王朝的封建专制主义。

三是文化上的专制主义与政治上的专制主义相互为用。秦王朝封建专制主义的确立，除了用严刑酷法巩固皇帝的权力外，还得益于思想文化上的禁锢。在封建社会，皇权不仅揽控了全部立法、行政和司法大权，而且揽控了思想和言论权。两千多年的封建社会，历代皇帝都是朕即国家，皇帝的话是金科玉律、金口玉言，绝无一种可以制约和抗衡的力量存在。由于皇帝的言论和行为绝对“正确”，这就形成了一种至高无上的皇权，对臣民可以生杀予夺。特别是汉武帝以后，最终确立了以儒家思想为核心，杂以法家、兵家、道家等思想在内的封建意识形态。封建统治者进一步强调君主的圣明和臣民的“忠君”，这样，皇帝的专制与臣民的“忠君”，有机地形成了封建专制统治的权力系统。臣民由于小生产者经济地位的制约，他们大多心甘情愿地接受皇权的支配，并比较自觉地维护皇权。即使出现无道昏君，民不聊生，臣民也只是希望换个好皇帝。从根本上推翻皇帝、否定皇权，在封建社会实际上几乎是不可能出现的。

四是形形色色的家长制。在封建社会，封建专制主义不是孤立的现象。它有着深厚的社会基础。比如，传统的封建宗法关系，对于封建专制主义的形成具有重要的作用。从历史的角度看，封建专制主义形成于地主阶级兴起阶段。为了建立多民族的统一国家，为了发展经济，为了消灭奴隶主阶级的复辟，实行中央集权的封建专制主义有着历史的必然性、合理性和积极作用。但是，这种专制主义长期统治中国大地，又产生了不可低估的负面影响。由于封建专制主义从意识形态到典章制度都被社会所接受，这就不可避免地产生个人独裁、家长制、个人凌驾于国家和社会之上的恶习，从而限制了民主思想的出现，桎梏了社会经济以及科学文化的发展。因此，中国封建社会之所以长期停滞不前，封建专制主义实首当其恶。①

3. 肃清封建主义残余影响要坚持以马克思主义为指导

马克思主义历来是反对封建主义的。在中国近现代历史上，五四运动既是政治的又是文化的，具有反帝反封建的重要意义。以李大钊、陈独秀、毛泽东为代表的进步知识分子和青年，高举马克思主义和民主、科学的旗帜，向半殖民地半封建的政治、经济、文化和思想道德进行猛烈冲击，从而催生了人民大众的反帝反封建的新民主主义文化。

1940 年毛泽东同志发表的《新民主主义论》，深刻分析了中国的历史特点和中国文化革命的历史特点，科学阐明了一定社会的经济、政治、文化之间的辩证关系，创造性提出了新民主主义文化建设的基本纲领和方针政策，标志着我们党关于新民主主义文化理论的成熟。毛泽东同志指出："一定的文化是一定社会的政治和经济在观念形态上的反映。在中国，有帝国主义文化，这是帝国主义在政治上经济上统治或半统治中国的东西。这一部分文化，除了帝国主义在中国直接办理的文化机关之外，还有一些无耻的中国人也在提倡。一切包含奴化思想的文化，都属于这一类。在中国，又有半封建文化，这是反映半封建政治和半封建

① 参见葛洪泽：《苏双碧访谈录》，台海出版社 2005 年版，第 358—360 页。

经济的东西，凡属主张尊孔读经、提倡旧礼教旧思想、反对新文化新思想的人们，都是这类文化的代表。帝国主义文化和半封建文化是非常亲热的两兄弟，它们结成文化上的反动同盟，反对中国的新文化。这类反动文化是替帝国主义和封建阶级服务的，是应该被打倒的东西。不把这种东西打倒，什么新文化都是建立不起来的。"① 他强调，我们要建立的新中国，不但有新政治、新经济，而且有新文化。这就是说，我们不但要把一个政治上受压迫、经济上受剥削的中国，变为一个政治上自由和经济上繁荣的中国，而且要把一个被旧文化统治因而愚昧落后的中国，变为一个被新文化统治因而文明先进的中国。一句话，我们要建立一个新中国。建立中华民族的新文化，这就是我们在文化领域中的目的。这种新文化，就是新民主主义的文化。所谓新民主主义的文化，一句话，就是无产阶级领导的人民大众的反帝反封建的文化。它是反映并服务于新民主主义的政治和经济的。在如何建立中华民族的新文化问题上，毛泽东同志还特别指明了马克思主义的地位和作用。他认为，"马克思列宁主义来到中国之所以发生这样大的作用，是因为中国的社会条件有了这种需要，是因为同中国人民革命的实践发生了联系，是因为被中国人民所掌握了。""自从中国人学会了马克思列宁主义以后，中国人在精神上就由被动转入主动。从这时起，近代世界历史上那种看不起中国人，看不起中国文化的时代应当完结了。伟大的胜利的中国人民解放战争和人民大革命，已经复兴了并正在复兴着伟大的中国人民的文化。"②

新民主主义革命胜利以后，我们党领导人民从根本上推翻了封建主义的反动统治和封建土地所有制，建立了社会主义经济、政治、文化的基本制度，但由于种种原因，肃清思想政治方面的封建主义残余影响的任务并未完成。改革开放以后，邓小平同志明确提出这个问题，并且要求划清三个界限，即"划清社会主义同封建主义的界限，决不允许借反封建主义之名来反社会主义，也决不允许用'四人帮'所宣扬的那套假社会主义来搞封建主义"，"划清文化遗产中民主性精华同封建性糟粕的界限"，"划清封建主义遗毒同我们工作中由于缺乏经验而产生的

① 《毛泽东选集》第 2 卷，人民出版社 1991 年版，第 694—695 页。
② 《毛泽东选集》第 4 卷，人民出版社 1991 年版，第 1515、1516 页。

某些不科学的办法、不健全的制度的界限”①。这就要求我们运用马克思主义的立场、观点和方法对封建主义遗毒的表现进行实事求是的分析。既要防止借反封建主义之名来反社会主义，又要防止用“四人帮”所宣扬的那套假社会主义来搞封建主义；既要防止借肃清封建主义残余之名来反对传统文化，又要防止用弘扬民族文化遗产之名来宣扬封建的落后文化；既不能忽视封建主义残余的危害，也不能把封建主义“泛化”、“扩大化”。肃清封建主义残余影响是一个相当长的历史过程。我们要坚持马克思主义为指导，大力培养科学精神和民主精神，从思想理论上对封建主义思想进行批判，从体制机制上杜绝封建主义的“家长制”、“一言堂”、“个人崇拜”等残余，同时，进一步采取法治的手段对利用封建迷信搞违法犯罪活动进行打击。

四、发展中华文化必须大力吸收外来文化

在当代中国，发展中华文化就要发展中国特色社会主义文化。中国特色社会主义文化是以马克思主义为指导的，面向现代化、面向世界、面向未来的，民族的科学的大众的先进文化。发展中国特色社会主义文化必须继承和发扬中华民族的优秀传统文化，吸收和借鉴世界的优秀文明成果。

1. 积极吸收世界优秀文明成果

中国正在走向世界，世界也在走进中国。我国文化的发展，不能离开人类文明的共同成果。列宁早在 1919 年就深刻指出：“必须取得资本主义遗留下来的全部文化，并且用它来建设社会主义。必须取得全部科学、技术、知识和艺术。否则，我们就不可能建设共产主义社会的生活。”② 他还提出了一个著名的公式：“乐于吸收外国的好东西：苏维埃政权+普鲁士的铁路秩序+美国的技术和托拉斯组织+美国的国民教育等等等等++=总和=社会主义。”③ 列宁的这一思想对我们正确认识西方优秀文明成果具有重要的指导意义。

一般来说，可以从四个层面来认识和借鉴西方的优秀文明成果：

---

① 《邓小平文选》第 2 卷，人民出版社 1994 年版，第 335 页。

② 《列宁全集》第 36 卷，人民出版社 1985 年版，第 48 页。

③ 《列宁全集》第 34 卷，人民出版社 1985 年版，第 520 页。

一是科学技术层面。科学技术是西方文化的基石。近代以来，西方科学技术在世界上一直处于领先地位，并对世界的发展产生了重大影响。科技革命所创造的生产力，超过了以往一切世代所创造的生产力的总和。这带来了两个方面的后果：第一，推动了本国的资产阶级战胜封建地主阶级的落后统治，确立了资本主义经济、政治和文化新秩序；第二，促进了资本主义的对外扩张，使之逐步走向帝国主义和殖民主义，确立了它在世界上的霸权地位，给广大发展中国家带来了深重的灾难。尽管如此，科学技术本身是没有阶级性的，我们必须学习和借鉴西方先进的科学技术，包括科学的精神、科学的方法、科学的思维。

二是市场经济层面。市场经济是人类创造的经济手段。它既是一种经济现象，也是需要一定的市场经济文化与之相适应的文明成果。资本主义进一步促进了市场经济的发展，形成了一系列的企业管理经验和市场交易规则。资本主义的市场经济具有二重性：它既具有剥削广大人民群众的落后性的一面，又有反映社会化大生产的规律性的一面。我们要批判其落后性，学习其规律性。要大胆吸收和借鉴资本主义市场经济中的文明因素，包括当代资本主义发达国家的一切反映现代社会化生产规律的先进经营方式和管理方法，为建立社会主义市场经济体制、发展社会主义市场经济服务。

三是民主和法治层面。民主和法治是政治文明，二者都是手段，都是为统治阶级服务的。资产阶级的民主和法治，是资本主义统治的工具。它是在反对封建专制的斗争中形成的，具有双重的历史作用：在其争取统治地位的时期，促进了人类精神的大解放，具有一定的历史进步作用；在其确立统治地位后，又建立了一套复杂的程序，压制人民的民主、自由，从而失去了历史的进步作用。我们要对几百年来资产阶级的民主、法治经验进行科学的研究，为发展社会主义民主政治，依法治国，建设社会主义法治国家服务。

四是人文历史层面。“文艺复兴”后，西方文明中的人文主义精神具有进步的历史意义，不仅揭开了反对封建蒙昧主义和经院哲学斗争的序幕，而且为近代唯物主义哲学的兴起和科学文化的发展开辟了道路。当然，西方人文主义精神具有历史的局限性。由于它是建立在抽象的人性论的基础上的，因而随着时代的发展，这种人文主义精神在当代西方文化发展中陷入了危机。我们要学习、吸收西方人文主义精神中合理性，包括西方文学艺术中反映人民性、民主性的精华。

毛泽东同志早在 1945 年就指出：“对于外国文化，排外主义的方针是错误的，应当尽量吸收进步的外国文化，以为发展中国新文化的借镜；盲目搬用的方针也是错误的，应当以中国人民的实际需要为基础，批判地吸收外国文化。”① 应当指出，在如何对待西方资产阶级文化问题上，我们要认真吸取历史上曾经出现的两个教训：其一，盲目崇拜西方文化，搞所谓全盘西化。“全盘西化”论由来已久。它是民主革命时期由中国自由主义知识分子提出的主张，其核心是宣扬中国走欧美的资本主义道路。改革开放之后，这种思潮在中国还有一定的影响。历史已经证明，这种观点是错误的，在中国是行不通的。其二，盲目反对西方文化，搞所谓“兴无灭资”。盲目反对西方文化，在中国可以追溯到明末清初西学东渐时期。那时一些固守中国传统文化的人抱残守阙，反对西方文化在中国的传播。鸦片战争之后，一些“清流派”代表仍然顽固坚持自己的观点，反对向西方学习。这里所说盲目反对西方文化，搞所谓“兴无灭资”，不是指中国近代史上的反对西方文化，而是特指我国的“文化大革命”时期。由于各种复杂的原因，新中国成立以后“左”的思想逐渐占上风，致使社会主义建设事业走了弯路。特别是“文化大革命”时期，一度提出“兴无灭资”的口号，反对引进、吸收西方的优秀文明成果，企图脱离人类所创造的文化成果来建立社会主义文化。实践证明，这也是行不通的。因此，在对待西方的优秀文明成果问题上，我们要自觉做到“三个坚持”：一是坚持以我为主、为我所用的原则；二是坚持“古为今用”、“洋为中用”的方针；三是坚持辩证分析的科学态度，虚心学习、大胆吸收和借鉴世界优秀文明成果。既要反对崇洋媚外、全盘西化，又要反对排外主义、狭隘和封闭的思想观念；既要坚持“拿来主义”，又要坚持“送去主义”，积极开展多种形式的对外文化交流，博采各国文化之长，向世界展示中国文化建设的成就。

2. 坚持对外文化交流与吸收外来文化的统一

“万物并育而不相害，道并行而不相悖。”尊重文化的多样性和重视文化包容性，是中华文化的重要传统和内在精神。每个国家和民族的

---

① 《毛泽东选集》第 3 卷，人民出版社 1991 年版，第 1083 页。

文化都有自己的特色，不同文化相互交流和学习借鉴十分必要。中华文化胸襟博大、海纳百川，只有兼收并蓄才能丰富多彩，只有博采众长才能永葆活力。

从矛盾的观点看，坚持对外文化交流与吸收外来文化是对立的统一。在对外交往中，文化越来越具有不可替代的作用。绚丽多彩的中华文化在多样化的世界文化中独树一帜。随着经济全球化的发展，中华文化正在向世界展示自己博大精深的深厚底蕴和焕发独具魅力的永恒价值，正在向世界展示当代中国开放、包容、和平的良好形象，使世界人民真正了解和认识具有五千多年悠久历史和灿烂文化传统的中国；真正了解和认识通过改革开放焕发出勃勃生机、充满希望的中国。有学者提出，一个民族是否善于引进、采借先进民族的文化，决定着该民族社会和文化发展的速度。在当代世界，只有大量引进世界上的先进文化，并进行改造，使之与本民族的固有文化融为一体，才有可能复兴自己的文化。引进国外先进文化，应该有目的、有计划、有步骤地吸取。一是要多元地引进世界上最先进的科学与技术，不能照搬一个国家的模式。谁在哪方面强就学习谁，引进世界最先进的技术。二是要进行改良和应用创新，在吸取外来文化的基础上，进行综合改进，使之更趋完善，更适合于中国国情。另一方面，也要重视输出。中国主动向外输出自己的文化，不但应该，而且必要。①

当前，经济全球化的趋势日益加快。随着经济的全球化，文化的全球化也在发展，世界范围的各种思想文化更加相互激荡。我们要在学习、吸收西方优秀文化成果的同时，坚决抵制各种腐朽思想文化的侵蚀。学习借鉴不是盲目模仿、照抄照搬。要从我国文化发展的现实需要出发，对外来文化进行具体分析，以我为主、为我所用、择善而从。必须看到，在日益开放的当今时代，文化的繁荣发展更离不开同世界各种文明的对话。我们要积极适应世界文化交流、交融、交锋更加频繁的新趋势，着眼于中华文化的长远发展，以更加自信的心态、更加开阔的视野，吸纳百家优长、兼集八方精义，使中华文化不仅植根于民族优秀传统文化的沃土，而且符合世界发展进步的潮流。为此，一是要坚持“请进来”与“走出去”相结合，既要大胆吸收借鉴一切有利于我国文化

---

① 参见何星亮：《提升文化软实力的路径》，《光明日报》2008年7月22日。

建设的有益经验和优秀成果，又要积极加强对外文化交流与合作，推动中华文化走向世界。二是要通过扩大与世界其他国家的文化交流，进一步提高我国的文化软实力，不断提升中华文化的国际竞争力和影响力。要通过扩大与香港、澳门、台湾地区的文化交流，进一步强化中华文化同根同源的意识和情感，增强中华民族的认同感和凝聚力。总之，“要积极实施走出去战略，推动中华文化走向世界。要加强与国际文学艺术组织的联系，争取国际话语权，维护国家利益。要有计划地邀请境外文学艺术界的知名人士来华访问，为他们提供了解中国文化的机会，通过他们向世界介绍和传播中华文化。要加强海峡两岸民间文化交流，增强中华文化认同感，为促进祖国和平统一大业服务”。①

3. 创造出无愧于伟大时代的中华文化

胡锦涛同志在党的十七大报告中指出：中华文化是中华民族生生不息、团结奋进的不竭动力。要全面认识祖国传统文化，取其精华，去其糟粕，使之与当代社会相适应、与现代文明相协调，保持民族性，体现时代性。加强中华优秀文化传统教育，运用现代科技手段开发利用民族文化丰厚资源。加强对各民族文化的挖掘和保护，重视文物和非物质文化遗产保护，做好文化典籍整理工作。加强对外文化交流，吸收各国优秀文明成果，增强中华文化国际影响力。

历史是不断发展的。今日之中国是历史之中国的继续；今日之中华文化是历史之中华文化的继续。在当代中国，发展中华文化就是发展中国特色社会主义文化。

中国特色社会主义文化，是我们党领导的新民主主义文化合乎逻辑的继续和发展。我国的新民主主义文化是在马克思主义的传播推动下逐步发展起来的。十月革命一声炮响，给我们送来了马克思列宁主义。在马克思列宁主义的指导下，中国一大批杰出的知识分子由民主主义者成长为共产主义者，不仅推动了我国新民主主义革命的胜利，而且促进了新民主主义文化事业的发展，进而为我国社会主义文化事业的发展奠定了基础。这种新民主主义文化，以中国共产党为领导，以人民革命实践为基础，以反帝反封建为主题，以马克思主义中国化为核心内容，以人民大众为创造主体，以社会主义和共产主义为发展方向，是符合中国国

① 李长春：《大力推进和谐文化建设繁荣发展社会主义文艺》，《求是》2006年第23期。

情的民族的科学的大众的新文化。毛泽东同志曾指出："伟大的胜利的中国人民解放战争和人民大革命，已经复兴了并正在复兴着伟大的中国人民的文化。这种中国人民的文化，就其精神方面来说，已经超过了整个资本主义的世界。"① 在新民主主义文化的推动下，古老的中华文化焕发出蓬勃生机。中国人从思想到生活焕然一新。马克思主义重新塑造了中国的文化之魂，使中国人民能够在共产党的领导下，凝聚成一个统一的整体，为民族的复兴和新生而奋斗。

中华人民共和国成立之后，毛泽东同志又指出：随着经济建设高潮的到来，不可避免地将要出现一个文化建设的高潮。从总体上说，新中国成立以来，我们清除了帝国主义和买办主义的文化，开始发展社会主义的新文化，尽管"文化大革命"中由于党的指导思想犯了"左"的错误，但我国的文化建设所取得成就仍然是不能一笔抹杀的。特别是改革开放以来，随着党的工作重心转移到经济建设上来，我国的文化建设取得了更加辉煌的成就，中国特色社会主义文化不断发展繁荣。中国特色社会主义文化，就是以马克思主义为指导的，面向现代化、面向世界、面向未来的，民族的科学的大众的社会主义文化。从总体上说，中国特色社会主义文化渊源于中华民族五千年文明史，植根于中国特色社会主义的实践，反映了我国社会主义初级阶段经济和政治的基本特征，具有鲜明的中国特色社会主义性质。发展中国特色社会主义文化，必须根据中国的历史特点和发展阶段，牢牢把握中国文化的发展方向和社会主义文化的发展要求，继承发扬民族优秀传统和体现社会主义时代精神，善于从时代伟大实践中汲取新鲜养分，善于从世界其他文化中吸收优秀成果，在人民群众的创造中进行文化的创造，在历史的进步中实现文化的进步，使中华文化更好地适应经济、政治和社会发展的需要，具有鲜明的时代特征和强烈的时代气息，创造出无愧于伟大时代的中华文化。

中华文化的发展必须善于从时代伟大实践中汲取新鲜养分。只有深深植根于改革开放和社会主义现代化建设实践，融入亿万人民群众开拓美好未来的历史进程，才能使伟大的中华文化焕发蓬勃生机。我们要立足中国特色社会主义伟大实践，深入研究当今世界和当代中国的发展趋

① 《毛泽东选集》第4卷，人民出版社1991年版，第1516页。

势，清醒认识时代发展变化对文化建设的深远影响，准确把握社会发展的新变化，从波澜壮阔的现实生活中汲取营养，从人民群众的实践中总结经验，从社会发展的潮流中把握文化创新的动力，更加体现鲜明的时代精神和时代特点，进一步推动中华文化更好地为经济、政治和社会发展服务。

中华文化的发展必须维护国家的文化主权。文化主权是国家主权的重要组成部分。一个国家有无自己的文化主权关系到民族的独立和繁荣。历史的经验证明，一个民族的文化危机必然导致整个民族的危机；一个民族的文化进步必然推动整个民族的发展。经济和文化全球化既是机遇，又是挑战。我们要抓住机遇，迎接挑战。不仅要在经济、政治上迎接挑战，而且要在文化上迎接挑战。这里特别强调，在全球信息网络化的条件下，如何认识网络文化发展的特点和趋势，关系到维护国家的文化主权问题。一般来说，网络文化具有全球开放性、高速实效性、交互同时性、资源共享性等基本特点。我们要在正确认识这些新的特点和规律的基础上，使网络文化更好地为我服务。为此，要大力加强社会主义网络文化建设，用社会主义思想文化占领网络文化阵地；要不断提高对互联网和“信息高速公路”的管理水平，警惕网络“文化殖民”的威胁。

中华文化的发展必须实现民族的文化创新。在世界文化多元化的条件下，一个民族、一个国家要在世界上占有一席之地，一味消极地“守”是守不住的，必须不断进行创新。创新是一个民族进步的灵魂，是一个国家兴旺发达的动力。创新包括理论创新、体制创新、科技创新等方面，而创新的成果无不体现为文化的创新。中华民族正处在一个伟大复兴的时代。要实现民族的伟大复兴，迫切需要文化上的创新。没有文化的创新，就难以立足于世界民族之林；只有不断进行文化创新，中华民族才能立于不败之地。中华民族以五千多年的悠久历史著称于世，曾经创造了灿烂的文化，必将进一步为人类作出更大的贡献。

胡锦涛同志强调：中华民族伟大复兴必然伴随着中华文化繁荣兴盛。要充分发挥人民在文化建设中的主体作用，调动广大文化工作者的积极性，更加自觉、更加主动地推动文化大发展大繁荣，在中国特色社会主义的伟大实践中进行文化创造，让人民共享文化发展成果。中华文化的复兴、发展和繁荣，要以中华民族的民族文化为传统、以中国特色社会主义文化为主题、以世界优秀文化成果为借鉴，以我们正在做的事业为中心，以人民群众的文化创造为主体、以改革开放和现代化建设事业的发展为动力。我们一定要高举中国特色社会主义伟大旗帜，立足中国特色社会主义伟大实践，深入研究当今世界和当代中国的发展趋势，清醒认识时代发展变化对文化建设的深远影响，准确把握社会文化的新变化和社会变革的新风气，把广大文化工作者的积极性创造性与人民群众的积极性创造性统一起来，进一步推进中国特色社会主义文化的发展繁荣，使具有中国特色、中国风格、中国气派的中华文化再现历史的辉煌！

主要参考文献

一、著作

1. 《马克思恩格斯选集》1–4卷，人民出版社1995年版。

2. 《列宁选集》1–4卷，人民出版社1995年版。

3. 《毛泽东选集》1–4卷，人民出版社1991年版。

4. 《邓小平文选》1–3卷，人民出版社1994、1993年版。

5. 《江泽民文选》1–3卷，人民出版社2006年版。

6. 胡锦涛：《科学发展观重要论述摘编》，中央文献出版社 党建读物出版社2008年版。

7. 中共中央宣传部：《社会主义核心价值体系学习读本》，学习出版社2009年版。

8. 中共中央宣传部理论局：《理论热点面对面2009》，学习出版社 人民出版社2009年版。

9. 中共中央宣传部理论局：《六个"为什么"——对几个重大问题的回答》，学习出版社2009年版。

10. 袁贵仁：《价值观的理论与实践》，北京师范大学出版社2006年版。

11. 李德顺：《价值论》（第2版），中国人民大学出版社2007年版。

12. 葛洪泽：《苏双碧访谈录》，台海出版社2005年版。

二、论文

1. 李长春：《大力推进和谐文化建设繁荣发展社会主义文艺》，《求是》2006年第23期。

2. 李长春：《深入学习实践科学发展观推动社会主义文化大发展大繁荣》，《求是》2008年第22期。

3. 刘云山：《毫不动摇地高举中国特色社会主义伟大旗帜》，《求是》2008 年第 2 期。

4. 刘云山:《深入推进社会主义核心价值体系建设巩固全党全国人民团结奋斗的共同思想基础》,《党建》2008 年第 4 期。

5. 雒树刚:《建设社会主义核心价值体系》,《人民日报》2006 年 11 月 13 日。

6. 王晨:《中国人权取得了历史性进步》,《光明日报》2008 年 12 月 10 日。

7. 蔡武:《新中国 60 年对外文化工作发展历程》,《求是》2009 年第 15 期。

8. 欧阳坚:《推动文化体制改革向纵深发展》,《求是》2009 年第 8 期。

9. 邢贲思:《理性、正义和善——读罗尔斯的〈正义论〉》,《学习时报》2002 年 3 月 4 日。

10. 李君如:《伟大旗帜:中国特色社会主义》,《北京日报》2007 年 10 月 29 日。

11. 李慎明:《汲取世界各类文明成果建设社会主义和谐文化》,《光明日报》2006 年 7 月 26 日。

12. 路建平:《建设社会主义核心价值体系——加强党的思想理论建设的重大课题》,《人民日报》2007 年 8 月 3 日。

13. 文平:《“普世价值”辨析》,《红旗文稿》2009 年第 10 期。

14. 黄楠森:《站在人类先进文化发展的潮头》,《北京林业大学学报(社会科学版)》2002 年第 4 期。

15. 郑杭生:《60 年,中国社会是怎样转型和发展过来的》,《北京日报》2009 年 8 月 24 日。

16. 郑杭生、洪大用:《当代中国社会结构转型的主要内涵》,《社会学研究》1996 年第 1 期。

17. 赵曜:《当代中国社会思潮透视》,《中国教育报》2002 年 4 月 24 日。

18. 韩庆祥:《当代中国发展新理念》,《思想理论教育导刊》2006 年第 5 期。

19. 陈光金:《当前我国若干重大社会结构变化与结构性矛盾》(下),2007 年 12 月 25 日《学习时报》。

20. 张骐：《走向和谐——当代中国的公民社会探析》，《北京大学学报》2005 年第 4 期。

21. 刘恩东：《社会转型期利益集团对地方政府善治的双重意义》，《学习时报》2007 年 6 月 11 日。

22. 高国希：《社会主义核心价值的理论维度》，《思想理论教育》2007 年第 1 期。

23. 张传开：《社会主义核心价值体系是当代中国人民的主心骨》，《求是》2009 年第 15 期。

24. 侯惠勤：《马克思主义的指导是构建社会主义核心价值体系之根本》，《毛泽东邓小平理论研究》2007 年第 3 期。

25. 包心鉴：《以人为本：社会主义核心价值的升华》，《文汇报》2008 年 6 月 10 日。

26. 青连斌：《社会主义核心价值观研究的新观点、新进展》，《北京日报》2007 年 8 月 13 日。

27. 陈延斌　邹放鸣：《社会主义核心价值理念刍议》，《光明日报》2007 年 7 月 31 日。

28. 辛向阳：《构建社会主义和谐社会的两大基础——确定核心价值观加大制度建设》，《中国经济周刊》2006 年 10 月 16 日第 40 期。

29. 贾建芳：《什么是科学社会主义的基本原则》，《学习时报》2008 年 1 月 29 日。

30. 李成斌：《坚持劳动价值论》，《马克思主义研究》1997 年第 5 期。

31. 徐春：《马恩论人的自由全面发展》，《学习时报》2007 年 10 月 15 日。

32. 张晓玲：《论中国特色社会主义人权观》，《北京日报》2009 年 5 月 4 日。

33. 杨楹：《论马克思解放理论的伦理旨趣》，《哲学研究》2005 年第 8 期。

34. 郑仲兵：《中国古代文化中的自由观念》，《东方文化》1995 年第 3 期。

35. 韩振峰：《提高国家文化软实力》，《中国文化报》2008 年 8 月 27 日。

36. 李舫：《十年磨一剑——中国文化产业发展备忘录》，《人民日报》2009 年 8 月 28 日。

37. 丁元竹：《“软实力”产生于文化吸引力》，《文汇报》2006 年 10 月 9 日。

38. 向玉乔：《中华民族共有精神家园的构成与特征》，《光明日报》2008 年 4 月 1 日。

39. 何星亮：《提升文化软实力的路径》，《光明日报》2008 年 7 月 22 日。

40. 许全兴：《“儒学复兴”：意识形态与学术流派》，《学习时报》2009 年 10 月 26 日。

41. 许启贤：《中国传统文化在国外》，《支部生活》1996 年第 1 期。

42. 《十六届六中全会〈决定〉关键词解答》，《解放日报》2006 年 10 月 30 日。

43. 教育部邓小平理论和“三个代表”重要思想研究中心：《社会主义核心价值体系是建设和谐文化的根本》，《求是》2007 年第 17 期。

44. 上海市中国特色社会主义理论体系研究中心：《建设社会主义核心价值体系的文化意义》，《光明日报》2009 年 7 月 7 日。

45. 广东省邓小平理论和“三个代表”重要思想研究中心：《建设中华民族共有精神家园》，《光明日报》2007 年 12 月 4 日。

46. 北京市邓小平理论研究中心/北京师范大学价值与文化研究中心：《关于价值观研究现状的调研报告》，《中国特色社会主义研究》2002 年第 1 期。